石库门味道

马志成/著

文汇出版社

• 作者马志成在俄罗斯

• 与里昂市长会面，作者（中）市长（左）副市长（右）（详见《玻璃柜里看世界》一文）

• 中国驻印度尼西亚大使馆卢大使参观并夸奖展会（详见《我在印尼办展会》一文）

• 作者随中国贸促会会长兼中国对外服务行业协会会长郑鸿业考察东北时合影（1996年1月摄）

• 作者父亲马哲明和母亲刘凤珠（1990年摄）

• 作者全家福，前后排依次为作者、孙女马婧宜、妻子孙美华、儿子马思亮、媳妇周乔莉（2015年12月摄）

•2003年10月，作者儿子马思亮在英伦留影（详见《父子两地书（选）》一文）

• 作者孙女马婧宜十岁时在新加坡参加冬令营

前 言

这个集子是我献给那些善良人的礼物。他们为社会进步默默做出了自己的贡献，哪怕受到挫折也不计较，为美好生活增添了色彩。

集子的书名是临时想起的，并不是去凑一个热门词。石库门房子在20世纪初期在上海产生时，住着的是一些老板、买办或生活较为富裕者。但到了20世纪中期以后，石库门住房远抵不过简易的工人新村，因为没有煤卫（或单独）设备，原来应该公用的烧饭灶披间、客堂间皆做住房所用，住在石库门里的人们，已是普通市民，他们演绎的故事，完全是市民之歌。本书很多篇作品，反映的就是当时石库门里的人们，在改革开放前后的情感和生活。

这里的大多数文章是我最近两三年内离开工作第一线后写下的。但我还收集了过去几篇不同时期有点代表性的作品，虽然现在的人已难理解，但它确实反映了改革开放初期的思想和实际状况。除了不多几篇外，大多数没有发表过，力争以新的面貌展现在书中。

我虽然学习文学创作较早，但由于种种因素，后来很少提笔创作，尤其是离开工厂到外经贸系统工作后，多为工作报告、新闻报道或应急文字。自离开办公室主任工作，走上领导岗位后，我几乎没有提笔写过一个字的文学创作，整天为工作、学习、生活奔波，不断在新的工作领域中探索、缓行。由于没有想过要出集子，过去的文字保留下来的甚少，现在看来在文学创作上有点遗憾。

那时，我一直被工作、学习、生活推着走，从一个老三届初中生，自学考高中，进大专学中文，在上海大学经济管理本科毕业。因工作关系，我先后学习了两个MBA课程，直到硕士毕业。按当时规定，每周两个半天参加学习的为业余学习，那我都是边工作，边利用业余时间学成。毕业论文还是在复旦经济管理学院张军老师（后来的院长）的辅导下写就的，他给我评分为A等，使我高兴不已。那时张博士40多岁，已是著名学者，名声在外。

一生中除了离开钢厂是违背领导和父母的意愿，自己所为外，其他都是服从组织安排变动的，直到退休后，领导还希望我参与国家一个大项目。但我这次又违背领导意愿，到友人处的风投基金管理公司去任上海公司总经理，直到67岁退下一线。我先后做过工人，搞过共青团工作、党务工作、行政工作、业务经营工作，先后担任过秘书、办公室主任、公司襄理、副总经理、总经理、董事长和党的书记，曾经从事（或管理）过人力资源、公共关系、旅游、广告、展览以及风险基金投资管理等工作，一直处在学历学习和新的工作挑战的苦旅之中，尝过了生活、工作、学习的甜酸苦辣。由于长期处在快节奏中生活，静下心来思考研究学问不多，因此我对工作、生活、人物的认识就比较肤浅，对创作就无从谈起。

这本集子主要分两大部分，上篇为小说篇，有虚构成分，虽然取材于生活中的人与事，但总想写得比生活更集中、典型；下篇为纪实篇，以真实事情撰写，讴歌那些为社会进步而辛勤劳作的善良人。

生活是美好的，我努力将美好生活通过文艺作品表现出来。我没有能力写出《乔厂长上任记》这样气势磅礴的小说，因为我缺乏对这类人的观察，哪怕曾经和这类人共事过。我更喜欢反映小人物的命运起伏、生活的甜酸苦辣，并且在一定社会变革背景下演绎的故事，塑造了一些社会底层、善良的城市市民的人物形象。我还写了一些基层干部在工作、生活中遭受挫折、失败，但坚信"天上总有云彩，地上总有美好"，拥有努力奋发的宽广胸襟、美好情怀。

当然在有些作品中，我也写到了社会的不足，一种是美好生活的缺陷，希望引起人们的思索；另一种是反映社会还有阴暗面。我不善于写侦探小说，不善于写打击犯罪团伙的故事，但我有时会感受到阳光背面还有阴暗面，还有社会小人，他们会在光鲜的外表下丑陋地表演出来。我将这些故事有趣地搬上小说，给以揭露、讽刺，引起人们警醒。当然这些丑陋的表演，都是多个人的合体，对事不对人。故事如有雷同，请勿对号入座。

我希望通过这本集子，激励人们努力学习，奋发工作，宽容善良，笑对明天。

写于2021年9月5日
改于2023年1月15日

目 录

前言 1

上篇
星星火 3
蟋蟀往事 7
后客堂的阿毛娘 21
笛声袅袅 36
天上永远有云彩 50
魂牵梦绕 63
球是旋转的 76
聪明才智留下 95
朦胧人 109
电梯门打开时 124
扑克王相亲的故事 131
榜样 136

下篇
难忘的目光 143
老式台钟的发条 157
美丽的蝴蝶结 172
无花果树下 182

玻璃柜里看世界 189

留点童真的记忆 210

骑马上佛母洞 219

此时无声胜有声 226

今天是年初二 232

友谊之曲奏响了 237

白板 241

来自基层的温暖 245

呵呵,老人的"贱" 248

远方的美丽 252

我在印尼办展会 264

来自对外服务第一线的报告 282

"新市民"轶事 296

父子两地书 305

跋 329

上篇

星星火（小说）

　　他比那时老多了，时间的流逝在他脸上冲刷出一条条皱纹，老年人固有的愁斑一块块堆砌在上面。软软的道地的苏州话也含混了，哪像二十年前，他挺精神，脸皮还有光泽，他为国家遭遇困难"挑担子"，他们剧团解散了，他家乡没人，没有房子，就没有被动员回乡，居委会就安排他来弄堂口烧七星炉灶。谁都这样亲热地叫他"苏州伯伯"。

　　苏州伯伯挺有能耐，大炉灶上七个孔，可同时烧七锅饭，这是他的拿手戏，因为在剧团里他就是蹲厨房的，他在这里又发挥了他的特长。他的日常生活，总是早上四点多钟生火，为上早班的人们服务；直到中午，安顿了中班人们的午饭，才收摊。

　　我们可方便了，两三碗拿到七星炉灶上一热，只要付一二分钱，很快就能吃上热粥。他还卖旺煤球，五分钱十五个，每家都为自己家获得方便而感到高兴。

　　苏州伯伯靠一分一分钱凑起来度日，我心里替他发愁：一毛钱他要做几个人的生意？日子真是难过。我是他每天的固定户，不仅靠他的七星灶热菜、烧水，还不时去买他的旺煤球，生自己家炉子。人倒轻松、舒服了，家庭开支不免增加了一些。父亲找我讲话，我总说："我要做功课，要看书，不生炉子时间宽舒点。"父亲不说我偷懒，为了鼓励我好好读书，也居然同意。

　　我和七星炉灶逐渐加深了感情，清晨醒来，一听到毕毕剥剥生炉子的声音，心里也暖烘烘的，蛮踏实，知道烧早饭有了着落。平时我一有空闲，就站在远远的地方看他烧炉子，安排哪个锅该烧哪个灶；饭一烧滚，该怎样从旺火炉灶调到钝火炉灶。他就这样及时，这样熟练，让炉灶发挥着最大作用，让大家更快地吃到热饭，早去上学、上工。我不知他过去拿固定工资时，是否也这么勤快。有时我静下心来，还替苏州伯伯想着他与几分硬币的关系……

8点钟以后，七星炉灶从紧张转入轻松，他这才把靠墙脚边的篮子拎出来，撩起盖着的毛巾，端出一小锅粥，坐到炉灶上热起来。这时，他就从那只大围兜口袋里掏出一大把硬币和几张角票，数了起来，享受着辛勤劳动的果实。硬币，按整数用纸封好，小心翼翼撩起大围兜，放进里衣口袋。他把时间安排得如此和谐，这时正好粥热了。他加上几丝咸菜，捧着大碗，呼噜呼噜吃起来，嘴里喷着味道，眼睛却在七星炉灶周围转了一圈，大概又在算计还要干点啥。饭后他兴致进入顶峰，有时还会哼上几句不知名的曲子，把剧团烧饭时学来的戏曲也搬出来了。乐趣是这样平淡，但正是这种平淡的乐趣，使他生活得很快活。

时间使苏州伯伯比过去苍老了，愁斑爬上脸面，赖着不走；眼睛也开始混浊。他迟钝了，每天要花一个多钟头才将炉灶生好。七星炉灶的生意也大不如前，生五个孔也用不足，只好烧开水卖。他时常病倒，不来开张，有些老顾客也摸不准他的规律，就此散了不少。一次，他又两个礼拜没来，脚上发流火。来的那天，脚肿还没退尽，而且还不停咳嗽。我拿了瓶半夏露给他，劝他多歇几天，问他居委会是不是给他一些补助。

"只要爬得动，就不要补助，自己赚钱，心里踏实，用起来自由。"这些话，发自他的肺腑，显示了他的性格，也使人隐约地感到这个老人的心灵里闪烁着一种发光的东西。但生活无情，我再也看不到他的笑容，再也听不到他哼无名的曲调，早饭热粥逐渐照不到他的"排头"了。

终于有一天，我看到了他的笑脸，那是不久前的事。七星炉灶改造过了,还在弄堂外搭了个棚,放了桌椅,挂了块"自家人合作点心店"的牌子。居委会安排苏州伯伯和三个待业青年一起办起了点心店。我们地处市中心,人也集中,但点心店并不多,有时要买点豆浆,买根油条吃早饭,也要排上一刻钟的队。大概生活水平提高,早晨吃早点的人多了,吃泡饭的人少了。我也不愿烧泡饭吃,两小碗一吃,肚子胀鼓鼓,一上班两个钟头一坐,肚子咕咕叫,吃点心虽耐饥,但我熬不过一刻钟排队,还不如烧煤饼炉,既可热粥,又可给孩子穿衣、喂饭、叠被和打扫。有时时间来不及,只好一面纽扣子,一面赶路去上班,早饭就来不及吃了。我时常埋怨。隔壁好婆她们总开玩笑地笑我"常饿嫂"。苏州伯伯他们办了合作点心店,我又成了他们的老顾客。他们专门卖经济实惠的点心。早晨他们卖薄饼油条、豆浆、馄饨、面类等,下午还卖肉包子。他们还千方百计做快餐,薄饼油条预先包好。早晨我时间来不及,一两八分一付,拿了就可一面走一面吃。他们还讲究在味道上下功夫,馄饨的汤里掺点肉骨汤,既可少放味精,味道又鲜,更主要的是馄饨煮得不生不烂。有人赞扬他们,他们总用手指指蹲在后面的苏州伯伯,是火候掌握得好呀。可不是,五六碗馄饨往锅里一扔,就听见炉门口的电风扇呜呜响了,几秒钟后,电风扇关了,几十只馄饨就争相汆出水面,盛起来就可送上桌了。他们年老的功夫深,年轻的力气大,两相搭配,点心就做得快,烧得好,生意自然就兴隆,大家吃了都满意。我还真感谢他们帮我摘了"常饿嫂"这顶帽子,我竟然发现人也胖了。

有一次休息天,我带孩子去吃馄饨,见苏州伯伯蹲在地上搅拌着煤灰做煤球。我问他做煤球干啥,他说,能省点开支,大家多分点钱钞。我拉他坐下唠叨,问他生活怎样。

"现在一天能净收入两三元,不是过去光数硬币,而是数块头(元)了。"

"身体?那比过去好多了,用不着担心开销,有时实在难以起床,他们还劝我歇一天哩。"忽然他附在我耳边说,"我还吃了银耳。"我真为他高兴。我忽然记起一件事,"居委会不是要你拿养老金吗?忙碌了一世休息休息算了。"

"不干事吃现成,那不和大耳朵(即猪)一样?!"他哈哈笑了起来,"我生不带来,死不带去,烧炉子技术他们还在跟我学哩。"

刊于《文汇报》1981年11月5日"笔会"版

蟋蟀往事

又到夏季七八月份了，又听到蟋蟀的鸣叫声。现在的公房小区虽然没有过去老式石库门房子的屋檐，缝隙多，蟋蟀躲在里面鸣叫多，但在绿化带里偶尔也有鸣叫的。我已不玩蟋蟀了，每每看到蟋蟀，就会想起小时候的朋友贤贤，难以忘怀。

一

那时我们住在石库门房子里，我家在后厢房，不大，但朝西的窗蛮大，光线挺亮。家里父母和姐妹五六人也没觉得挤。贤贤家就住对面灶披间，窗都在弄堂里，有点暗。他是老大，下面有弟妹，加上父母，也是五六人住。贤贤比我大一岁，属牛，头大大的，四方脸有棱有角，浓眉大眼，鼻子直直的，很有男人味，就是嘴唇有点厚，看上去蛮憨厚。他不苟言笑，但笑起来喜欢捂着嘴，我总笑他像大姑娘。

我总觉得贤贤比我懂得多，和他在一起能学到不少东西，带来不少生活的乐趣。有段时间，他喜欢刻纸花，那是用蜡光纸刻出的图画，什么岳飞枪挑小梁王啦，什么赵云长坂坡护主啦，什么太史师大战小霸王孙策啦……都是他买来刻好后让我复制的。他不但教我如何用扁铅笔把垫在下面的图画复制出来，用平头的钎脚刀把它刻出来，还用他那厚厚的嘴唇讲给我听这些图画里的故事。一次讲到太史师大战小霸王后拿了孙策的戟，孙策拿了太史师的帽盔，互相大叫胜利了，我见他讲得有声有色大笑，当然还是捂着嘴哈哈笑着。《三国演义》《岳飞传》等书,我大概就在那时看的。

他喜欢养各种虫,有的还是季节性的,我也跟着养虫。有段时间他养洋虫,虫子和瓢虫差不多大,说是吃了很补。洋虫要吃红枣、莲心,想想也对,吃这么好的东西,营养肯定高。洋虫还蛮贵。我好不容易将钱省下来,买了小盒子养着洋虫,忽然《青年报》中缝里介绍,洋虫是仓库里的小虫,没什么营养,只得白扔。贤贤见了直呼上当,不但没有找到乐趣,还浪费了精力和钱财,有点肉痛。

深秋开始养金蛉子倒也有趣,两厘米见方的小盒子里养一二只金蛉子,喂一块很小的南瓜,放在贴身棉袄里。有一次上课时,我见座位上有太阳,就将金蛉子拿出来放在台板下晒太阳,大概暖和了,金蛉子竟然叫了。不养虫的人是不知道它的叫声的,我正在得意,忽然语文老师停下讲课,竖着耳朵听了一会儿,说教室里有金蛉子叫吗,我吓得连忙用手指弹了一下盒子,才没被老师发现。课后我向老师承认,老师得意地说:"过去我也养过金蛉子,一听就知道教室里有金蛉子在叫。"因为我是班干部,才没被老师追究。当我将这件事讲给他听时,他捂着嘴哧哧地笑个不停。"螳螂有两把像刀一样的爪子,切碎食物后吃下去。"这也是他养了螳螂后讲给我听的。

二

夏天七八月份开始,蟋蟀开始上市,无数的男人卷入养蟋蟀、斗蟋蟀的行列。大概男人好斗,或喜欢观看搏斗,自古以来就有这个习惯,蔓延到我们弄堂里这些小孩子。

贤贤本来喜欢养虫,就来和我商量,一起合养蟋蟀,并提出把蟋蟀放养在我家,不知是否家里太小还暗,弟妹干扰,不适宜养蟋蟀。

我家虽然不大,但亮堂,夏天的西晒太阳光线还很强。养蟋蟀要不少坛坛罐罐,橱下、床下都要放。更要命的是每晚蟋蟀要"大合唱",此起彼伏,若有睡不着的肯定怨恨。但我仗着是独子,姐妹没出来反对。父母是默认的。我买了好几个蟋蟀盆,有一个龙盆,蟋蟀盆外刻着龙;还有"天牢盖",一种盖子嵌进盆里,盖上有个金属拉手的蟋蟀盆。因为谁盆好就在谁盆里搏斗,一种主场优势的体现。还有不少用空"午餐肉"罐头整理好配个盖做蟋蟀盆的,比现在在花鸟市场看到的蟋蟀圆罐要大很多。我常向妈妈要钱,和贤贤一起去万竹街挑蟋蟀。

那里是个蟋蟀市场,摆着很多摊子,有搭着篷子放着几十个盆子,任你挑蟋蟀的流动车形式的;有摊在地上放十几个蟋蟀盆子,旁边放了一堆小竹管桶,口子塞着青草装着蟋蟀的;也有放着一个大竹篓,里面放着泥和草,放了几十只蟋蟀,互相撕咬、鸣叫、追赶的。街上到处叫着"蠰绩(蟋蟀)要哦"的声音。只要有钱,可以在有篷子的流动车旁,掀盖挑选盆里的蟋蟀,看个头、色面,还可用嘘草逗它们,看看牙板,讨价还价。我和贤贤口袋里钱少,要么到堆着小竹管桶的卖家那里去挑选,让他们将蟋蟀倒出来,用网罩在手上挑选;要么钻到大竹篓旁,看哪只蟋蟀开牙追咬,花两三分钱将它买回去。贤贤总喜欢买用网罩在手上看蟋蟀的,看得特别仔细。我倒喜欢在篓里挑选,直接知道它开不开牙,拿回去就可和人战斗。有时就各买一两只蟋蟀。贤贤讲得也有理,个头挑好了,即使不开牙,养养就会开牙,斗起来厉害。

当然养蟋蟀的任务落在我的头上,好在我喜欢养蟋蟀,贤贤也相信我。每天要给点饭米粒,不能喂得多,也不能饿了它。好的蟋蟀还要放有水的磁水槽,有时要买个"三妹子"雌蟋蟀陪在里面。贤贤有空就过来,要我把蟋蟀拿出来给他看,用嘘草逗一下蟋蟀,检查它们是否开牙,安排什么时候可以和对面60号西钟的蟋蟀搏斗。有时实在空闲,也有将自己的两只蟋蟀相斗,饱眼福,评哪只蟋蟀厉害。反正养几天就会开牙,好斗。

后来他父母单位给他们分了房子,是黄陂路上石库门的楼上统厢房,他父母在淮海路上的淮国旧工作。我去看过,房子宽舒而敞亮。但他还是一有空就赶过来,关心着我们的蟋蟀。他不知从哪里看来蟋蟀食谱,要我用辣椒喂蟋蟀,辣得开牙;要我加点牛奶,给蟋蟀补身体,打起来劲斗。我虽然嘀咕,但还是照他讲的办了。我们养的蟋蟀在弄堂里只能算中流水平,那时是玩打擂台、斗俘房的,谁的蟋蟀被斗败,蟋蟀就归赢家,可以连续搏斗。因为没有太多钱投入,量质不够,输得多,赢得少,往往靠调养蟋蟀来翻本。对面60号西钟常常是最大赢家。

三

贤贤听说很多人自己去郊区捉蟋蟀,"七宝那里墙上都爬有蟋蟀,捉起来方便。""闵行地里到处有蟋蟀叫,只要带个手电筒静心捉,蟋蟀有的是。"贤贤讲得津津乐道。没钱去买蟋蟀,到郊区去试抓一趟倒可以。只要逮着只好蟋蟀,就值了。斗赢三五只蟋蟀俘房,再将俘房的蟋蟀养开牙,再斗,再赢,一个夏天就够玩了,弄不好还可以做只弄堂蟋蟀王,有点做"鸡生蛋,蛋孵鸡"的梦一样。到哪去?七宝墙上有蟋蟀?肯定在镇上,不靠谱。还是去闵行吧,地里有蟋蟀是对的,就看碰到什么地了。据说毛豆地、辣椒地里蟋蟀凶猛。我们两人开始做去闵行的准备工作。蟋蟀网、手电筒、挖土用的起子,一人一套;竹管筒十几只,还带了万金油防虫叮;蛇药,防蛇咬。

那一天,贤贤和我都和家里说谎,称在学校过夜。吃了早晚饭我们就出发了,准备从市中心走到闵行一条街。年轻没钱,但有的是力气和时间。在学校运动会时,我还是跳高、跳远和短跑的运动员。贤贤也是学校运动会的长跑运动员。平时喜欢走路,哪有走路吃不消的?两人情绪很好。当走到辛庄时天全黑了,贤贤怕到闵行太晚,就上了徐闵线公交车,乘了一角钱车程,下车后继续走。到闵行一条街时已是晚上8点多了。这里虽然远离市中心,但这条街仍是城市的味道,商店一家挨着一家,背后是五六层楼的公房。硕大的闵行,我们仅知道闵行一条街,哪有蟋蟀?没有方向。两人定了定神,准备找一条似农村小路寻找蟋蟀。

闵行一条街很快走完,前面道路很窄,路灯很暗。忽然,我们听到了蟋蟀叫,连忙循声找过去。这是一家种着丝瓜的人家,丝瓜藤爬在竹棚上,还结着不少丝瓜,藤下盖着茎和叶。我们猫着腰,蹲下去,打开手电,扒开叶,"哎哟。"贤贤低叫一声,连忙退了出来。等我看清有条蛇正昂起头看着我时,也惊得退了出来。不知是否天热,额上直冒汗。虽然备了蛇药,城里人看到蛇还是怕,只得转换地方。

这次有点经验了,循着蟋蟀叫的声音找过去。贤贤和我说,好的蟋蟀不是一直叫的,是间隔一段时间鸣叫一声的。一直在叫的蟋蟀,多是蹩脚蟋蟀。我们漫无目的地走着,但耳朵却竖起听着。忽然贤贤举起一只手,侧着头说,听到一声哑哑的蟋蟀叫声,而且要间隔十多秒钟才叫一声。我们只得耐着性子,听见叫,就移动几步,逐渐靠近蟋蟀叫声的地方。这是一个单独的农民房子,旁边围着竹篱笆,篱笆门没关,这里种着毛豆,果实挺饱满。我们悄悄接近蟋蟀叫的地方。当我们翻开几块石头,打开手电筒后,看到了一只蟋蟀,旁边有好几条红头蜈蚣。喜出望外,"蜈蚣才",肯定是个好蟋蟀。我们刚想用网罩下去,旁边的灯都亮了。

"干什么?"身旁出现了几个凶神恶煞的人,用手电筒照着我们的脸,"我们已注意你们好一会儿了。"他们说。

我们怎么没注意?大概太专心倾听蟋蟀的叫唤。"抓蟋蟀。"我们怯怯地回答。

"这是私人院子,怎么是你们捉蟋蟀的地方?"恶狠狠,没有丝毫让步,并冲过来摸我们背着的书包,"到队长办公室去。"

我们被"抓"到队部办公室,队长倒是个和蔼的人,赤着脚,好像刚从地里回来。他听了情况,检查了我们的书包,问了我们从哪里来,就教育我们不能到地里捉蟋蟀,以免影响庄稼生长,并劝我们早点回家,以免误了末班公交车。我虽然胆小，只是不吭，但心里有点抵触，我们又没有破坏你们庄稼。但见贤贤更是唯唯诺诺，队长把我们放了。

从办公室出来，我们真没方向了，再去捉蟋蟀？如果再被抓到办公室来，那更不好了，说不定把我们转到派出所关起来。但回去，心太不甘了。我见贤贤一脸难堪，口里喃喃地说"没意思，没意思"，完全没有了刚来时的心情，情绪低落。他引着我朝公交站方向走去。一不顺，全不顺，末班公交车已开走。是等明晨第一班公交车回去？反正没地方休息，一晚上有的是时间，我们决定走回去。

直直的公路，黑黑的天地，路灯间隔很远，偶尔有辆卡车驶过。我们没有说话，默默走着。我心太不甘了，空竹管筒背来背去，算什么名堂？走了一段很长的路，我提议在公路边捉蟋蟀，这里没有居民，没有田地，肯定不是那个队长办公室管了。空跑太可惜，我也想调动贤贤的情绪，但贤贤还是摇摇头说："没意思，算了。"默默，静走，不知是露水还是汗水，头上有点湿。

凌晨五点多，终于走到市中心了。我看贤贤有点瘸，说是脚上起泡了。贤贤苦笑着说："今天真正尝到了走刹特（走死）的感觉。"

从此，贤贤再也不提出去捉蟋蟀的事了。

四

一天，贤贤拿来一只蟋蟀，说是用20斤粮票换来的，他没说粮票哪里来的。那时粮票在黑市贵啊。这倒是一只好虫，我连忙放进龙盆里。该蟋蟀有小手指两节那么大，浑身墨黑，是土虫。头上一圆点白斑，是"玉鼎"。叫起来翅膀竖得很直，有力；门牙很宽，就是项圈上还有白白的一层毛。贤贤要我弄只蟋蟀给它校校牙。我把铁皮罐里的杭虫倒过去，双方就咬起来了。但没想到的是，三四个回合后，"玉鼎"竟然败下阵来，贤贤大吃一惊。我连忙将杭虫捉出来，放回铁皮罐，怕杭虫追咬，伤着"玉鼎"。贤贤责怪我拿只太强的来试牙。贤贤也怀疑卖蟋蟀的拿了他这么多的粮票,给他一只劣等蟋蟀。嘴里啧啧,说是看走眼。我倒肯定他挑了只好品种的蟋蟀,只要好好侍养,打败弄堂里蟋蟀王西钟有望,只是现在"玉鼎"太嫩不禁打。

我好生侍养,把"玉鼎"关在龙盆里,除了加水、加饭,不打开盖子,不轻易用嘘草引它。贤贤来得勤了,碰到我就要问"玉鼎"的情况,逼着我用嘘草去引它,看看开牙了没有,还要我给它配"三妹子"雌蟋蟀。我坚持不肯,还这么嫩就配"三妹子",年轻思淫,哪有心思恶斗?贤贤今天来说,书上讲蟋蟀最好能给它吃坑蛆。我的妈呀,这哪里去找?粪坑里的虫呀,蠕动,看起来也恶心。明天来说,蟋蟀最好给它吃龙虱,效果好。哪有龙虱?打听下来,龙虱就是水蟑螂。个头要比蟋蟀大,黑黑硬硬的壳怎么吃?说是要剥水蟑螂肚上的一层油给蟋蟀吃。我不知道怎么去完成,仍照自己的方法调养。他就像老师出了个题目,学生没办法完成一样得意,有时还捂着嘴哧哧地笑,也不硬要我去做。

其实我比他调皮,他对我讲的,我不懂的,能办的,就照他说的办。如果我懂的,或者难办的,不但要争执,坚持己见,而且不予执行,连平时在玩耍时也有誓不罢休的。他将学校里斗鸡的游戏拿来玩,这是手抱一只脚,用另一只脚跳着对撞,比胜负的游戏,看谁先坚持不住放下抱着的脚。他人比我高,总用抱着脚的腿,压我那腿,居高临下,我输了,但不服,一定要再来,直到赢回来我才罢休。他总是捂着嘴笑,一面骂赖皮,一面迁就着我,始终有种居高临下的味道。

节气过了白露,我看看"玉鼎"项圈上已光溜溜的,没有白毛了。贤贤知道蟋蟀可以斗了,试了几次,"玉鼎"确实厉害,一两下子就把其他蟋蟀打败了。他催着和对面的弄堂蟋蟀王西钟约时间搏斗。

"玉鼎"第一次出场。贤贤坚持只打三对三擂台赛,一方最多出三只蟋蟀。这是我们弄堂的规则:没有蟋蟀称重量,大小不论;厮杀时不用网罩,免得看不清,任其甩出盆;蟋蟀盆里不放草纸,使蟋蟀抓不牢盆底，厮杀翻滚好看；厮杀场地，谁的蟋蟀盆低的到高的厮杀，但碰到"天牢监"，就到"天牢监"厮杀，碰到龙盆就服从龙盆。

我拿出龙盆，打开盆盖，西钟就"哎哟"叫了一声，接着说"这么大"，但他连忙镇定下来，今天他毕竟带了一号王"弯尾巴"，今年尚未输过的蟋蟀。

第一场西钟排的是他的三王"桂花圆大头"，平时赢多输少。淡咖啡的翅膀下有三粒黄痣，像桂花嵌在翅膀下，叫起来煞是好看。头大而圆，牙板亦蛮厚，煞是凶猛。身板虽然略比我们的"玉鼎"短一点，但比我们的宽。两头蟋蟀的须刚一接触，还没叫两声，就牙齿咬在一起。旁观者静得直听到"咔咔咔"牙齿撕咬声。不到十几个回合，"桂花圆大头"就被"玉鼎"甩出盆。"玉鼎"鸣叫，在盆里兜圈寻找。西钟连忙拿了网罩将"桂花圆大头"放回盆里。双方又撕咬起来，战了十几回合，"桂花圆大头"落荒而逃。

第二场西钟派出"盲虫"来斗，一只几乎没有须的蟋蟀，大概战斗太多，把须也快打光了。"盲虫"进了龙盆后，一面叫着，一面盲目地向前猛冲，一下子就撞在"玉鼎"的牙板上。双方咬了十七八个回合，"盲虫"就被"玉鼎"甩在盆墙上弹了回来，不开牙了。但"玉鼎"的肚子下方给它咬到一口，有点伤，贤贤想不斗了，但规则不允许。

第三场西钟派出了大王"弯尾巴"。它的个头和"玉鼎"一样大，看得出已经过无数次战斗，把尾巴上的两根"枪"已打掉一半了。六爪很长，牙板虽然没有"玉鼎"的宽，但很长，斗起来头朝下，牙插到对手的下面一掀，往往把对手掀翻。它善于和对手咬住在盆里翻滚，尾部双"枪"就这样滚掉的。一般蟋蟀都受不了它的掀和滚，很快就败下阵来。"玉鼎"和"弯尾巴"刚咬上时，"玉鼎"也吃了它这个亏。几个回合下来，"弯尾巴"忽然头低下用长牙一掀，把"玉鼎"掀到盆边上沿，一个在上面叫，一个在下面鸣。我刚想把"玉鼎"放下去，"玉鼎"已循声跳下盆，和"弯尾巴"咬在一起。双方在盆里滚来滚去，一会儿"弯尾巴"占上风，一会儿"玉鼎"占上风，一片牙咬咯咯声。战到百把回合时，"玉鼎"忽然用力将"弯尾巴"甩出盆外。不知是否"弯尾巴"从来没有被人摔成这样，当西钟将它捉回龙盆时，已不开牙了，牙齿上还流着水。但"玉鼎"也付出沉重代价，头上两根长而整齐的须，折断了半根，饭须也打直了，白肚皮上也淌着水。但终于奏出胜利的鸣叫。

"惨烈。"围观的人终于站起来，嘴里说着，慢慢散去。贤贤长长出了口气，他不忘安慰对手西钟，你们的"弯尾巴"结棍，再坚持一下，"玉鼎"就撑不住了。西钟没想到今天会输得精光。平时都是三号王"桂花圆大头"横扫人家，实在不行，"弯尾巴"来收尾，从来没有不赢的，今天只好拿起三只空盆悻悻回家。

我们首战告捷，一下子俘虏了三员"大将"。贤贤特别兴奋，不忘表扬我，蟋蟀养得不错。接下来一句，我买来的"玉鼎"好，毕竟20斤粮票啊！他捂着嘴又哧哧地笑。

我不但要好好侍养"玉鼎"，还要善待俘虏"弯尾巴""桂花圆大头""盲虫"，养得它们再开牙，和西钟的蟋蟀斗。照贤贤的话讲叫"俘虏国民党部队，教育好了打国民党"。

那边西钟常常派人来找我，要斗第二回，输了不服。他的叫板，我没有办法应战，因为没有第二套"将领"。我给"玉鼎"配了"三妹子"，让它"结灵"（即交配）。真弄不到坑蛆和龙虱，弄得到就给"玉鼎"吃。三个俘虏蟋蟀也给安排了好的盆子，都配了雌蟋蟀"三妹子"陪着，好生静养。

两周了，"桂花圆大头"和"盲虫"都开牙了，就是"弯尾巴"还不行。西钟提出要斗五场，看来想用"虫海战术"来赢"玉鼎"了。我们排了排蟋蟀，手中有将，就同意了。

西钟真是用尽心计，他布兵排阵，尽遣好的上阵，四王到七王，把二王压底。我也用足心思，将杭虫打头阵，"玉鼎"打二阵，想多赢他们几个，他们的三王"桂花圆大头"打三阵。

一开战，我们的杭虫先下一城后就败下阵来。"玉鼎"又上场了，连胜三场，直打到他们的压阵二王。但是"玉鼎"和四王"魄基"撕咬得也很壮烈。那个"魄基"翅膀架空，永远贴不着脊背，叫起来抖得很低，声音很轻，几乎哑壳皮，真很会将力气省下来用在撕咬上。双方各被甩出一次蟋蟀盆，"玉鼎"尾部的枪也被打掉半根。虽然"玉鼎"胜出，但已是气喘吁吁，牙齿合拢已显得慢了，不过身体还是非常敏捷。二王是只挺大的蟋蟀，额头上有道白线是"玉仙"，叫起来声音特响，牙一张开看上去凶悍。"玉鼎"和"玉仙"碰在一起，没叫完一声就撕咬在一起，起起伏伏，几乎十二爪抱成一团，滚来滚去。几十个回合下来，"玉鼎"明显力气不足，渐渐后退，败下阵来。但"玉仙"明显受伤，头颈部被"玉鼎"咬伤，有点淌水。我连忙将他原来的三王"桂花圆大头"倒进去，继续格斗。"桂花圆大头"趁着力大进攻，很快将气急劲衰的"玉仙"逐出龙盆。这战下来我们几乎俘虏了他全部的八大金刚，但损失了"玉鼎"。贤贤开始叨叨，怨我将"玉鼎"排在前面，导致被俘。我朝他笑，八大金刚在手，不怕"玉鼎"俘不过来。贤贤只是呵呵几声，脸色不太好看，难以经受失败打击，毕竟"玉鼎"是他心头肉。

过了几天，我看"弯尾巴"已经开牙，而且恢复得不错，就去向西钟挑战。西钟看到"玉鼎"经他调养也已开牙，就同意再战。但他知道手里没牌，只肯打2:2擂台，确保"玉鼎"不失手。这次虫海战术不能用了，我就用"魄基"打头阵，"弯尾巴"压底。"魄基"在攻下一城后，又和"玉鼎"相遇。双方又杀得不可开交，虽然还是"魄基"落败，但已把"玉鼎"斗得够呛。轮到"弯尾巴"上场时，毕竟以逸待劳，又是蟋蟀中的老江湖，休息了两周的"弯尾巴"恢复得好，猛冲猛撞，把刚开牙、尚未完全恢复好的"玉鼎"咬得没有了脾气，牙齿并不拢，不开牙了。"玉鼎"又回到我们手中，但已不是原来的"玉鼎"了，缺须，断枪，少饭须，没过去那么威风了。贤贤特别高兴，又捂着嘴咻咻地笑，夸这夸那，还想把玉鼎带回去自己侍养一段。这一战，把弄堂的蟋蟀王彻底易主，谁也没有能力来挑战。"玉鼎"经过一段时间侍养,恢复了原来的威猛,我们形成新"四大天王"——"玉鼎""弯尾巴""玉仙""桂花圆大头"。谁来挑战,任何一个天王出场,就可以横扫一切。

天渐渐冷了,没有人来约我们斗蟋蟀了,我们只能自己斗着玩,"玉鼎"虽然已经爬不动了,但一对一搏斗起来还是拼死拼活,总是赢。贤贤赞不绝口。

冬至前后,"四大天王"先后老死在我们的蟋蟀盆里。

五

"文化大革命"开始后,贤贤到我们这里来得少了,我曾问过他,是否在新地方找到好朋友了?他呆呆地望着地上,过了一会儿才摇摇头说:"没有,哪里有。"我还发现,他每次来,情绪总没过去的好。一次,他和我讲起,班级里一个要好同学揭发他,讲父母过去赚的钱多,现在拿死工资,赚得少,对现实不满。贤贤的父母过去是个体摆旧货摊的,属小业主,现在在国有的淮国旧工作。还好,另一个要好同学帮他忙,说是揭发的同学自己讲家里现在钱没有过去赚得多,贤贤是附和的,终于逃过一关。贤贤直讲,人心叵测,不能随便和人讲心里话。那天,他忽然拿出一枚铜鼓金戒指要寄放在我处,他父母怕单位造反派来抄家,因为我们是工人家庭。我没有推却就收下保管了,直到过了风头才还他。事后我也后怕,如果查出帮他家私藏金货,那我家也会被牵连抄家,隔壁刘家就发生了这种事。贤贤当然感激,更视我为知己。那几年,侍养蟋蟀,再也没有养到"玉鼎"那样的蟋蟀,贤贤总讲起那年的光彩。只有这时,他的情绪还是那样好。

我们分配工作了,我因姐姐去农村,进了工厂;贤贤因是老大,没有捞到工矿位子。后来他进了里弄生产组工作,说是心脏不太好,街道照顾的。又过了一段时间,他调到街道图书馆工作。他在我面前很少讲起工作的事情,除了我问他,仅有一次讲起,生产组里阿姨妈妈碎嘴婆多,蛮讨厌的。

有一次,他流露出自己羡慕隔壁毛毛,毛毛和他同年生,因大月份,比他早一年读书,六五届初中毕业,全部升学或工作,毛毛现在工厂工作。

六

他还是每周准时来找我。我始终觉得他比我懂得多,在厂里学着写东西的时候,有时还向他请教。他会和我一起探讨,但有时总跑神,只有和我讲起他看的书时才会津津乐道,《神秘岛》《海底两万里》……从他厚厚的嘴唇里吐出来。但有时他戛然而止,总会说:"你们厂里图书馆里借得到这书的。"

贤贤有几周没来,我因厂里忙,也没顾及。下班回到家里,母亲问我,你知道贤贤脑子出问题了?我以为母亲和我开玩笑。真的,贤贤妈妈来过了,和我母亲讲了他的事。贤贤自搬到新居后很少和邻居来往。这次分配进里弄生产组后,有些小朋友围着他叫,说他有神经病。他不知道怎么处理,觉得很无奈。和他们吵,他们就叫,神经病骂人;打他们,他们就叫神经病打人。贤贤只得躲着他们,常常到老房子我们这里来。但躲终不是办法,他总要出门吧,一出门,这些小捣蛋就在后面叫。这几天他情绪更不好,他母亲要我去劝劝他。我倒吸一口冷气,贤贤真的病成这样?我哪信,连忙赶到他家去看他。

我一进他家门,他母亲连忙像哄小孩样地说:"贤贤,你看谁来看你了?"贤贤看到我来看他,先是一惊,然后似笑非笑地说:"程程,你怎么来了?"

"这几周你没来我家,想来看看你,好吗?"我问。他妈妈连忙说:"你看,人家程程也想你去玩的。"贤贤脸上没有表情,微微点了点头。

我开始找话题和他聊天,身体好吗?最近在看什么书?我故意说最近准备在写一篇反映老师傅为革命大炼钢铁的文章,想听听他的意见,从哪个角度切入写效果更好?我见他只是呆呆地望着旁边的台灯,有的只是简短的回答。他妈妈连忙说:"你看程程对你多尊重,还要和你商量怎么写东西。"他微微点了点头。

时间不早,我辞行:"周日我等你。"他轻轻地说"好"。

从他家里出来,我心情特别沉重,他怎么会是这样了。那晚我没睡着,贤贤的头影一直在我脑中晃动。

七

星期日了,贤贤没有来我家,后来我才知道,那天我走后,贤贤逼着他妈问,我是否知道他在住处的境况?他妈被逼得没法,和他讲了,我已知道他身体不好。

"他们都知道了?"他当场哭了,"我再也不能到他们那里去玩了。"他哭得特别伤心,陪在旁边的母亲也落泪不止。

贤贤再也不来我们老房子了。我总隔一段时间去看他,和他聊天,讲过去斗蟋蟀的事,回忆"玉鼎"的光彩时光,但他总是很淡漠。

忽然有一天,贤贤的母亲来我家,告诉我们一个噩耗:贤贤跳楼自杀了。前一天,他和母亲说,在楼道里不知谁画了一头牛死了。那天他起来,倚在窗前看下面,忽然大叫,下面有头死牛,挣扎着跳了下去。"嘭"!沉闷的声音惊动左邻右舍。他妈妈说着,用手帕直擦眼泪。

"贤贤,不能这样啊。"我真的哭了。我和毛毛能进工厂,你没能进工厂,并不是个人能力所为,仅是环境、机会而已啊!人生道路长着,有你作为的时间啊!你不是常讲,洋钉放在口袋里,总要刺破口袋伸出来的吗!你忘了?那些蟋蟀,无论是"弯尾巴""玉仙""桂花圆大头",还是你最喜欢的"玉鼎",都有天性,被对手打败,休养生息后再来战斗,最后称"鼎"。你怎么这么糊涂，这么脆弱呢？怎么可以生活不顺利，就自暴自弃呢？我泪流不止，但已无济于事。

从此，我再也不养蟋蟀了，每每看到蟋蟀，就会想起贤贤，心中永远的痛。

刊于《上海纪实》2019年第一期

后客堂的阿毛娘（小说）

阿毛娘将钥匙插进锁孔，打开挂锁，翻下门搭配，把木移门轻轻推过去，现在用这种房门锁已是很少看见了，但在20世纪五六十年代司空见惯，大家都用这种方法锁门。那移动门是木板门，仅有几根木方子做支撑的门档，门上下没有滑轮，也能轻松推得开，门很轻。她撩开布帘走进去。她住的是后客堂，在老式石库门房子里还不算最差的部位。他们的客堂间很大，一拦二，后客堂也有六七平方米。就是通楼上去的扶梯，将后客堂房间多了个斜坡，缺了个角。这正好给她拦块布，做个厕所。她走进房间，把移门关上，右手捏起灯钩，放进羊眼里，这就算锁上门，外面难以推开，除了把门推倒。

她坐下来定了定神，感到心脏跳得难受，从抽屉里拿出几粒麝香保心丸含在嘴里，似乎好过点了。她望望门上的那面墙，木板墙的上面是不到顶的，上面只是交叉竹片上糊着纸。另一面墙也是板壁，几块木门组成，最后一块也是一扇活络的门，只好打开通风，而不是通道。前客堂是周家独用的饭厅和会客堂，周家住在前厢房连前客堂。阿毛娘只有在夏天太热的晚上，才会打开后客堂这扇门，以求通风。房内唯一完整的砖墙上，原来贴过领袖像，后来挂过自己先进工作者的奖状，再后来一直挂着光荣退休的镜框。现在墙上空空，也记不清什么时候取下来的。

这幢房里，大家都从后门进出。只要有人走动，阿毛娘即使躺在床上也能听得清清楚楚。楼上的人走扶梯，再轻，她那斜墙总有声音，虽然挺宽，可以两人平行，但毕竟木头扶梯啊，尤其是前楼的女主人朱婶，180多斤，走起扶梯来，左右脚都要先后落在同一格扶梯上，产生"咚嗒、咚嗒"笨重的声响,震落灰尘。隔壁的周家进门,那扇门和她木墙相连,总有"嘎吱"一下响声。甚至有人在水龙头上盛水,洗东西,她都能听到清晰的水声。早上的生煤球炉,有时烟也会倒灌进来,从她门缝或墙顶上挤进来,但那已是八九点钟的事了,她早就起床外出了。只有后来,各家改烧煤饼炉,五六点钟就开启炉门,憋了一夜的煤气,会从炉膛里飘出来,使她有点难受。早上她也会早早地被进出的楼梯声和脚步声吵醒。最多时,这幢房子里住了近十户人家,几十号人,但她已习惯了这些声音,过着她该起该睡的生活。

近二十年来,随着改革开放的发展,左邻右舍陆续搬出去了,现在长住这里的楼上仅一两家,底楼仅她一人了。那些空出来的房子,也不见到有人家搬进来。楼里明显安静,有时她倒不习惯。她在这间后客堂里毕竟生活了五六十年,什么事都在这里经历。

今天晚上,街道干部召集大家开会,传达了市里要改造这片地区的计划,先听听大家意见,她将信将疑。真的,她当然支持。哪来那么好事,她听到过太多上面的计划,最后都是不了了之。但这次她有点半信半疑,心跳得有点快。

她在弄堂里虽然不是很出名,但大家都认识她,毕竟在这儿住的时间太久。她给人的印象是思想蛮好的,尊敬她的人叫她阿毛姆妈,不贬不褒的人叫她阿毛娘。

这排石库门房子的上面墙上有着"1921年"的字样,据说这房子刚建时,还是周围不错的房子。她们住在弄堂里的一号,是第一个门洞房子,所以有双亭子间、双灶披间,还有前厢房和后厢房,楼上不但有前楼,还有统后楼、过街楼和尖顶三层楼。连晒台也是双晒台,最盛时期能住那么多户人家。谁也讲不清阿毛娘是哪一年搬进来的,很多人家都是在她后面搬来的,当然也没人会去问她哪年搬来的。只有很少一些老人知道她的过去。

阿毛娘在年轻时在客栈里做服务员,不知是否太年轻单纯,她和一个住客有了感情，生下了阿毛。住客和她年龄相差蛮大，偶尔来这里住。但隔壁邻居总能听到那男人的咳嗽声，可能身体不好，以后就再也没见那男人来过。

后来阿毛娘所在的客栈公私合营并掉了，阿毛娘被安排到汽车配件厂工作。她哪懂汽车装配技术，就在仓库里管管汽配件。好在她们厂还算比较大，还设有厂招待所，但没有专职管理和服务员，那时招待所也没什么任务，只是厂长办公室监管着。有什么任务，厂办就将阿毛娘借去做接待工作。

一次，上级单位的一个领导来厂里指导工作，厂办又将阿毛娘借到招待所做接待工作。阿毛娘凭借过去业务的熟练，把接待工作做得仔仔细细、井井有条，受到上级领导的夸奖。上级领导知道她还是个汽配仓库管理员后，还夸过她多面手，多专多能的好工人。那年，她就被厂里评为先进工作者。那奖状还在墙上挂过一段时间。

阿毛娘对阿毛一直不喜欢，不知道是否对阿毛爷的恨，迁怒到阿毛，还是阿毛小时太顽皮，她管教不住他。邻居常常听到阿毛娘和阿毛的争吵声。那种房子大多是板壁相隔，有什么动静邻居都能听到。但阿毛娘对其他人家总是客客气气，而阿毛在邻居的印象中还算温和，除了和他娘用沙哑的喉咙争吵外，也不记得他有和邻居争吵的事情。只不过在他同年龄的邻居男孩中，有人笑他打架起来，打出去的拳头是空心拳头。只有一次，后厢房的毛家姆妈听到阿毛带了几个朋友在家里说笑话，里面有女孩子的声音，后来从那薄薄的门缝里传出拍大腿的声音。那时社会风气好，毛家姆妈就在门外问，"阿毛，你们在里面做啥？"

阿毛回答，"我们在打沙哈（打扑克牌）。"毛家姆妈也不问了。

有一天，阿毛在家收拾行李，说是派出所通知他，要到青海去劳动改造了。后来邻居们知道，送阿毛去教养的是他妈，检举他偷了家里的煤球和玻璃瓶等东西去卖钱。那时管得严，加上派出所的专管员金同志又是特别认真，也有这个政策，就把阿毛送到青海去劳动改造了。他那一批，里弄里也有好几个人被送进提篮桥的。金同志后来升了派出所副所长。

从此，阿毛娘就过起了单身生活。每天早上，她将那薄薄的门拉上，搭上搭扣，挂上锁去上班，晚上回来，打开那挂锁，轻轻将板门拉开，在走廊里烧饭烧菜。那时她在汽车配件厂工作。每当有小孩到她后客堂玩耍，都可看到在她的床头总有几本《支部生活》杂志。她肯定向党的组织靠拢。但直到她退休，也没见她加入党的组织。不知是否那时很看重家庭成员中的政治表现，她的儿子还在青海改造。那是她政治思想好，主动将儿子送去劳动改造的，不应连累她的政治前途。虽然有人为她抱不平，但没丝毫作用。

有一段时间，家里常来个穿军装而没领章的人，见人总是笑呵呵的。邻居私下议论，两人还是蛮般配的。阿毛娘毕竟岁数也不轻了，难道要一个人过一辈子？听说那男人还是参加过抗美援朝战争的。恰巧，后厢房的毛家儿子，在小学里正在进行革命传统教育，请革命前辈来学校或班级里来讲他们的革命故事。一天，那男人来阿毛娘家，毛家男孩就主动邀请那男人到学校给大家讲抗美援朝故事。那人笑呵呵地说，"可以呀。"毛家男孩回学校向老师汇报，安排时间请抗美援朝的解放军叔叔来讲抗美援朝的故事。但当老师将时间安排定后，阿毛娘说，他不肯来讲革命故事，使毛家儿子大失所望。以后那个参加过抗美援朝的叔叔也不见踪影。后来听居委书记讲，那个复员军人向组织提出要和阿毛娘结婚的事，组织上派人来了解，居委书记虽经反复解释，但组织上还是劝那复员军人放弃，否则会影响他的升迁。有人也听阿毛娘跟人说，她不想影响那个党员干部的升迁，她毕竟有个儿子在青海劳动改造。那是阿毛娘思想好才送他去的，怎么能影响阿毛娘的婚姻呢？很多人不理解。

有段时间，厂里动员到三线去工作，说是要把我们的工厂，尤其是军工厂搬到内地去。响应党和国家号召，支援大三线、小三线，她们厂还有名额支援贵州和安徽的汽车厂建设,阿毛娘带头报名了,还和其他一些员工写了血书,反正一人无牵无挂。她的报名带动了厂里一批小青年报名,受到厂领导的表扬。虽然她最后没有被批准,那里需要技术工种建造新的工厂,阿毛娘不算有技术的工人,但她给人听党话、跟党走的印象很深。

"文化大革命"开始后,她也经历了一段曲折过程。先是一些领导被打倒,她帮了讲点同情的话,被人骂为保皇派。她想随着造反的人讲点破旧立新的话,又给人指责为劳改犯家属,使她垂头丧气,不知所向。她很是沮丧,很是消极。

好在她在北京的弟弟结合进领导班子了,不知是代表老干部还是代表造反派进的班子。她就多次请假到北京去探亲。回来听她讲在北京的生活倒是有趣,她弟弟会派人开着吉普车陪她去长城、颐和园、故宫等参观、游玩。在晚上,还常常安排她看样板戏。当人们在样板戏拍成电影,好不容易拿到一张电影票欣喜时,她会和你说,她在北京的剧场,已看过这些戏了。而且看戏的前排坐着很多党和国家领导人,她们当然坐在后排。这荣耀,已足以使人羡慕。

阿毛娘在单位里已是不知方向,但在里弄里她还是有方向的,爱憎还是分明的。石库门里虽然没有造反派和保守派,但那些历史上有污点的人物还是有。阿毛娘是不会组织人们搞什么批斗会,但有些消息,可从阿毛娘口里听到。楼上朱家新中国成立前曾经贩卖过白粉;三层阁阿痢困难时期,酒后讲过反动闲话,被捉到派出所里过,使那些邻居紧张过一段时间。甚至有一次,楼上朱家不知哪里弄来了一沓越剧《红楼梦》唱片,当留声机刚放到一半时,派出所的民警就上门了,说是播放"封资修"的东西,充公。据说是阿毛娘去报告的。

在很长一段时间,里弄里的变化很少,但过个五年,至多六七年,房管所总会派房修队来给老式石库门房子做保养或大修。邻居都鼓动阿毛娘把两面木板墙换成砖墙,顺便将那木板移门换成好一点的门,但阿毛娘始终笑笑说，"住了四十多年，还想让我再住四十年？麻烦他们来修理也不好。"那倒是。

她觉得无所谓，和人家住房困难户比比，这样住住不错了，国家现在还很穷，不该给政府增加麻烦，省得拆墙换门，兴师动众花了国家很多人力物力。在那种时候，无论单位或里弄房管所都不会分派给她房子。住房困难户，居住面积在人均2平方米以下的家庭有的是，有的甚至在人均1平方米。而阿毛娘的后客堂，虽然上面通风，冬天很冷，又没有窗户，又嘈杂，但面积足有六七平方米，一人居住，哪还轮到她改善住房？当然她也从没向组织上申请过房子。哪怕是退休后，她和里弄干部，甚至支部书记关系很好，也没向他们提过这要求。

她倒是常帮助邻居缓解住房暂时困难的。阿毛娘每次去北京弟弟那里探亲，都会将房门钥匙交给对面后厢房毛家，让他们过来住。对面毛家，虽然房间有十六七平方米，但住着五六个人，已显拥挤。有时碰到远方来个亲戚什么的，阿毛娘也会将自己的后客堂借给他们暂住，自己到相隔五六条街高墩街的远房亲戚家暂住。那亲戚常来邀请她去玩、去住。她和毛家小女儿关系好，常将自己喜欢吃的羌饼拗一块给她，将家里烧的绿豆汤盛一碗过去。对面的毛家对她也蛮尊敬。毛家有时吃馄饨，也会盛一碗过来。在电视机刚出来时，毛家不知哪里弄来了台12英寸的电视机，每到晚上有什么好的电视剧，总来叫她去看，还在中间地方给她留了个位子，她的感觉当然很好。

阿毛娘退休后，在里弄里就是积极分子。里弄的大扫除、灭四害，凡是叫到她，她都会参加，但她不会出头露面显山露水。她不是里弄干部，不是党员，也不是居委小组长。但里弄干部，尤其是支部书记楼大姐很相信她，和她关系也很好。每逢左邻右舍的孩子入团、入党前的政审，所在单位都会派人到居住地了解情况，支部书记楼大姐总将阿毛娘叫去听意见。某种意义上讲，阿毛娘的意见代表了他们在社会上的表现，会影响到他们的入团、入党。里弄基层党组织信她。当然那些人新入了团、新入了党有时会向阿毛娘报喜，但她只是淡淡笑着说："你们单位前些日子来听过你在里弄表现了。"听得人自然很是感激她的美言。

阿毛娘和弄堂里的几个"大亨"关系也不错。弄堂里总有几个厉害的角色，4号里的"雌老虎"，8号里的"苏北吵架王"，都蛮尊敬阿毛娘的，来找她时，都叫"阿毛姆妈在吗"，和声和气的。有的还到她后客堂坐坐，讲讲国家大事，讲讲邻居趣事，热闹过一段时间。大家也没看到阿毛娘高着嗓子和人吵半天的，更没听到从她嘴里骂出肮脏话。

不知什么原因，阿毛娘对阿毛始终没有好的感觉。一次阿毛来信，说是可能会来上海，回家一次。阿毛娘在回信时，找不到毛家的女儿，临时叫毛家的儿子代她执笔回信。毛家的儿子已近20岁了，听说蛮会写文章。

阿毛娘关照，和阿毛说"晓得了，回家就来吧"。毛家儿子不可能一封信就写这几个字，就照写信的正规格式写。开头写"亲爱的阿毛：你好。"还有几句问寒问暖的字句。后面写道："这么多年了，也没回家，家里人想你了。如果时间定下来，早点告诉我，我好准备一下。"毛家儿子将一页纸填满，就照念给阿毛娘听。

阿毛娘听后说："我又没让你写我要准备一下什么的。"脸上明显不高兴。她接着说，"还是让你姐来后再给我写吧。"

毛家儿子不知写错了什么，捏着写好的信纸，悻悻然从她房间里退了出来。

粉碎"四人帮"后的一天，阿毛忽然回上海了，还带来了一个四川籍的媳妇和一个五六岁的儿子。这是阿毛娘始料不及的。阿毛回来，只好也住在这后客堂里。阿毛娘对孙子倒是还喜欢，主动叫孙子和她一起睡床上，其实也没太多地方可睡。这么小的后客堂，是无法再搭个大床给阿毛夫妻睡的，阿毛和老婆只好打地铺。

阿毛回来，左邻右舍还是蛮高兴的，有的就问阿毛："侬的事情算冤假错案哦？怎么可以回上海的？"阿毛倒随和："不晓得，领导叫我回来，我就回来了。"阿毛平静地说，"其实我后期在那里也蛮好，配合劳改局做点管理事情，管管犯人。"

讲到这些，阿毛娘听到，就会虎着脸从后客堂走出去，嘴里还嘀咕着什么。

阿毛回来后靠什么生活？阿毛还是会吃苦，到郊区去贩卖一些蔬菜，他媳妇配合一起做。他媳妇人虽不高大，但很壮实，做得了这事。有时卖不掉，晚上他们就背回来，放在桌子底下，第二天再背出去卖。时间长了，阿毛娘整天板着脸。

有一次晚上，阿毛背回来一筐卖剩的韭菜。第二天早上，阿毛娘发脾气了："这么臭的菜背回来，要人睡觉哦？熏也熏死了。"阿毛和他老婆不敢回嘴："我也是没办法呀。"阿毛只能用那沙哑的喉咙低低答道。

阿毛心里当然不服，有时就在老邻居面前抱怨："我也是为了生活。这次组织上通知我回上海，一个领导问我检举人，念了个名字，问我认识这人吗。我答：我妈。他们都不信。"阿毛讲到这里叹了口气，"我知道她现在还对我这样，我还是回到青海劳改局帮他们管犯人去，算了。"说着眼里噙着泪水。邻居不作声了。

由于阿毛娘和阿毛一家的关系紧张起来，阿毛媳妇心情也不好，常常拿她儿子出气，打起来像打贼一样狠。小孩子哭喊着，求饶着，左邻右舍听了都"喇心"，出来劝阻。

好在里委支部书记楼大姐为她出面，大家也很同情阿毛终于回上海生活了，再加上三代四人同住在后客堂，已成住房困难户，在楼大姐的直接干预下，房管所把阿毛一家拨出来，在不远的弄堂里分配了一间小前楼给他们。他们欢天喜地。只有阿毛娘心里有点烦躁，她并不嫉妒阿毛有个新窝是前楼，比她好得多，倒是觉得没给国家做什么贡献，反给政府带来太大的负担。里弄里还安排阿毛媳妇扫大街，增加点收入，白天也不误他们做生意。凌晨五点钟左右，弄堂里就能听到有人扫马路的声音。

据说阿毛回来的初期，里弄里也有传出阿毛娘要入党的消息。过去，阿毛娘因儿子是劳改犯，她难以入党，现在他回来，应该没有障碍了。但传了一段时间，有些多嘴的人似乎质疑，阿毛那事是否算冤假错案？如果是的话，那阿毛娘变成冤假错案的制造者了。但改革开放后，入党已不太讲家庭成分了，更讲求"重在表现"，要大力发展在改革开放第一线表现突出的年轻人了。不知什么原因，阿毛娘的入党传言又烟消云散了。

阿毛娘在住房上是松了口气，又恢复到单人住在后客堂了，也不会有人在她面前问阿毛去青海和回上海的原因了。阿毛娘的孙子倒是常来玩，阿毛娘总给他点吃的，还算喜欢。阿毛也可能叫儿子来看她，缓解母子关系。阿毛也常拿点卖剩的菜给他妈。阿毛娘也不谢，常拿点零食让阿毛带给他儿子。阿毛的媳妇有时也来看阿毛娘，但只是站在门口叫叫，或讲几句话。阿毛娘也不主动叫她进去，她在外面讲讲话就走了。

随着改革开放的发展，街道周围建起了不少高楼，她们也不知道住进去的是哪种人。老式石库门里的阿毛娘们只能看看而已，和她们没有半毛钱关系，她们也没想过从石库门里搬进高楼住。

随着时间的推移，石库门里的小孩都长大了，有的成家走了，这里就发生了很大变化。后厢房毛家的儿子在单位里做了什么领导，分了房子，连他父母也带走了。毛家搬走后，他们单位不知将后厢房分给谁，但一直也空关着，大概嫌弃这房子没煤卫设施，太差。隔壁周家的孩子都成家搬走了，有的还是区教育局长。周家父母也辞世了，前厢房和前客堂就空着了，他们的子女很少来看看。后厢房的毛家刚搬走后，曾叫阿毛娘去玩，阿毛娘仅去了一次，再也不想去了。那里的新工房畅亮，又宽舒，看看自己的后客堂，像自己退休在社会的地位一样，但阿毛娘觉得正常，退休了，又不能为国家做什么贡献，拿着退休金，还寄托给你改善住房，别想。

楼上前楼的子女到澳大利亚淘金去了，父母也去澳大利亚居住了。

石库门里的老人逐渐走了,楼上仅剩下一两个没有成家的男人,有的也渐退休,没条件改善住房。阿毛娘觉得石库门里逐渐冷清了。清晨,没有人走楼梯赶着去上班,没有人再生炉子,将烟通过她的纸糊墙顶和薄门板灌进她的后客堂,熏着她。弄堂里的人家也搬走不少,来找阿毛娘的人越来越少了。她时时感到冷清,有时还有点窒息,真感不习惯。家里是放不下电视机的,只是有个手提的收音机伴着她,听听新闻和戏曲。

她毕竟也老了,七八十岁的人了。但她还是常常参加居委干部召开的会议,反正在家,周围也冷清,没人说话,到这里来还能够听到一些国家大事。有几回,她兴奋过,上面制订的规划,她们这片地区要做旅游开发地了。她们会动迁,住进好的房子了。她忽然想起,在退休时,电焊小组的小王送给过她一把电石枪留做纪念,说是以后家里煤气点火时,不用划火柴,打一枪就够了。"家里用煤球炉,这东西没用。"阿毛娘虽然这样说,但仍收下了这把电石枪。不知是碍于同事的面子,还是确实隐寄希望,阿毛娘用报纸将它包好,放在大橱的抽屉里。那天她还拿出来摁了一下,"啪嗒"一下,还有点火星。但动迁的事,每次都是只听楼梯响,不见下文来。

后来传达,国家还缺资金,没钱来开发她们那片地区,暂缓了。有的房地产开发商也来看过,算下来,不感兴趣,搁浅了。再后来她所在的区也给其他区并掉了,规划是规划,轮不到它变化,阿毛娘就感到更没希望了。这时她发现自己已激动不起,一激动,常常心跳得难受。医生说她有冠心病,还蛮严重,不能太累,不能太激动。反正这么大年纪了,也没有什么可激动的事了,她安稳地过着日子,在后客堂里稳稳地听着收音机,也自在。

一次隔壁2号里的小弟娘问她,房间里有几个户口?当然是阿毛娘一人,还有谁?小弟娘就建议她把孙子的户口迁过来,百年后这房子的户主就是她孙子了。小弟娘还提醒她,石库门房子住户拿的都是房管所发的白卡,不是所有权房,而是永久租赁房,可以卖掉,但不能做遗产传给儿子。如果老人走了,户口本里没其他人,那房管所要将房间收回去的。

阿毛娘连忙回绝小弟娘,里弄里已经给阿毛分过房子了,不能再占国家便宜的,否则她心里讲不过去。阿毛娘虽然不是党员,但这种是非观念还是有的,小弟娘只好勿作声了。

今天晚上她有点激动,她又含了几粒麝香保心丸,环视了一遍这个太熟悉的后客堂,慢慢躺下睡了。她还记得,今晚会上,街道领导讲,再等一个月时间,再和大家商量。

一个月很快过去,阿毛娘又接到通知要开会了。吃了晚饭,她早早地离家,缓缓向会场走去。会场外已贴出"动迁办公室"的字样。走进会场,她大吃一惊,会场内四周都贴满了表格,说是这次动迁的人家,按照门牌号、每户人家都写在上面了。

真的要动迁了?阿毛娘心跳有点加快。这次动迁的户数真不少,她找了许久,终于找到她们那幢房的号码。她戴上老花眼镜,看到了自己的名字。

"看来这次是真的了。"阿毛娘喃喃自语。

街道书记来给大家讲话,讲了党的政策,介绍了小区规划,接下来动迁组会到各家各户核对人头,数清砖头(住房面积),落实动迁政策。要货币化的可以,要动迁房的也可以……

阿毛娘坐在座位上,总是扭头去看贴着她名字的那张纸,书记在讲什么,她似乎什么也没听进去。直到书记叫到她,她才缓过神来。书记要她讲讲对动迁的态度。她哪想到要发言,真的有点紧张,第一次脸红,这么大年纪还会紧张啊!阿毛娘只是喃喃说:"国家发展真快,我们真的要动迁了。我服从动迁组安排。"

街道书记带头鼓掌。下面有人议论:"阿毛娘思想还是嘎好。"有的人却说:"阿毛娘一个人分一套房子当然是服从安排的。"

忽然有人低低问阿毛娘："阿毛姆妈，以后准备和阿毛住在一起吗？"

阿毛娘一愣，动迁来得太快，这个问题没考虑过，但却挑出了她的心病。

过去阿毛娘是清楚的，她的房产证是白卡，没有产权，虽然近几年也可卖掉，但她没有可能卖，卖掉后住哪？把钱给阿毛，和阿毛一家住一起？阿毛娘没有这想法。她一直认为是占国家便宜，现在不能为国家做贡献，更不能这样做，她连孙子的户口也不让迁过来，因为国家已为他们分过房子，他们不能再享受国家给她的房子。过去她清楚，百年后，她的房子收归国家所有。现在似乎有点复杂，动迁后分的房子听说是产权房，即使房产证里没有阿毛他们的名字，户口本里没有他们的名字，他们也能继承，当然这是听说。阿毛娘搞不懂，这房子明明不是我花钱买的，阿毛他们怎么可以继承？国家分给我住，以后国家收掉，天经地义。阿毛娘要去问问清楚，否则是块心病。

会散后，阿毛娘留下来要找动迁组咨询情况。

"以后分配的房子仍旧是租赁房，还是原来那种白卡吗？"阿毛娘问。

"不是的。"动迁组负责人老张不懂阿毛娘问这问题的意思，"是绿卡了，过去的房子家庭没有产权的，以后，家庭有产权了。"老张为阿毛娘高兴。

"那我还是想要过去的那种白卡形式可以吗？"阿毛娘问。

老张听不懂了："以后分的住房都是商品房，产权归你，都是绿卡。"老张怕阿毛娘听不懂，再给她解释，"这次可以分房，也可以分钱，自己去买房子。如果买老式石库门房子，倒是可以有白卡的。"老张不知阿毛娘为什么在产权房和非产权房上绕不清，他连忙开导她，"现在的住房因为历史遗留下来，只能是租赁的，以后商品房是你的产权，你要怎样处理就可怎样处理。最大差别，一个可以传给后代，一个如果户口本里没人，百年后国家要收掉的。你不是有儿子、孙子吗？以后你就可将房产传给他们。"

"这个我懂,我就是为这个来问你们的。"阿毛娘说。

既然懂,怎么还在绕这个问题呢?老张更搞不懂了,他索性讲到底了,"你不会是不想将房子遗留给子孙吧?"

阿毛娘却点点头:"是不想留给他们。""为什么?"老张更不解。

"因为政府已经给他们分过房了,这次政府给我的住房,他们怎么能再享受呢?"阿毛娘像碰到一个难题一样提出来。

老张做了这么多年的动迁工作,从来没有碰到过这种事情。许多父母只有为子女多争点利益、房源或现金,哪有父母去管政府的得失,而不顾子女的?老张差点要骂出来,"寿阕拉"(即傻吗),这样傻的人也有的。老张索性开玩笑地说:"你想将房产证办成白卡,我们是没有办法的。如果你想将房子交还国家,要么捐出去,有些人以党费的形式捐献;有的就捐给贫困地区。现在连人的尸体也可捐出去的,何况财产呢!"阿毛娘眼皮一抬,皱起了眉头,没有作声。老张继续说,"反正这是以后的事,现在动迁,房子分好后先住起来,以后慢慢考虑起来也不迟。"老张有点打发她的样子。

"这倒是,慢慢考虑。"阿毛娘点点头,似有所思,缓缓走出动迁组办公室。她好像听到老张在和人说,"这个人思想好得吓人。"阿毛娘没去理会。

阿毛娘不知是怎么回家的,她脑子里一直响着老张刚才的话:"可以捐出去。"以党费形式是不行的,她没有入党。捐给贫困地区倒是一个好点子,她有点兴奋。但捐给谁?怎么捐法?对阿毛娘来讲倒是蛮伤脑筋的。贫困地区捐给哪个好呢?她一无所知。她也曾听到支助学校,帮助贫困学生学习,但她又不知道支助哪个学校好,学校里有多少贫困学生要帮助,她也不知道。她也听到捐给敬老院,帮助那些无依无靠、政府收进来的老人生活。但哪个敬老院合适?她忽然想起,前几天在收音机里听到,现在政府也吸引民营资本建敬老院,解决老人养老问题了。那又不需要了,她着实没有主意。但她忽然想起对面毛家姆妈的儿子是在民政局工作,好像还是个什么干部,何不去问问他?民政局知道哪些地区需要支援,哪些大学需要支助多少贫困学生……更重要的是,他们知道捐出去怎么办手续。阿毛娘头脑里似乎是千头万绪忽然理清了头绪一样,她高兴起来。她要回家寻找她们联系的地址。那些老邻居的联系地址,阿毛娘都有,但一般都不来往了。最多那些老邻居怀旧,到老房子来看看,顺便看看她,讲讲她们新的生活。阿毛娘总感和她们讲不到一起。有的人甚至会问阿毛娘要不要到她们那里去玩玩,住几天。她们倒是真心,但阿毛娘有时还会怀疑她们在她面前炫耀,反倒不高兴,总和她们讲,住到人家家里不习惯,这里住住蛮习惯的,婉言拒绝。现在她要主动去找毛家姆妈的儿子,请教他,怎么办好。不过这是以后的事,并不是现在要将后客堂捐出去的事。她记得收音机里讲,这是享受改革开放的红利。这是政府给我们的福利,她决心在新工房里享受,最后写个遗嘱,捐给国家。阿毛娘心里高兴起来。

  她走到后客堂门口,没有连忙去摸钥匙打开那挂锁,端详起这熟悉的房子。小天井里的水龙头还是那个。过去近十户人家,就靠这龙头用水,后来才有楼上人家将水接上去,但常常叫"下面一用水,上面就没水了"。现在下面仅她一人常住,这水龙头仅是她一人使用。她从楼梯向上看,楼梯虽然不窄,可以两人同时上下,但踏脚木板已经很薄了,好在已是很少有人走。她看到通往前客堂的门紧锁着。离她最近的后厢房,木门上也挂着锁,下面的水泥台阶积了厚厚的一层灰,空关了这么长时间。阿毛娘经历了石库门的热闹、喧嚣,到这样冷清,现在要拆迁了,她的心情反而有点恋恋不舍,奇怪。

  但现在,她很快就会有自己的新公房,她真的觉得改革开放真好,我们没有做什么贡献,国家就给我们享受红利。她要先买个大电视机,五六十英寸的那种,再也不用拎个手提收音机走进走出,不仅能听到声音还能看到彩色画面。她要买个全自动洗衣机,过去洗衣裤,后客堂没有窗户,总要开灯做事。她总得拿了脸盆,到门口打肥皂搓洗,但弄堂里走过的人都看见她在洗衣裤。有的人还要和她打招呼,她一面洗衣,一面要回话,否则就没礼貌。现在她再也不用拿手洗衣裤,和人回话,谁也不会知道我在家洗什么了。她要装上空调,冬暖夏凉,再也不用忍受北风从围墙上和门缝中挤进来的煎熬,再也不用靠打开通前客堂的活动板墙,通风纳凉。她不用担忧孤单,只要站在阳台上,看尽下面人来人往,就像过去看万花筒一样,永远不会有一样的画面。

她感到头有点晕,虽然摸出麝香保心丸吃了,但似乎作用不明显,那脸红得似乎退不下去。她慢慢摸出钥匙,打开那挂锁,推开门进去。她坐在床前,又环视了一周,扶梯斜坡下那块碎花布,后面的马桶。扶梯斜坡最高处,下面是个大橱,床对面是个桌子和两把椅子、一个床头柜,这就是她的一家一当了。这次她又从大橱抽屉里拿出那把电石枪,"啪嗒",她扳了一下电石枪,只有声音,没有火星。大概电石早就失效了,要去买电石了?前些日子,她就听人讲,现在煤气灶已有自动点火器,不用划火柴点煤气了。阿毛娘似乎有点沮丧,电石枪啊,等到要你发挥作用的时候了,你没用了。当然电石枪没用了,证明煤气灶先进了。阿毛娘又高兴起来。

阿毛娘坐在床前,将找到的毛家姆妈地址抄在新的纸上,放在桌子显眼的地方,安排去一次,请教毛家姆妈的儿子,怎么处理捐献财产的事。阿毛娘似乎将事情安排妥当了一样,开始放心了。

她感到迷迷糊糊:"还是要靠国家来帮你改善生活。"她又感到有点羞愧,但她忽然又想到,"我也贡献出这小小的后客堂,最后还会将新公房捐给国家,不知算否对国家的贡献?"她又宽心了。

阿毛娘终于躺下睡了。

第二天,阿毛娘再也没有醒过来。

草于2020年8月25日
改于2022年8月12日

笛声袅袅(小说)

在一条老式石库门弄堂里,有两个赤膊小兄弟,一个叫汪勇,一个叫毛军。他们都出生在新中国成立初,汪勇比毛军大一岁。汪勇长得黑瘦点,毛军长得白净,比汪勇略高点。汪勇家住在石库门弄堂的2号前楼,原来是他外婆的住处,60年代时他才长住在这里。毛军家住在7号的后厢房。汪勇吹有一手好笛,毛军很是佩服,常听他吹笛,有时听着他的笛声还不自主地打起节拍。时间长了,接触多了,两人要好起来。汪勇要毛军陪出去,就在7号的后门口叫一声,毛军就会一面应着,一面出来了。毛军要汪勇陪出去,就在2号大门口叫一声,汪勇就会从前楼伸出头来,一面应着,一面能听到楼梯声。同进同出。

在那读书年代,汪勇顽皮,有时不去上课,老师告状到家里。老师对他的评定是,人很捣蛋,只要肯读书,什么成绩都可上去。他曾经旷课后,在模拟算术考试时得0分,但过一天正式考试时竟得80分。他说琢磨了一晚上功课。老师不信,以为他是偷看周围同学的,但旁边同学没有一个考到80分。在办公室当场让他再做一张卷子后,终于相信。那时他读书太不用功,后来他在一个普通中学里念书。毛军胆小,听老师话,还做上了学生干部,后来在重点中学读书。

"文化大革命"开始后,学校不上课了,在什么学校念书似乎都一样了。在社会游荡,在家练身体,很少有人在家看书看报。

汪勇的同学很多是市里业余体育运动队的,有的是市业余举重队的,有的是市业余摔跤队的,身体结实。在那个年代称霸一方,撑市面很有面子。不服的,摔一跤,比胜负;野蛮的就打一架,反正没人管,大人都去闹革命,夺权去了。不死人,派出所根本不会去管。汪勇常在毛军面前炫耀,他的同学"唰杰"(英文大的读音)是黄家圈路一只鼎,一个人可以摔人家三个人;他的同学"养不徒",现在练身体结棍了,养得身板大,还练拳脚,把比他高大一倍的人从头顶上甩出去老远;还有个要好同学"和尚",练了三节棍、九节鞭,前几天把一帮撑市面的小流氓打得在地上爬,叫讨饶。毛军很是羡慕,汪勇有时也带毛军到他们同学那里去玩,听他们吹吹牛,总算有点见识。但汪勇对借同学的势力在弄堂里撑撑市面,当当小霸王,一点兴趣也没有。当然弄堂里那些小霸王也不敢对他怎样,毕竟他背后站着那么多厉害的同学。

那时毛军学校,尤其是他们班级已在复课闹革命,而且打起了派仗。毛军那些班干部都不得志了,对方成立了组织,还不让毛军他们参加。更可恨的是,对方仗着人多,要欺负毛军的几个要好同学,他们身体瘦弱。

毛军好出头,"和我要好的,你们怎么可以欺负他们""打狗也要看主人面,更何况要好同学"。为了这,毛军拼命练身体,用拳头打沙坑里的黄沙——练拳头硬度;还请人教打拳脚,练习摔跤,包括吃"背包",还真有点三脚猫功夫,准备有朝一日和他们打一仗。毛军还和几个要好的同学在大教室里练习摔跤,一个人赢了两个同学,当和三个人摔跤时,才打个平手。不知怎的,这消息传到对方耳里。

当然毛军更想借汪勇的同学把他们吓住,毕竟在他们班级里没人模子(身板)很大的。毛军曾经和汪勇讲起过,并领了汪勇去认了人,万不得已时,准备在外面请对方带头的同学吃生活。但毕竟毛军的同学文绉绉的多,后来靠毛军自己摆平了这些事。但毛军还是很感激汪勇,毕竟在他需要帮助的时候,汪勇愿出力,而且和他的要好同学"和尚"也讲好的,他在精神上支撑了自己。这段时间两人走得更近了。家里有什么好吃的、好用的,都拿到对方家里去。毛军第一次吃到黄鱼鲞,就是汪勇宁波家乡亲戚带来,汪勇给他的,那时是稀罕货,味道特别好,过了很多年代毛军还记得。毛军也把广东老乡送的虾干送给汪勇,那些虾干比大人的手指弯起来还要大。

汪勇吹得一手好笛子,弄堂里学吹笛子的不少,都没有他吹得好,什么滑音、抖音、学鸟叫的音,他都会。他还讲,曾到笛子大王陆春龄处学过几次。但毛军不知道他什么时候去请教笛子大王的,怎么没叫他陪去?很多次晚上,毛军在家里就能听到汪勇在他们的前楼对着窗口吹笛子的声音。声音是欢快的、跳跃的,毛军似乎看到汪勇吹笛子时有点摇头晃脑的样子。尤其是冬天的夜晚,外面下着蒙蒙细雨,夜深人静,那悠扬的笛子声传得更远。毛军能从汪勇的笛子声中知道汪勇的心情。

毛军和汪勇也有矛盾,尤其是对待女孩子的事,常常走不到一起。汪勇常常会在毛军面前讲14号里前客堂的萍萍"菲斯"漂亮;8号后客堂的囡囡"条干"好,皮肤白,漂亮。毛军过去倒不注意,经他一讲,仔细观察,果然如此。他还神秘地透露,曾追求过萍萍,对方没有理睬他。毛军不敢去惹周围的女孩子,但汪勇不管,有时还和毛军讲"垃三"(当时不太检点的女孩子)的事,穿黑包裤,扎红头绳,眼睛轱辘转的女孩,他会去搭讪,会和她们去瞎说一气,走一圈再回来。有时毛军和汪勇在说话,走过来两个陌生女孩,汪勇竟然会搭讪:"小阿妹,在吃大饼油条啊?"对方看看他,不予理睬走了。汪勇哈哈大笑,毛军觉得特不自在。毕竟汪勇很义气,毛军并不在乎这些,但总觉得汪勇在那方面不严肃,具体他也讲不清。

忽然有一天,毛军听到汪勇吹了一首低沉的曲调。那是他们都已进厂工作后的事了。工作后大家忙着上班,联系自然少得多。汪勇是不是心情不好?毛军把汪勇叫下来,站在弄堂口说话。汪勇一改平时笑嘻嘻的样子,一手拿着笛子,腋下夹着一本硬面抄。忽然一张6英寸的大照片从硬面抄里滑出来,是张女孩的照片。

"有女朋友了?"

"已经结束了。"汪勇答道,"她叫穆秋,到江西插队落户了。"他缓缓说,"这次碰头,她忽然和我说,她要成家了,嫁给江西当地人。因为上一次她回上海碰头,我送她著名欧洲诗人的句子,'花园里的苹果,冬天的太阳晒不红',想不到她这么快就嫁了。"汪勇沮丧。

"这次她哭了,还拉着我的手不放。"汪勇情绪不好,呆呆的眼神望着前方,"没办法,其实我也很难过。"毛军站在旁边,不知怎么安慰他,两人默默地站了很久才回家。

后来毛军知道,汪勇常给穆秋寄钱接济。为了这事,汪勇的妹妹和他闹翻了。他妹妹和穆秋同一届"一片红",也到江西农村插队落户。当她知道哥哥汪勇接济穆秋后,在家大吵一顿。汪勇自从知道穆秋分手后乱嫁了,生活很不如意,心里就很不是滋味,每每有点钱就给她寄去,不知怎么他妹妹会知道?汪勇也是个犟脾气,一不做,二不休:"凭什么我一定要接济你,我又不欠你,我要怎么用钱,关你什么事。"兄妹俩从此成陌路。

兄妹俩和好也是知青返沪后的事了。那时他妹妹的儿子小江西在上海考进了技校,每年要两千多块钱的学费,他妹妹在上海打工,一个月就赚几百块钱,除了日常开销,哪有钱付儿子的学费?问周围人借,谁肯借给一个难以还钱的人?有的就是肯借几百块钱,还要写明什么时候还钱。她妹妹愁死了。

汪勇知道后,二话没说,就把妹妹和外甥叫到身边,摸出七千块钱给他们,是三年的学费,要他妹妹将钱存到银行里,按年付学费。那时上海房价每平方米不到三千块钱啊,这钱真不少。他妹差点跪下。汪勇很坦然,自己小时候顽皮,母亲要教训他,被他外婆阻止:"小孩子大了,不知会变成怎样的。"小江西毕竟是外甥啊,有力就帮助一点吧。这些都是后话。

回到汪勇年轻时的事上来。大家忙于工作,毛军也很少听到汪勇的笛声。有几天,毛军听到了汪勇的笛声,节奏虽然不快,但很欢愉,连抖音、滑音都用上了。毛军抽空到汪勇家里去，看到汪勇和两个同事在讨论什么，坐下来一听才知道，汪勇好像已和单位的医生在谈恋爱，那医生名字里有个"梅"字的，汪勇每天给她一封信，里面都有"梅"的诗句，第一首就是"墙角数枝梅，凌寒独自开。遥知不是雪，为有暗香来"。毛军觉得诗句很熟，忽然想到是王安石的《梅花》给他改了字了，暗暗好笑。还有什么"当时我醉美人家，美人颜色娇如花。相思一夜梅花发，忽到窗前疑是君"。爱情真是动力，促使他弄来那么多的古诗。今天他的信中又送上诗"雪似梅花，梅花似雪，似与不似都奇绝。为谁醉倒为谁醒，到今为何没畅怀"，还介绍了上海的公园梅花盛开的美丽景象。据说那梅医生竟然到公园里寻找盛开的梅花了。汪勇觉得"梅"对他是有意思的，这么在乎他的诗信。

据汪勇说"梅"长得蛮漂亮的，人也活络，笑起来更迷人，又有个好工作——医务室医生，追她的人真不少。现在"梅"约他明天星期天在梅园碰头了。一起看梅花？当然激动。汪勇就在和那两同事商量，明天怎么去？穿什么衣服？带什么礼品？讲什么话合适？多备几首"梅"的古诗，讲得高兴时三人哈哈大笑。汪勇要毛军也参谋参谋。毛军实在没有谈恋爱的经历，更讲不出有什么经验，知道汪勇只是礼节上讲讲，就祝愿汪勇能找到称心如意的好对象。汪勇当然不寄希望毛军能谈出什么好的办法。

第二天吃晚饭时，汪勇来叫毛军一起外出吃饭，就到大马路上的四时兴餐馆吧，那是他们进厂时互相请客的地方。是否白天和梅医生约会有进展，要庆祝一下？毛军看汪勇的脸色不太像。待坐定，点了菜，汪勇破例叫了瓶啤酒，倒在杯里后说："今天给人耍了。"

原来下午汪勇按"梅"医生约请，在梅园等候时，怎么看到好几个同事也在附近等人，真是巧合。待时间到了，"梅"医生出现时，大家才恍然大悟，"梅"医生将十几个追她的同事叫在一起碰头了。妈的，耍得人哭笑不得。汪勇讲到这里猛喝了一口啤酒说："我么算得资格老了,这次也会给人耍了。"毛军无语,不知是怒好还是笑好。毛军知道汪勇一直认为同龄人里进工矿的不多,大多去农村了,或在里弄生产组工作,他们有优势,一定能找到一个漂亮的满意的老婆。这次看来要落空,重新寻找了。

待到毛军找到老婆,是个普普通通的同事,和汪勇通报时,听到汪勇的父亲对他说,人家毛军不声不响就把老婆找到了,看侬还叫同事来商量,有啥用?汪勇不语。

汪勇终于要结婚了,他的老婆杨婷虽不算很漂亮,但长得还算端庄,也很文静,笑嘻嘻的很和善,一看就觉得是本分人。汪勇介绍,是他们单位的财务,哦,是个会过日子的人。

汪勇私下和毛军说:"她肯跟我,我特别高兴。"原来一个港商老板的儿子满仔倒很喜欢他老婆杨婷的,满仔是他们公司张经理的亲戚,到他们公司来玩。不知是否财务办公室离公司领导办公室近还是什么原因,他看中杨婷文静,又是财务,以后可帮他管好家族公司的账目。但他们的张经理倒要介绍医务室的梅小姐给他,梅小姐毕竟漂亮活络,讨人喜欢。可惜满仔好像并不喜欢,但梅医生知道后,很感兴趣。那时毕竟港币稀奇啊,可以换成兑换券,到侨汇商店去买既便宜又不易买到的高档物品。更重要的是人家爸爸在香港开公司有钱,她还可嫁到香港去。梅医生非常主动。张经理每次到医务室来配药,梅医生都特别热情,没话找话说,有时还故意问他亲戚满仔什么时候来玩,甚至讲,你领导没时间陪他,就派我去陪他好了。张经理只是笑笑,他要等杨婷回应。杨婷不喜欢海外人士,看不见,了解不到,心里总有种不踏实的感觉。"我要嫁的是人,又不是钱,更不是他爸。"她就是那么单纯。后来她给张经理的回答是"没有感觉"。

其实杨婷心里是有人的,那就是汪勇,她喜欢他的脾气耿直、帮人讲义气那股劲儿。明明办不成的事,他说能办好,再大问题,他也能克服,把事办成。一次领导布置他们班组写规范管理操作细则。管理部门的老法师,硬是给他们设障碍,气他们的组长,还撂下一句话,你们有本事自己去做。汪勇知道后,硬是接下这活,用了两个工作日和一个休息天,完成了规范管理操作细则,20多页纸,使那个所谓老法师看呆眼,为他们组长出了口气。当然杨婷还喜欢听他吹笛子。每次汪勇在工间休息吹笛子时,杨婷总会停下手里的活发呆,那跳跃的音符,似乎是坐在美丽的田野,听着鸟儿在歌唱。她有时和身边的同事说,这笛子声音真好听。当汪勇知道后,发起了一波追求,终于杨婷松口,愿意嫁给他。

但杨婷的母亲并不赞成她的选择,她觉得应该选择张经理的亲戚满仔,在单位里领导会照顾,以后有机会定居香港,不会为用钱发愁的,父母也可沾光享福。今后毕竟要过日子的,谁不为钱少而发愁?小姑娘太讲感情,幼稚,感情能值几钱?没有钱,感情好的也会吵翻、散伙。何况汪勇到了结婚年纪,也没有什么积蓄。母亲怀疑汪勇是个乱吃乱用的男人,要杨婷多去了解明白,想想清楚,甚至甩出话:"以后吃了苦头不要来寻爷娘。"杨婷觉得汪勇是一个单位的,对他已很了解了,他不是那种乱吃乱用的人,她相信跟了汪勇日子会好的。倒是那个满仔,她真的一点不了解,不想嫁给他。她哥哥见杨婷坚持要嫁给汪勇,还将这几年积蓄的钱带过去,直讲她是倒贴户头。倒贴又怎么啦,钱还是放在自己口袋里,又不交给汪勇,我自己用。

汪勇悄悄和毛军说:"她嫁过来还带了四千块钱啊,那钱多啊,结婚开销都用她的,我两个口袋空空。我和她说:等我赚了钱会还你的。"他说着,两手拍拍口袋,眨眨眼睛,露出令人难以察觉的微笑。

那天婚宴上,新郎官汪勇还专门表演了笛子独奏《美好的生活》,笛子吹出抖音、滑音、颤音,多种鸟叫音,笛音声声,引得满堂喝彩。

再说杨婷回绝了张经理的撮合,给梅医生和满仔的结合创造了空间,在梅医生的主动进攻下,加上张经理的鼓动撮合,梅医生终于如愿嫁给满仔了。满仔胖胖的身体,讲起话来港味十足,每句话后都有个

"啦"字，当时社会上算是时髦的了。有些建筑工人来医务室配药，也学着港味说话，"给我量量体温啦""给我配点咳嗽药水啦"，引得医务室内笑声不断，梅医生甚是得意。她也过了几年舒心日子。大家还以为她会很快到香港去过日子，但一晃几年不见动静，也没有生孩子，不知是否满仔来上海时间少的关系。

原来满仔的父母不满意这段婚姻，不要梅医生住到香港去，加上满仔是个吊儿郎当的公仔，满仔父母希望找个能管住儿子的媳妇，或能帮他们管财务的媳妇，再有个孙子，而梅医生什么都不是。满仔父母甚至扔出一句话："我们要个红药水医生来干吗？家里又没小孩。"

梅医生毕竟是工人医生，没有医科大学毕业的文凭。后来当梅医生知道满仔在外地还养了"金丝鸟"后，断然和他离婚。其实那时不少港商喜欢在外地养"金丝鸟"，家里婚姻不满意，填补漏洞。梅医生也太认真。当然这给梅医生打击很大，一下子老了不少。

逐步走上正轨后，工人医生要回炉学习考试了，如果医生能考出来，就恢复岗位；考不出文凭，只好重新安排工作。考试虽然没有正规的五年读书那样难，但也要两年考出基本的十几门课。没想到梅医生小时读书成绩并不好，有人背后评她"聪明面孔笨肚肠"，结果考不出医学文凭，单位只好给她重新安排工作。技术工作她是不行了，行政管理也不被人看好，加上张经理退休，已没人为她说话，她就被安排到仓库里做管理员，管管物件了。

那时汪勇已从一个工人逐渐提拔到材料科科长，建筑材料、模板等仓库都是他们科的下属单位。梅医生现在变成梅女士了，又在汪勇的领导下工作，她开始审视自己的生活，不知是否后悔当初的选择。她觉得汪勇他们夫妻，生活得真不错，一个在外面闯，一个在后面管好家庭，她甚至羡慕起他们的生活。她很希望汪勇多到仓库来领料或来检查仓库，哪怕能看看汪勇的笑脸也好，汪勇待人常常笑嘻嘻的。但汪勇很少来，汪勇可不愿随便来仓库，他不是怕梅女士，但怕她不知道会干出什么事的,他领教过她的性格。他总是一级管一级,要领材料或送材料进仓库,总叫科里对口干事去办。下去检查工作,从不一个人下去,在仓库里,梅女士看到汪勇,连忙"汪科长""汪科长"地叫,汪勇很少和她眼睛对视,只是笑笑点点头,不多说话,和仓库站长布置好就走。

他们材料科有个微信公众网,梅女士每天要在网上发心灵鸡汤,什么"人生最幸福的是找到心仪的对象,得到他的呵护,妥妥度过美满的人生",什么"吃错药可以洗胃,爱错人难以反悔。若能得到谅解,那是最大的幸福",她很希望能引起汪勇的注意。

有一次汪勇的小兄弟曾建议,对梅女士报复一下,也开她一个玩笑,给她难堪。汪勇直接回绝:"不能这样做人。"汪勇不愿花时间去研究她的微信,更没有时间去了解她的心思。他有很多工作要去做,不会顾及这种事。

后来梅女士微信里常流露出失落、悔恨又期待的心情,什么"自己走错的路自己回;自己酿的苦酒自己喝。哪天醒来,苦尽甘来,走上幸福大道",她还有点怀念和期待。那都是后话。

汪勇和毛军各自成家后,他们的家都搬远了,毛军再也听不到汪勇的笛声了,但毛军总感到欠了汪勇的情。那次他分到房子,当时社会上没什么装修公司。装修可是大事,汪勇在建工单位工作,知道后,二话不说,就叫了单位同事,泥水木匠,来帮助毛军装修住房,使毛军感动不已。毛军也想借机会回报一下,但他所在单位没什么可拿出报答汪勇的。

只是有一年春节时,在电话中互相拜年,互问工作和生活时,毛军知道汪勇这几年被单位派到海南去工作了,工资比在上海高,还有津贴。谁不想在年轻时多赚点钱,备着给晚年用。汪勇也希望在海南工作后,能积攒个五六十万元啊,那时足够购买一套像样的新公房,但家里却顾不上了。妻子杨婷既要照顾儿子,还要照顾汪勇的母亲。汪勇的父亲走得早,母亲就要她照顾了。虽然母亲身体还可以,还会出去叉叉麻将，但毕竟要烧饭等服侍她生活，尤其是上了年纪，毛病也跟着多起来，一有什么头疼脑热的，总要杨婷陪去看医生。杨婷虽然做得任劳任怨，但时时感到力不从心。汪勇也感到不好意思让妻子一个人服侍母亲，常叫妹妹多来关心母亲的生活，减轻杨婷的负担。汪勇和妻子杨婷有时也会有矛盾的，一次两人去看杨婷的母亲，回家时乘公共汽车，那时有空调的1.5元，没空调的1元。天气又热，连续来了三辆有空调的汽车，杨婷就是不肯上车，要等没空调的汽车，一人省5毛也好的。弄得两人满脸汗，衣服也湿了。汪勇不高兴了："怎么可以这么节约呢？"他索性上了辆正好驶来的出租车空车。为了这，杨婷和汪勇两天不说话，汪勇只是对着她笑。

汪勇毕竟想多赚点钱，杨婷也理解。汪勇还和杨婷开玩笑说："你服侍我老娘，以后我陪你去澳大利亚旅游。"因为杨婷曾讲起过，她们有个亲戚在澳大利亚，她很想去看看。但要上班怎行？而且那时出国也是个奢侈的事，毕竟要花那么多的外币，办那么多的手续。汪勇在电话里也和毛军说，真是辛苦了杨婷。

毛军听说汪勇长年在海南工作，就和他开玩笑："不是说，不到海南不知道自己身体不好吗？你有体会吗？"说得汪勇哈哈大笑。

汪勇笑后神秘地低声说："体会？那是要钱的事，把钱花完了，还不如别去了，在上海还可照顾家里。"他一面说着一面嘿嘿地鬼笑，"你要体会一下吗？要的话过来，我叫他们帮你安排。"说得都大笑起来。

一晃又是那么多年。忽然有人来传，汪勇的老婆在医院抢救，说是脑里长瘤了，病危通知也发出了。毛军赶到医院，找不到汪勇。倒在抢救间门口看到杨婷的母亲抹着眼泪在和杨婷的哥哥说话："她太辛苦了，从早做到晚，哪有不生大病的？如果当初嫁个有钱人家，她就不会这么辛苦了，也不会发脑瘤了。"她又抹了把眼泪。

有人告诉毛军，汪勇在医院里疏通上下关系。病床医生和主治医生根据他老婆的检查指标，判了死刑。如果真要开刀抢救，成功率非常低，而且手术费要几十万元。医生和汪勇明说，手术没有把握，即使成功，也会有后遗症，难以正常生活，走路也有困难。何况，还要支付这么一大笔费用，风险太大。医生建议保守疗法，让她拖一段时间，准备后事。汪勇犟脾气上来了，拼命问医生：是不是还有希望？只要有一点点希望，多少钱我都出。

那天，毛军在手术室外看到汪勇时，他脸蜡黄，一脸憔悴，本来就黑的皮肤显得更黑了。旁边有他儿子和一个中年女子拎着鸡汤，后来才知道是梅女士。最近梅女士知道杨婷病危，特别关心，连着几天将鸡汤送到医院，明的是给病人吃的，其实现在杨婷是昏迷状态，根本不会吃东西，她就希望汪勇喝了，补补身体。其实汪勇前段时间已经和梅女士明确过，"皇历翻过去了，就不会再翻回来了，无论发生什么事"，但梅女士还不心甘。儿子对父亲很不满，觉得妈妈还没走，就寻好"备胎"了，特别愤怒。

汪勇虽然在单位是个科级干部，赚了一点钱，但靠硬工资毕竟不会太多。昨晚，他和儿子商量，妈妈抢救需要用钱。如果抢救妈妈了，那以后买房就没有钱了。儿子毕竟30岁出头，还没完婚。儿子坚持，"救妈妈要紧，妈妈不能死！"儿子肯定想到了那个拎鸡汤的女人。汪勇今天才有底气，求医生，无论如何把妻子抢救回来。

毛军对汪勇说："你对老婆真好。"

但汪勇争辩说："她嫁给我时不是这样的，现在这样，我要尽力抢救。"毛军听了，差点泪下。

医生终于被他感动，用了很多进口好药，花了一大笔钱，把他的妻子从死亡线上救回来了。手术是成功的，但在病床上的人怎么照顾？汪勇当时还没退休啊。汪勇的妹妹和她的儿子出了大力。哥哥过去对自己家庭好，现在嫂子病成这样，妹妹把护理工作全部担当起来了。她的儿子小江西现在已是一个日资企业的销售经理，有点钱了，没有忘记舅舅在他最困难时对他的帮助，买了很多营养品，再忙也要来看舅妈。

当然汪勇的儿子更牵挂着妈妈,请了假来陪妈妈。后来他再也没看到爸妈的同事梅女士来关心妈妈的事。

杨婷是抢救回来了,但却落下了后遗症,不会利索走路了,只得撑着个四脚的不锈钢拐杖。家住四楼,要下去,汪勇搀着她一步一步挪动着下楼,散步,晒太阳。

有一次毛军去看汪勇,带了两条中华烟。毛军知道汪勇过去的理论,老酒吃了使人脑子犯浑,会误事;香烟抽了使人脑子清醒,越抽脑子越清,考虑问题脑子煞清。因此他酒喝得少,但烟抽得不少,一天要抽两包万宝路,尤其是碰到越恼人的事,他烟抽得越勤。但这次汪勇拒绝了毛军的香烟。

"我已戒烟了。"汪勇说,"从听到杨婷住院抢救那一刻起,我就决定戒烟、戒酒、戒跳舞唱歌、戒叉麻将。"他很沉重的样子,"那时我就觉得对不起她的。过去只觉得家里交给她很放心,自己尽情在外面玩。"他狡黠地笑了笑,"我什么不会?叉麻将要来大的,小的不来,输得少,赢得多。当然有的是工作麻将,他们故意输给我。"他又恢复沉重样,"那一刻,我知道,自己在外面享福,杨婷在家里承受太多,50多岁就病成这样,我没责任?因此我将这些全部戒了,全力补救自己的过去。"

汪勇退休了,单位里要聘他多做几年,讲好碰到家里忙可以不来。其实单位领导是让他多赚点钱。但汪勇谢绝了,他不放心老婆在家,虽然请了阿姨帮助烧饭,打扫卫生,但他怕老婆孤单,对身体康复不利。

汪勇在家里,开始学起烧饭、煮菜的手艺。过去吹笛子灵活的手,变成泥瓦匠劳累的手,再变成指手画脚的手,再变成叉麻将、跳舞玩乐的手,现在又要变成烧菜做家务的手,真是脱胎换骨。其实哪有那么容易转变。过去他在海南时,照顾自己烧吃还是会的,不过是简单的,不饿着的,现在要从烧素菜开始,到烧荤菜。第一次烧素菜,不是不熟,就是烧得过火烂了。自己放在嘴里,吃着也不是味道。但他给妻子吃,妻子总是笑嘻嘻地说好吃。他知道是妻子鼓励他的。汪勇最难处理的是每天吃剩的菜,计划再好,总有多余的,否则就感到不够吃。倒掉,想想都是自己买来、烧好的,扔掉可惜的,不扔掉,只好硬着头皮吃下去。过去这些都是妻子处理的,他尝到了当时妻子生活的滋味。他又怕给妻子看见,在洗碗前,他在厨房间吃剩下的菜是最艰难的,完全没有过去当大老爷的样子了。

还好,汪勇人还算聪明,没有多久,就能烧一手好菜。最拿手的是红烧肉、糖醋排骨,这是他的最爱,当然也是他妻子杨婷的最爱。有一次,毛军和汪勇讲起他烧菜的事,汪勇自豪地说:"毛军,有空到我家里来,我烧红烧肉和糖醋排骨给你吃,这是我的拿手菜,保你吃了打耳光不肯放的,不比饭店里的差。"

毛军和汪勇住得远了,一个在上海东北边北外滩附近,一个住西南边的锦江乐园附近,虽然都有车子,但走动不多,常常靠电话、微信来传递消息。每次毛军打电话给汪勇,汪勇总是那么乐观,滔滔不绝,天南地北,家长里短,问他家里好吗。

"很好。杨婷走路比过去好多了,我每过一段时间就陪她去郊游。就是过去承诺过要陪她到澳大利亚去看她亲戚,无法兑现,过去上班哪有机会?现在只好用国内旅游来弥补。还好,自己有车子方便的,她走不动,我用轮椅推她。轮椅总放在车子后备厢的。有时候,小江西也和我们一起去,我们两辆车,在外吃住都是他买单的,真应了我外婆的话,小孩子今后不知会发展成怎样的。"

那天,汪勇带杨婷到她母亲的病床旁,母亲在临终时拉着汪勇的手,断断续续地说:"汪勇啊,过去妈妈错怪你了,我们婷婷嫁给你,嫁对了,她爸爸也是生脑瘤,没有救过来走的。她是你硬救回来的,以后还要靠你照顾好她。"

汪勇点点头:"妈你放心。"她妈点了点头,又对着杨婷的哥哥说,"这次家里动迁,也要分一份钱给婷婷,加上我的那份也给她,她以后还要用钱的。"杨婷的哥点着头,杨婷在旁边流泪。后来汪勇确实收到杨婷哥哥划过来的那份不少的钱。

  毛军每次去看汪勇,总觉得时间飞快,一会儿就两小时,要离开了,不见得在他家吃饭,但总有意犹未尽的感觉。毛军一直认为,汪勇在年轻时某个方面总有点不太严肃。现在是验证了他外婆的话,小孩子今后发展成什么样子不知道的,还是汪勇本来就是这个样的,毛军讲不清楚。汪勇对老婆比自己好得多。现在他常常讲:"生活中有个伴,生命可延长一半。"毛军老婆也开过大刀,脚走路也不太方便。虽然工作时出国、出差不少,不在乎外出旅游,但现在总在家里窝着,也挺闷的。何不改变双方见面的形式?

  那是个深秋初冬的上午,阳光给寒意的人们带来些许温暖。毛军和汪勇分别开车到南翔古猗园碰头了。两人都推着轮椅,上面坐着自己的老婆。毛军老婆走累了,就坐上轮椅。汪勇老婆还是那样露出憨厚的微笑,幸福满满的感觉。汪勇和毛军总有讲不完的话,当然汪勇讲得多一点。汪勇还带了他的笛子,在间隙时吹上一曲。毛军又听到汪勇的笛声了。好长时间没听到汪勇这笛声了,毛军觉得特别悦耳,笛声袅袅,似乎回到小时候在夜晚石库门房子里听汪勇的笛声,现在他似乎听到汪勇将他人生的美好,通过那美妙的笛音在公园空旷的树丛中穿梭回荡,传向远方,令人神往。

草于2018年6月3日
改于2021年8月15日

天上永远有云彩(小说)

我带过两个徒弟,曾经被人称赞过。虽然我手艺灵光,但这两个徒弟并不能算名师出高徒,他们原来的底子不错。那是"文化大革命"开始后,第一次从学校分配来厂里的老三届青年,他们过去就是共青团员。两人相貌挺帅,人又聪明,手脚勤快,引得其他班组的师傅羡慕不已。

那个稍高点的徒弟叫汤振,很会说笑话,班组里气氛因此活跃。他眼睛挺大,眉毛密而宽,有点粗犷的鼻梁配着四方脸。他嘴唇稍厚,尤其是下嘴唇,和他会说笑话很不配。他讲起工友间的故事惟妙惟肖,尤其是将那些有色段子讲得引人哄堂大笑,但又不显黄色、下流。他来班组后给人印象最深的就是那些猜谜语。

"朝天一个洞,看看红彤彤,硬的进去,软的出来。你们猜是啥?"

他还没讲完,当场笑声不断,有的师傅指着他,骂他下流。但他一点也不笑,指着大笑的工友说:"嗨,你们想到哪里去了,你们自己想歪了,那不是烘山芋的桶吗?"说罢,他拍着手哈哈大笑,有的师傅直指他滑头滑头。平时工作很忙,坐下来休息时,也需要汤振这种笑话。

另一个叫陈斌,虽然比汤振矮点,但身体比汤振结实。他的眼睛有神,文雅鼻子笔挺,嘴角微翘,有点坚毅的感觉。他有点腼腆,平时话不多,喜欢看书,休息时就跟着大家哄笑。

我们炼钢车间的检修工段,主要是确保炼钢炉正常运转。我们冷作组是维护除机械传动(钳工负责)外的外壳设备。他们第一天上班,我就和两个徒弟讲,要做好检修工作首先要有两个基本功,一个是榔头基本功;另一个是放样,就是在做一个如圆锥体等钢铁形状的落料图。

其实我是小学文化，放样还是钣金类中专、技校的课程。我也仅会画简单的放样，还是在实践中学的。他们俩听了，汤振耸耸鼻子，咧咧嘴，"知道"。据说汤振的小手艺还是不错的，曾经自己制作过洋风炉。那时没煤气灶的家庭，时兴过用煤油炉烧早饭或烧点心，汤振就用铁皮，敲小锤，叮叮咚咚敲几天，竟然能将洋风炉（上海人对煤油炉的叫法）做成，真能热饭、烧点心。陈斌没有这种经历，仅是点点头。

没过几天，当我早上到达班组时，就听到工场间传来"砰砰"大锤打击声，只见陈斌穿了单衣在练甩大锤，引来夜班下班的炼钢工、浇钢工、行车工的围观。

前天，我们要做一个烟囱顶端的将军帽。这是典型的圆锥体。我放样给他们看，请电焊工切割好，画了放射线，用"斧拉"（样子像斧头，但下面是圆口状的工具）在放射线上敲打。钢板比较厚，我甩起大锤，让他们先扶着"斧拉"。后换过来，我扶着"斧拉"，让他们学着甩起大锤敲打。甩大锤哪有那么容易打准？他们连着将"斧拉"的木柄敲断。他们知道不行，笑着连连摇头。我也不批评他们，谁生下来就会甩大锤？我只是连忙削白蜡木柄，装"斧拉"。自己继续敲打，让他们做辅助，直到完成。我看到汤振已累得直喘气，坐着直皱眉。陈斌倒还有兴趣，学着我，将腊木柄量到胸口处截断，削尖。把截下来的小段剖开，敲扁，蘸水垫在木柄和锤子孔隙间，敲结实了再浸水。否则大锤甩起来，锤头甩出去，那要闯祸的。

昨天下班时，我还看见陈斌吊了两个钢锭——一个上面焊了2寸的圆钢头子，一个焊了1寸半粗的圆钢头子，现在在练习甩大锤，不少是甩偏的，但已有几下开始甩准了。大锤打在圆钢上，发出稳稳的沉闷声。后来几天，陈斌都是很早来练甩锤。汤振有几天来得早时，也加入到练锤中。后来我发现，陈斌还到新华书店去买了几本《展开放样》的书籍在看，看不懂的地方还来向我请教。我就和他一起研究，用我的实践来丰富他的书本知识。以后小组里的放样活，大多以陈斌为主了。

当然我们搞检修的,这类活不是很多,但他们总算拿得起了,我非常高兴,感到我们这行后继有人,而且是些不错的年轻人。

有一次炼钢炉将要穿钢时,我带他们去抢修,我看他们干劲儿十足,架好钢板,让电焊工焊接,让炉衬工来补炉衬泥。抢修下来,他们帆布工作服湿透了,陈斌脸通红。离开时,他还望着炉内通红的钢水对我说:"不知道什么原因,我看到通红的钢水,就会激动,不知从哪里来的力气,浑身是劲儿。"旁边的汤振说:"那是你太紧张了。"我们都哈哈大笑。后来他告诉我,他其实不喜欢钢花。你看,出钢时,钢水倒进钢包里,钢包上钢花飞舞,多少诗人赞美它?其实它是钢渣,分量轻才会溅上来。这是钢厂的工人都知道的常识,我以为他刚来上班不久的新鲜感而已,但不知道他还有什么意思。

不久他们共青团组织改选,汤振当选为检修团支部书记,陈斌当选为车间团总支宣传委员。我有时担心他们的社会工作多了,会影响小组的工作。但还好,他们都是利用工余空闲时间。尤其是陈斌还要负责整个车间的黑板报工作,有时下班后还弄得很晚。来找他们两位的人多起来了,有的还是女孩子。其他班组的老师傅和我说,有些小姑娘蛮喜欢你的两个徒弟。我分别问他们两个,他们都说外面瞎传,没有的事。

有一次,他们团支部组织团员青年学哲学,我因要向陈斌拿更衣室钥匙,听到会议是团支部书记汤振主持,而陈斌在向大家做毛主席《矛盾论》学习的讲解发言,什么主要矛盾、主要矛盾方面、矛盾转化,等等,我是听得云里雾里。但给我印象,小陈也很会说话嘛,不过是些严肃的话题。

那段时间是我最光鲜的时候,外面总讲我带的两个徒弟不错,很出挑。但我知道他们两人对我的态度和在小组的作用是有所不同的。我的脾气不好,在最初时,看到他们工作上不顺心,会呵斥他们。汤振在背后就会和人讲,说我昨晚和老婆吵架了,今天来向他们出气。但陈斌只是默不作声，把活去做完。我有时为了工作上的分歧，会和其他小组的人争吵起来。碰到这种事情，汤振总是站在旁边不发声音，平时的能说会道不知哪去了，倒是陈斌平时不响的会出来劝架。有一次我不慎出了工伤，陈斌倒是奔前奔后地照顾，一直送到厂医务室，最后护送到家里休息，他才回去。平时陈斌的朋友来找他，他都向他们介绍我是他师傅。而汤振却很少，有朋友来，就一起出去了，从不在休息室内讲话，哪怕站在外面。有一次，陈斌还叫我到他家去吃年夜饭。他父母准备了很多的酒菜招待我，还师傅长、师傅短地叫，叫得我很不好意思。他父亲完全是个老实人，只会叫我多吃，表示感谢我平时对陈斌的照顾，其他什么话也不会说，只是赔笑。我和他们说，其实小陈平时帮了我很多忙，在厂里做了不少工作。就是那次，我看到他家房间很高，比两人还高，老式石库门房子都是这样，我建议他们可做个阁楼，我愿帮助他们，以扩大住房面积。后来我真的搞了8号槽钢拼接成横梁，上面用螺纹钢吊下来连接，把他们家的两床铺板架上去，竟然搭成了一个能站起来的阁楼，不但把下面的不少箱柜放上去，还能睡人。陈斌和父母很是感谢我，直到很长时间，陈斌还提起这事，说我帮了他们家很大的忙。

  有一天，汤振身体不好，查出大便出血3个加号。他休息了几天，就来和我说，他身体不大适合做冷作工生活，吃不消。我有点吃惊。他还去找了工段长，希望有机会能调动工作。工段长要他正确处理好身体和工作的关系。他回到班组后，积极性似乎没有原来的高。他和我讲，如果能让他8点钟上班，他的胃一定能养好。那是坐办公室人的上班时间，我只好朝他笑。

  过了段时间，工段长老李为汤振的工作调动事，来和我商量了。库房是个重要的部门，检修的所有材料都是他们采购来库存在那里的，库房组长老何还有几年要退休了，是否将汤振调过去，充实那里的力量？再说汤振的团支部书记工作，也有点活络的时间。

我当然不肯，库房里充实人员，哪里不能去找？我们这里好不容易把汤振培养到现在，一个青年从技术工种调去管库房，有点可惜。老李就做我的工作："你反正组里还有陈斌，两个好青年挤在一起，会不会影响他们的发展？我这是通盘考虑的，也要你老兄支持。"

这一提，我倒没什么话了。想想也是，人家工段长是给我面子才和我商量的，如果以组织决定调动汤振，你有什么话？如示反对，组织决定不可动摇，反而得罪汤振，做了恶人。人家工长已说了，这是通盘考虑的，就是从大局出发的，你还听不懂，那就有点拎不清了。再说在组里陈斌已能接手工作，无论敲打，还是放样，文的、武的，都拿得起，再配点青年给他去培养，他也可独当一面了。反正汤振身体不好，自己又没积极性，这繁重工作也难以担当。

工段长老李看到我不表示反对了，就向我宣布了一个新事，把陈斌提上来任副组长，配合你工作，以后再给你们组配点人员。

那天下班回家的路上，我将组织上的决定和陈斌通气。按理他将提副组长是高兴事，但我看不出他有丝毫高兴，他默默走着，只是说："汤振走了有点可惜，他和我讲好，当你们退休时，我们这批人就是万人大厂这行业的佼佼者，现在他被淘汰了。"

他们还有这雄心？我这时才知道。我和陈斌说，自从汤振胃出血后，就一直在找领导谈，身体吃不消，当然也找师傅我谈过，希望被照顾，调离现在工作。哪还有过去的雄心？我见陈斌轻轻地点点头。

陈斌还讲了一个事，前几天汤振到他家去玩，和他父母大讲我们的工作多么辛苦，多少吃重，有时还很危险。在炼钢炉壁将要穿钢时，我们要和电焊工冲上去，在炉壁外烧一块放耐火泥的挡板。那个热、灰、烟，往下看看，炼钢炉下面的黑和深，下面的钢渣包泛着黑红，冒出灼热，我们在上面一块近尺宽的跳板上操作，真有点吓人。陈斌父母奇怪，小鬼回家从来没有讲过嘛，当场问："汤振讲的是事实哦？"陈斌只是笑着回答父母："工作嘛是这样的，我没觉得多苦、多危险嘛。人家老师傅都是这样做的呀。"那天晚上，父母开始为儿子陈斌担心，说儿子这么大了还不懂事，还是汤振比他成熟。

后来我才知道，那天晚上陈斌将汤振要调到库房工作的事在家里一说，他父母一脸不高兴，他们不会有"你升副组长，汤振在这行里被淘汰"是好事的想法，觉得副组长有什么做头，汤振走得对，逃离危险、沉重的工作。他会做人，运道好，不像儿子这么单纯、傻。陈斌的父亲退休前就是被照顾调到仓库做管理员的，知道管库房不用费多大劲儿，将材料登记完，管好材料，等工人来领材料，他负责发放就是了。父母对儿子又数落了一番，陈斌根本不理会父母的啰唆。

那时是年底，厂里正好要宣传一批青年突击手的先进事迹。陈斌因常给厂报写稿子，又是车间团总支宣传委员，厂团委就来车间联系，要临时借陈斌去采访，编写青年突击手的事迹，当即遭到工段长老李的软顶，他两手一摊，说陈斌刚提副组长，业务上很忙，走不开。但老李还是很支持共青团工作的，连忙补充说，换个汤振借给你们去写稿吧。他还补充一句，他和陈斌一样会写文章的。上面只要落实一个采访、写文章的人就好。

后来老李和我解释："陈斌刚提副组长进入角色，哪有时间去搞那些虚的事？要借个人去写稿子，哪里不能找？而且汤振能行，他这么会说话，只要将说下的话整理成文字就行了。呵呵。"老李还拍拍我肩膀，问我对不，我不知怎么回答好。

老李虽然文化不高，但在万人钢厂也见得多了。他生了七个儿子，就是没有女儿。他知道男孩子的脾性，能说会道，把讲的话写成文字，就是文章，还会有什么问题？文章也是拿来读的嘛。

但我和他们在一起，了解得毕竟比老李多。汤振不知是开窍晚还是什么原因，虽然口才不错，但学习成绩不是很好，小学时还留过一级，中学仅考进一个初级中学。但在中学时，汤振大约开窍了，蛮得老师喜欢，入了团。不过他总露出一些弱点，比如他写的字有些歪歪扭扭的，即使再写得认真,也不像成熟人写的字,和他的口才相比,相差太多。在组里"放样"等需用到算术(数学)方面,明显没有陈斌来的迅速和有悟性。据说陈斌在一个重点中学读书,"文化大革命"期间空闲时间还在家里看书,练毛笔字。当然陈斌可能比汤振接触社会少,没有汤振老练。陈斌还比汤振小一岁嘛。

汤振借到厂部写稿的日子,他终于可以8点钟上班了。他随着厂里组织的笔杆子队伍,根据车间交叉撰写的原则,他们分别被派到其他车间采写青年突击队员的先进事迹。汤振戴了顶工作帽,背着个漂亮的牛皮包,里面放了笔记本和钢笔、录音器,加上他长得还标致,很有样子。他没有时间来和你们开玩笑,讲故事了。有一天他回到车间,见陈斌刚干完活在出黑板报,他就站在陈斌旁边介绍起参加编写先进事迹的事。

他刚完成一个先进青年的事迹撰写。上午开会讨论他那稿子,一些领导提了不少意见,他认为提意见的人讲得比较片面,有的完全从领导角度看问题,没有从青年成长来看发展。说到这里,他说,我不管,不唯上,他们也是一家之言嘛,我讲了自己的不少看法,他们给我讲得没有话说了。陈斌哪有心思听他讲那些他不知道而不感兴趣的事,只是低着头,用粉笔在赶抄写黑板报。他见汤振讲得头头是道,就说,能帮我抄掉一篇稿子吗?时间真的不早了。汤振哈哈大笑:"你又不是不知道,我的字抄上去不好看。"说完就把那牛皮包甩到背后走了。

厂里专门为青年突击队的优秀事迹出了本书,当然是厂印刷车间印的,和厂报一样印得漂亮。汤振也没有和人家介绍哪一篇是他写的。他完成任务后,又回到库房去上班了。后来,厂里又组织过几次编写先进生产(工作)者事迹的材料汇编,但没有再向我们车间来借人。

汤振走后,陈斌的副组长工作还是很有起色,他带一档,我带一档,配合得挺不错。他也总师傅、师傅地叫我。组织上也给他配了两三个青年跟他"做生活"。他的徒弟跟他相处得也不错。我见他从原来买的"放样"书一本,到后来买了五六本了,还将这些书借给他的徒弟或组里其他的小青年看,他们看不懂还去请教陈斌。现在碰到要放样、落料的活,我都派给陈斌那一档去做。每次都能很好地完成。这段时间,小组里的学习气氛是最好的,同事间也很团结。不久陈斌升任车间团总支副书记了,但这都是业余的差事,他仍每天在班组里上班、抡锤、放样、落料、安装、抢修,帆布工作服湿了干,干了湿……工作间隙再去出黑板报,组织团员、青年学哲学,有时还组织团员、青年搞什么列宁倡导的"星期六义务劳动日"(那时一周休一天)。我看他还挺积极的。汤振在库房,也有了较多时间搞共青团工作,他们两人配合得挺好。汤振有时候还在会上或有关场合和陈斌开玩笑,叫他"高水平"。陈斌也很快入了党。在这段时间,陈斌的文章不断在厂报上刊出,有的甚至在市里的报纸上刊出。

那时的工农兵上大学都是各个单位推荐去的。忽然有一天传来消息,市里某个写作班推荐陈斌去读大学写作专业,这使车间党总支书记为难了,原来车间有考虑,将陈斌提上来当团总支书记,做几年后再转行去检修工段任书记、工长都可以,或在车间搞其他工作,甚至提个车间党总支副书记都有可能。现在市里来挖他,他觉得应该自己车间里使用,就专门到厂组织部门,阻止他们给陈斌办手续。那天很巧,陈斌也到厂组织部门去催问,准备去读书的事。一踏进门,就看到车间党总支书记在里面。经办人就一改原来很客气的态度,冷冷地对他说,这事组织上可能会有另外考虑,以后这事,可以到车间的组织干事那里去了解。陈斌灰溜溜走出来,一种不祥的预兆涌上心头。后来他的搭档,车间团总支书记来做他工作:"不要走,组织上是要用你的,顶我的工作。"

陈斌回到更衣室只是呆坐着。"书是读不成了,但有什么办法呢?"他对我说。我对他不能去读书倒是无所谓,并不是幸灾乐祸,怕他走了,人手上受影响。那时知识青年到农村去的多,在上海有个工矿位子是很稀奇的，去读书后还是要回到厂里来安排工作。有些读了很多年书，回到厂里还是做原来的工作，那出去读不读书，差别真的不大。自己组里不是也有大学生分派进来工作的嘛，他们还觉得在钢厂没上"三八"制，没有三班倒已经不错了的。何况，组织上已传出以后会用你，提拔当干部，那不更好？这倒也是，他给我那么一说，情绪也好多了。他原来也是考虑去读书两年，回来再工作。前几天，陈斌还看过毛主席30年前的《在延安文艺座谈会上的讲话》，写作离开基层就没有写作素材，怎么去反映工农兵生活？自己生活在工厂这个基层，和工人在一起工作，这是写作的金矿，想想也对，离不离开工厂去读书也无所谓了。陈斌为了去补这个缺陷，正好厂业余工人大学也在试办写作班，陈斌就去报了名，不过这类学习，没有文凭，他倒不在乎。那天，正好汤振有空闲来班组串门，他也听说陈斌读书泡汤的事。他感慨，陈斌虽然有人推荐去读书，但在厂里没有后台，还是读不成书，争取来的名额浪费了有点可惜。他一直认为没有后台办不成事，他曾在我面前讲过，他若没有工段长老李给他安排，他也不会被调到库房作为培养对象。现在他感叹自己厂里没人推荐，否则这名额应该给他，他也一样能读好，这样浪费名额可惜。汤振看小组里气氛沉闷，就高声调节气氛，要给大家猜一个谜。旁边有人说，又有什么黄色段子了？"瞎讲，我从没黄色段子，"他换了口气说，"我上午来上班，乘18路电车真是挤啊！车子来了，大家一拥而上，车关门时，一个女人两只脚刚踏上去，门关不起来，后面一个人帮助在后面推她上车。不料后面那男人撩起一巴掌打了那女的屁股，问，为什么那男人要打女人一巴掌屁股？"大家笑起来了，直讲肯定那男人是你汤振，出外快，吃豆腐。汤振呵呵笑着，"那女人忽然放了个臭屁，那男的才抽她屁股。"一通哄笑。他说完，呵呵笑着走了。

过了一段时间，原团总书记提拔走了，车间党总支书记要提陈斌任团总支书记。这个差事可是脱产干部啊。在车间党政联席会议上，这个提案首先遭到工段长老李的反对。好不容易培养了一个技术工人，而且已能挑大梁了,给你们调走,第一线的工作怎么办?车间的设备的正常运转受影响怎么办?他还提到自己因几次工伤,身体已明显走下坡路了,需要陈斌这样的人来接班。他给车间主任和党总支书记施压,如果能给他个和他一样工作能力的青年来顶替他,他就放人,否则你们以后不要讲他领导不力,怪他们工段影响炼钢生产。老李毕竟是老资格的干部,他一坚持,车间主任就出来打圆场。团总支不是有两个副书记嘛,就把小彭提上来吧。小彭是个女同志,而且已怀孕。据说这问题讨论了老半天。党总支书记虽然觉得不妥,但陈斌在业务上确实也走不开,反正共青团工作也是辅助工作,以后有机会可从业务干部一条线提拔的。他没有再坚持,就把那个小彭提上来任新一届团总支书记,而且内部还达成,若小彭生孩子,仍有团总支副书记陈斌代理团总支书记工作,直到小彭上班。

  这件事我倒要为小陈打抱不平了。虽然我很舍不得他离开班组,但他毕竟和我们没什么文化的不同,我知道这一级升上去很难,现在有机会应该让他提升。那天老李来找我布置工作,我就和他争起来,讲他"用大奶奶吓小孩"硬扣着陈斌不让提拔不对,那是"扳着卵毛上调——没用"。人家说我粗鲁,其实是我直爽,有工人的本质。老李连忙说:"他是你最好的接班人,你怎么没这个意识?业务上发展比搞团的工作重要。"我还顶撞他,"死了张屠夫,不吃混毛猪?离开了陈斌,就没人工作了?后面培养的几个青年也能顶起工作的。再说,现在车间增加了不少设备,卷板机、压床等,培养人总比过去容易点的。"老李就批评我:"脾气又来了?这就不好了,这是组织上决定的,你怎么可这样说呢?"正好陈斌干完活,带了一众人走进来,老李就转换话题,"刚才布置的活,明天要完成的。"说完走了出去。

  老李前脚走,汤振后脚进。他已知道陈斌做不成团总支书记了。他一脸不服气,说小彭任团总支副书记兼她们工段的团支部书记期间,做了什么工作?还没有他负责的检修团支部工作好。他一脸蔑视:"一个女人家有什么能力?又不勤奋,她怎么可以上去呢?"他看上去是为陈斌打抱不平,我知道他实际是为自己鸣不平,就缺一句话,"既然陈斌班组里走不出,凭能力应该轮到我。"他总是那样自负。汤振见休息室里气氛凝固,就又来和大家玩猜谜游戏,调节气氛了。他笑嘻嘻说,"我讲个懒女人的故事,大家猜猜看啊。"他缓了口气,"一群女人走到一条小河边要蹚过河去,其他女人都脱了鞋子和袜子蹚过河了,只见懒女人仅脱了鞋子就蹚过河了,而且袜子不湿。问,她是怎么蹚过去的?"休息室里活跃起来,有的说她是穿的橡胶袜子,不会湿;有的说,她拿了块木板,站在木板上漂过去的。大多数无语。汤振哈哈笑了,"那个懒女人袜子破了从来不补,袜子没有底的,她只要把袜子拉上来就能蹚过河了。"休息室内又是一阵大笑,有的人骂他侮辱女人,他哈哈笑着走出去了,反正他们休息室里没有女人,但大家都知道他今天的寓意是指谁。

那天下班后,我故意等陈斌一起下班,去洗澡。平时下班洗澡仅在莲蓬头下擦个肥皂冲一把,擦擦干就好了,那天他特意坐在大池里泡澡。我坐在他旁边,他说,谢谢我为他讲话。

"其实也没什么,如果和你们一样做到退休,不是也蛮好的嘛。"他一面说着,一面用毛巾在肩上擦了擦,继续说,"过去讲钢铁元帅要升帐,一切好的政策、条件向钢厂倾斜。现在钢厂条件也是蛮好的。吃饭有十几个食堂任你挑,菜色又好又便宜,自己车间都有澡堂。夏天发西瓜、番茄,酸梅汤任吃,有的人还拿了啤酒瓶装了酸梅汤带回去。在外面,一讲起钢厂,人家都有股羡慕感觉。"他一面说着,一面用手掌去压水面,发出啪啪的轻响,水往前倾泻。浴室里热气形成淡淡的雾气,看人有点朦胧,虽然大家赤裸着身体。我不知道他讲的是否心里话,但讲的事倒是事实。

那天他没有回家,说是住在高温休息室,我就陪他了。那是我们车间会议室上面的平台,临时用竹子和席片搭起来的休息地。这是解决员工家里住房拥挤，天热睡不好觉，临时的休息地。我们从管理员那里各领了一套席子、枕头和薄毯，虽是暑天，两面通风的席棚还真凉快，没有那薄毯还真不行。陈斌坐在席子上，眼望着对面平炉车间的大烟囱出神。那大烟囱时不时吐出淡褐色的烟，随风飘荡。他忽然笑着对我说："那褐色烟的后面，天空不是总还有美丽的云彩吗？"我不知道他怎么会这么喜欢云彩。

事还真有转机时候。这几年，陈斌在厂里的影响日趋见大，他主办的车间黑板报，局团委还在车间现场召开经验交流会。大家对整个车间、各工段的黑板报赞不绝口。那时厂内已有不少车间的主要领导是从团干部或青年干部中提拔的。忽然有一天传出消息，隔壁第二炼钢车间的领导，来挖陈斌到他们车间去负责写东西，而且还同意如果要用人来换，任点任选，哪怕双倍。车间领导本来就觉得原来讲好陈斌不去读书，提他专职搞团的工作，现在因人手关系，没有如愿，加上两个车间的领导关系比较好，一谈就通。但检修工段长老李还是不太情愿，他虽然曾在那个车间工作过，对他们检修工的人选很是熟悉，但上级领导已同意，上次那个缺人手的理由已没法说了，人家给你人，还任选。他无奈就连着点了他们两个技术班组的组长，最后还加了一个党支部副书记，作为自己的接班人。原来他想狮子大开口，引起对方不快，谈崩，结果对方竟然同意，最后以3:1交换成功。

汤振得到消息后，连忙来找我，把消息透露给我，还问我："陈斌和你说过吗？"我答"没有"。他神秘兮兮地和我说："这次人家为什么这样来挖他？"我摇摇头："那个车间的主要领导是他的同学。""哪个？"我只知道陈斌的同学、朋友在厂里不少，有时来看他，找他讲话，他倒给我介绍，但不知道是哪个。汤振打听得倒仔细，接着说，"呵呵，你不要看陈斌平时不声不响，其实他一直在找关系，想要跳出去。"说完，他做了个鬼脸，回库房去了。

那天陈斌在炼钢炉旁工作得很晚才回到休息室。我看他很累的样子，就等他一起下班。当我问起他将要调走时，他承认也刚知道，而且是从车间领导那里得知的。那我问他，对方车间领导是他同学吗？他也点点头。"我没想到他会来这一招。现在他比我有能耐，应该服啊。"这时我才知道，陈斌原来在学校时就是团干部，学习成绩总在前三名里，在同学里人缘也不错。他们学校进钢厂的不少，但进厂后都很少来往。我说"那你这同学待你蛮好"，他只是轻轻地点点头："这次他又没来问过我，就来我们车间挖我。其实动静太大也不好，不过我到他们车间，也不会做不好，下他的面子的，他了解我。"他缓了缓口气，"我从代理了几次团总支书记看，我完全有信心在新的环境里做好工作。"他显得很自信。"不过，"他又说回来，"师傅，我也被这个行业淘汰了，加入其他行业了。大家相处得蛮好要离开，倒是我很留恋的。"这说得使我有点动情："只要你有发展前途，那就好，什么淘汰不淘汰，只要不被社会淘汰就好。"他开始整理他的更衣箱。

在班组欢送会上，陈斌把他一直在用的几本"展开放样"的书，分别送给他的徒弟和组里的青年，希望这些书还能为我们班组做出贡献。

写于2021年6月6日
改于2022年3月21日

魂牵梦绕（小说）

大鹏是26岁时和春梅谈恋爱的，每次大鹏到她家去，很少看到她父亲，偶尔碰见，他那棱角分明的长方脸，微微翘起的下巴，那么和善，只是笑笑打个招呼，记不得有多少和他聊天的事。有时见他中午回来，喝上一两白酒，又去对面汽车零件厂上班。据说，他特别爱喝酒，几乎每顿饭前总要来一下，那还是"文化大革命"中养成的习惯。那是因为他在抗日战争时，为生计——吃饭，参加了个不知什么名称的抗日队伍，当然不是共产党的队伍。"文化大革命"中他被批斗，有历史问题，并不管他原是先进工作者、劳动模范。回家后他很沮丧，但大鹏丈母娘知道他是个老实人，知道他的历史，不但不说啥，还鼓励他喝酒。"不要睬他们，喜欢喝酒就喝点。"他也没其他爱好，就这样，他养成了每顿要喝点酒的习惯。当时家里经济条件差，酒都是一角钱一两的白酒，有时没下酒菜，桌上有什么菜就夹点，和着酒喝下去，上班去了。他就是这么爱喝酒，不知道和当时心情不好、解压有没有关系。前几个星期，听说他很懊恼，就是喝了太多酒，把胃喝坏了。那是后话。

老先生对女儿春梅是宝贝的，不知是否因为几个子女中春梅长得最像母亲。那时春梅在纺织厂上三班制，四六翻班要晚上一点钟上班，他怕女儿路上不安全，会用自行车送她去厂。那时家在石桥，路上毕竟要半个多小时，深更半夜睡不好，但不送不放心。家里唯一的牛奶，要留给春梅，一直到出嫁；知道春梅喜欢吃肉包子，早上会去买好等她起床后给她吃。

尽管这样，但在他们成家前，她的父母亲都明确，家里仅有的一间房要留给哥哥的。这是中国人的习惯,"男的叫娶进来,女的叫嫁出去",无可非议,天经地义,尤其在住房紧张的年代。虽然她哥哥没有女朋友,不知什么时候成家。大鹏他们就面临无法登记申请住房的尴尬状。大鹏家虽也无房成家,但也无意在女方家成婚。大鹏他们拼命给春梅的哥哥介绍女朋友,希望他们能早点结婚,或登记结婚,他们才可以去申请婚房。谈何容易?又不是王老虎抢亲。不是女方嫌她哥,就是她哥看不上女方,恋爱上永远会有高不成低不就的。大鹏和春梅成家只好在工作单位旁租房住了。后来天助大鹏,经过不几年,解决了住房,不但好几次分到房子,自己还买了房子,生活得很好。那是后话。

  老先生特别喜欢小儿子海江。那年社会上刮起"四号病"风,提前退休可以有一名子女顶替进厂工作。老先生毅然决然"病退",提前退休。自己拿着招工录取单,从上海赶到海江工作的农场,把小儿子海江接回上海。在他抽屉里一直还保存着一张海江当了汽车零件厂团委书记,在厂公告栏里的照片。那时,儿子的出息是老先生津津乐道的话题。

  老先生和大鹏接触多了,那是大鹏丈母娘逝世后的事。那时他觉得一个人住在浦东花园新村不习惯,雇了保姆也孤单。早些年,他就把石桥的两居室让给大儿子梅江了,搬到厂里新分的花园新村小两居室。现在他将这房的名分也给小儿子海江了,但不知道什么原因,他又不愿和小儿子一家住在一起,他开始尝试住到大儿子梅江家去。退休工资卡给他们了,住在阳台搭的房间里,毕竟他们家也有三人,仅小两室。起先他直讲"蛮好",但过了些日子,他开始感到不习惯。他们都要上班去,烧饭、洗衣等日常事务,他还要自己做,不过他们的晚餐不用他"相帮"。他住在阳台上也不是个事,地方小暂不说,就是每天太阳第一个光顾,马路上嘈杂音也是很早就能听到了。他总是第一个起床,但又不便打开阳台门,怕太早惊动儿子一家的睡眠,只好坐在床上,或站在窗口望下面,消磨早晨时光。夏天有暴雨,他要用抹布擦挤进窗户缝的雨水；冬天他对挤进窗缝的寒风就非常无奈，只好加被子，或穿绒线裤睡觉。老公房毕竟旧了，窗户上有些毛病正常。他也不知能和谁提这个问题，自己提出要来的，就是每晚能和儿子一家在一起，有点热闹、宽心。

有一天，老先生和儿女们讲，想回宁波老家去养老、送终，那里还有个大侄子。两个儿子都认为是开玩笑，不现实，没有理会。

他提了几次后，女婿大鹏觉得应陪他去宁波看看。那天老先生特别高兴，大鹏开车直奔宁波。先在市区看了他大侄子的房子，在四楼，没电梯。他侄子走得直喘气，家里放着氧气瓶，随时吸氧气用。以后又驱车到他们在宁波北仑港旁的私宅看了看。那是早几年花一两万元钱买的，环境倒好，有河，有树林，路倒是水泥路，房子也有好几间。他们建议，当晚就住在这里。没有空调、卫生间，那是不行的。晚餐前，大鹏将车子开回市区，在市中心的宁波海鲜饭店，请他们在宁波的亲戚开了一桌，点了宁波著名的黄泥螺、炝蟹、大黄鱼、大乌贼、海瓜子等，尽数上桌。吃得高高兴兴后，大鹏他们安排住了酒店。老先生觉得很有面子，兴致蛮高。回上海后，再也不提回宁波养老的事了，他知道已经没有退路。后几年得知，他大侄子因气喘不过来，先他走了。那是后事。

宁波回来后，春梅见家对面的街道敬老院有名额，就把老先生接过来住进了敬老院。这时开始，老先生过上稳定日子。老先生始终觉得男人（儿子）在外面闯荡，照顾老人还是女儿靠得住。在他临终前说，在祥和路敬老院那段日子，他是最开心的。

敬老院是街道办的，街道和居委会还算重视。每逢重阳节或逢年过节，他们都会被通知，衣服穿得整洁些。街道领导总在居委干部的陪同下来看望他们，送点慰问品。虽然不值多少钱，但政府的关心确实是到位的，老人们很是欢喜——这么大年纪，政府还惦记着他们。敬老院也会在那天用餐时，加块大排骨或一个红烧蛋。

敬老院是座两层的民居房子，在居民区里，一个扶梯直通二楼，左右两边都住着人。老先生住在右面那套房里,右拐是个过道厅,用简易板拦一下。这里朝南,面对面放着两个床,他床在右边。左边的那床是个孤儿睡,但他很少来。据说居委会给这个孤儿介绍了工作,白天要上班,晚上他常到电子游戏房去玩,有时深更半夜才回来。后来有很长一段时间他不来了。厅的左边是个单间,可住一人,据说住进这单间是特殊照顾的人。他不知道是和上面关系好特别照顾的,还是身体有特殊毛病才住进去的,但这单间总换人。他无心去打听,他不可能住进单间。单间门上挂着台电视机。老先生掌握遥控器,没事就仰着头看电视。走过厅,里面是个大间,住着七八个人,有的整天躺着,睁着眼不动;有的还轻轻地呻吟。服务员虽然不多,但大多来自周边省市农村。她们还算负责,对待老人的态度还算好。她们是通过街道或居委干部推荐和审核,才进来工作的,还算珍惜这工作。

老先生不用愁烧饭和洗衣服,每顿能吃到热饭菜,很是高兴。他身体还算好,没什么大毛病,能自己照顾自己,不用服务员多操心。女儿春梅三天两头会来看他,毕竟相隔不宽的祥和路。中午或傍晚时分,她会时不时将刚烧好的菜拿过来,给老父亲添个菜。他总咂巴着嘴,连称好吃。女儿春梅也有心,每年春节总给照顾父亲的服务员小王塞点钱。小王总在春节探亲回来时,带点农村土特产送春梅,有一次还让他老婆结了条绒线裤送给老先生。

他生活有规律了,每天早饭吃好,喝了牛奶,就要走下来,在小区里逛逛,在那棵大树旁打一套太极拳。不管套路对不对,打得津津有味,煞是认真、得意。他常说,那是年轻时学的,现在派上用场了。天气好时,来了兴致,他会慢悠悠地沿着祥和路,穿过欧阳路从小路通到鲁迅公园边门进去溜溜,有时还将那套太极拳拿到鲁迅公园去打了。那时,他每顿要喝酒,夏天喝啤酒,冬天喝黄酒,后来又改喝红酒。老先生一讲,春梅就帮他把酒买来。这样持续了好些年。

大儿子梅江退休了,一年来看望老先生几次。小儿子海江被厂里派到大西北的分厂去当领导,一年回上海也不知有几天,很少来坐坐。他们都很放心,有春梅安排,老父亲生活稳定,不用操心。倒是老先生常会唠叨,不知小儿子海江在西北生活习惯吗,冬天这么冷,海江吃得消哦;大儿子梅江退休在家里做啥,身体好哦;云云。有时他还会问到妻嫂——大舅妈好吗,毕竟她要比老先生大一岁。妻弟——小舅舅癌症开过刀,现在身体好吗?老先生开始关心起其他人的生活了。前几年,小儿子海江得到领导照顾,调回上海工作。海江调回上海后,来得勤了,有时也带点啤酒、红酒给老父亲,有时还给老父亲点零花钱。看看父亲生活还算稳定,他总讲:"春梅阿姐辛苦,阿爸我很放心。"

后来他去鲁迅公园少了,因为走得有点累,毕竟上了年龄。春梅就将儿子明明过去出外画画坐的小折椅给他拎着,走累了,在上街沿坐一会儿。在祥和路敬老院的生活,在他以后的日子里常常被提起。

敬老院改变经营方式,承包给私人了,街道专门安排了一幢四层楼的房子,在三达路,还有电梯。费用要涨了。春梅和其他一些家属到街道去谈判,希望敬老院少涨价、不涨价,他的退休工资经不起涨价,否则要子女分摊。终于街道领导同意,老人老政策,这事才平息下来。

老先生先是被分配在底楼那间朝南的房间,下面几间房间的老人仍都是小王负责照顾他们。没几周,敬老院院长看中他们房间做办公室,他被重新安排到二楼的房间。他的床位倒是靠窗,冬天有太阳,夏天亦凉快,但老先生不高兴的是,服务员不是原来的小王了。二楼这块由小卢负责。

有一天春梅去看父亲,发现他情绪不太好,硬要春梅和院长去讲,让他调到底层来。院长和他们解释,底楼已没有房间,二楼那床位很好的。老先生还要春梅和院长提出,他住在二楼,是否仍由小王来服务。理由是这么多年,小王对他了解。这让院长为难了,现在敬老院是私人承包了,他们老人老办法,缴的费用又低,给服务员的费用当然少。他们服务人员的收入和服务老人是挂钩的,一个人负责几个房间,人多工作量大，收入高。院长当着春梅的面问，是否小卢服务不好，要换到下面来？老先生没响，他是不会轻易讲人坏话的。以后他解释，没有对他不好。院长和春梅商量，既然小卢对你父亲没什么不好，可能他对你父亲不太了解，现在没有小王熟悉，以后小卢也会熟悉的。而且跨楼反而难以服务，也不符合我们的管理要求。院长讲到这里，微笑着说："你们不要小卢服务，给小卢知道了反而不好。"

春梅听了，应了一声："这倒也是。"老先生毕竟要每天和小卢打交道的，他们只得从院长室退出来。老先生还是拖着春梅去底楼看，他记得底楼还有房间的，最好能住到底楼来。底楼确实还有空的地方，那是个厅，堆满了桌椅，没有窗户，不开灯的话墨墨黑，更没有单独的空调，还有一股潮气。老先生只得随春梅悻悻然回到二楼的房间。春梅搞不懂父亲为什么这么坚持要住下去，二楼这床位不是很好吗？靠窗，是这间房最好的位置了。她看着父亲坐在床上忧郁的脸，只能多陪他一会儿。

忽然靠墙的张老伯，一个90多岁的老人从床上翻到地上，"砰"，很响。其他人都回过头去看，连隔壁房间也有人过来看。有的人就叫"小卢哪去了，张老伯跌下床了"。

张老伯原来夫妻俩住一单间，老婆身体比他好，不像他起不了床，自己还常到外面走走。但有一天晚上，一个新来的服务员进他们房间偷东西，张老伯是没感觉的，但他老婆却没睡沉，懵懵懂懂，忽感到有人进他们房间偷东西，大惊，狂呼。后来，那个服务员虽然给开除了，但他老婆就此吓破了胆，每晚睡不好觉，不久心脏病发作先他走了，张老伯只好从单间搬到大间了。

过了好一会儿，小卢才从另间房里匆匆过来。那边一个老人在大便，要扶着，要抱到床上。"又怎么了？"小卢嘴里说，一脸的难看，"刚刚把你料理定，怎么又滚到地上了？"小卢数落起来，"他家里有三个儿子、两个女儿，平时也不来关心他一下，连每月来付钱也不顺便上来看老爸,付了钱就走,还和我讲,等他走了再通知他们。"小卢连被子带人把张老伯扔回床上,捡起掉在床下的馒头,掰一半塞进张老伯的嘴里。张老伯露出痛苦的眼神。当小卢看到春梅正看着他时,连忙说:"粮食不能浪费啊,否则下午又要叫肚子饿了。"还朝着春梅笑着说,"大姐,对吗?"春梅不知回答他好,还是不回答好。她看到父亲双眼直盯着小卢,表情木然,以后就闭上了眼睛。春梅要离开敬老院时,父亲直和她说要多来看看他,菜带不带过来无所谓。

春梅在回家的路上一直想着父亲心绪。照理讲现在敬老院的条件要比原来的住地要好,无论是场地、光线还是床位,而且还有电梯。父亲感觉似乎比过去的差,就是服务员有点改变。据说父亲也去找过小王,希望他来管他。但小王也表示有难处,现在敬老院地方扩大,老人增多,但他们服务员没什么增加,他现在的工作量比原来要多三分之一,但收入没有增加。院里还在这基础上进行考核,如果走了一个老人,还要扣掉相应比例的工资,工作量减少了嘛,他们比过去忙多了。要他再上二楼来管老先生,他也忙不过来,他拼命解释不是不肯来服务,再说院长也不会同意。看来要满足父亲要求,让小王来服务是不可能的。春梅觉得这也怨不得谁。过去街道(就是政府)办敬老院,比较看重社会影响,连敬老院的房子都是街道的。现在连房子也要收回,因要加强社区工作,居委会扩充,要做办公室了。提倡社会办敬老院,引进民营资产,虽然国家给优惠政策,但他们当然要考虑盈利的,经济效益,至少不亏本。看看那房租肯定是成本中不小的一块,还有服务员的工资开销等,父亲那些人,又都是老政策,收费比较低,服务员太忙,服务态度差,还是好理解。春梅原谅起小卢他们了。

春梅尽量抽时间多去看父亲,但毕竟三达路离家远了,步行要近半小时,没有直达车子,不比原来在家对面。过去一天去两次也无妨,现在只好两三天去一次了。但每次去,父亲总是很高兴。有时小卢有空也过来凑几句话,蛮是客气。春梅觉得父亲似乎有点适应新环境了。

忽然父亲压低声音和春梅说,是否每月能私下给小卢点钱。春梅先是一愣,父亲连忙解释,小卢对他比其他人好。春梅了解父亲,钱,他是从来不管的,都是春梅帮他管着的,现在这样提出,肯定有他的必要性。她连忙点点头,下月开始。老先生还追了一句,以后每年给他加一点。春梅也点点头,没有问父亲什么原因。以后春梅来看父亲时,总看到小卢主动来为父亲做事,不知是他们服务水平提高了,还是那额外增加的几百块钱的作用,只要父亲高兴就好。

春梅似乎可宽心点了,但老先生总觉得敬老院没祥和路时的敬老院好。虽然三楼有个花园平台,种了花草,可以打太极拳,晒太阳,但很难出门。沿街,时有汽车驶过,不太安全。他太极拳也打得少了。他过去坐累了,就可出门去走走,哪怕走不远,走走心情也比不走好,现在只能站在窗口看下面风景,路窄,能看到什么呢?他就看太阳射进来的光线,计算时间:"8点到这条线,9点到这条线……"虽然墙上挂着钟,但他看一眼太阳照射线,就知道时间了。但夏天太阳不照进他朝南的窗户,他就少了一个乐趣的事。他站在窗口向下望,主要是看看女儿春梅来了没有,尤其是他算算今天春梅应该来看他了,但不知道她会什么时候来,他就会在窗口站很长时间,直到脚酸、眼酸,坐回床上,然后再来站,望着女儿日常走来的方向,他熟悉春梅走路的样子。有几次,他看到一个和春梅走路很像的人,从很远的地方走来,他很是高兴,但走到近处能看清人样时,他才辨出不是春梅,一股失望之情涌上心来,只能坐回床上。但这毕竟还抱有希望,今天她会来,比那没人来看他的日子好得多。太寂寞,太空闲,人有种讲不出的难受。他太渴望热闹,太渴望说话,当然想和想说话的人说话。

这些日子,他很恐慌,你看,搬过去没几年,原来那些老人一个个先后走了,仅剩他和另一个98岁的老人了。不知是否应了"老人不能随便搬家"的验,他不知道。

老先生更注意胃的保养,吃到稍硬的菜肴,仅嚼嚼就吐掉了,米饭硬也不吃。春梅只好将儿子明明的小炖锅拿过去让他用。他将米饭和菜都放在炖锅里炖，炖烂了才吃。有次大鹏去看他，他特高兴，要大鹏转达谢谢给明明，给他炖锅。现在吃得多了，连大便都很好了。记得那年换身份证，他拿到新身份证有效期的年份正好是他100岁的年份，他呵呵笑着，直讲这个好，这个好。

四五年前，他差点走了。那天他难受，天又冷，深夜12点多，他打电话过来，要求春梅陪他去医院。他曾叫小卢陪他去医院就诊，敬老院的医务室都希望他们到医院去就诊，小卢说他忙不过来。春梅认为晚上没有好医生，希望父亲能否挺到第二天白天去看，老先生总是顺从的。春梅搁下电话，大鹏就觉得不妥，老先生自己提要求，肯定病情不轻。他们连忙赶到敬老院，把他送到第一医院急诊室，老先生呼吸气已很急，验血、CT……一圈检查下来，老先生已很难讲话了；待到输液时，又睡在走廊里，冷风习习，讲话更吃力了。他已将敬老院抽屉钥匙交春梅保管。好在第二天，碰到好医生，将药一换，他竟神奇般好多了，他第一件事就把敬老院的抽屉钥匙拿了回去。这事后，他托春梅来谢大鹏，及时送医院，救了他的命。

前年的那个冬天，他又生病了，血压180/110。从来没有那么高，敬老院医生量的血压。吃了降压药，老先生直喊头疼、头晕，饭吃不下，还说要去医院。白天看了回医生，晚上仍无效果，11点多，救护车将他送到第一医院分院，春梅腰椎开刀尚未康复，是大鹏和敬老院护工小卢跟的车，大鹏塞了200元给小卢。到医院后，救护车司机在家属签单时问大鹏，是老先生什么人？

"女婿。"大鹏答。

"他家里没人啊？"他竟然这样说。

大鹏不爽，老先生脸露尴尬。做CT、验血，等待报告，指标尚可。等候就医时，老先生直呻吟头疼、头晕，移动床一推，他就叫头疼。轮到医生检查了，医生把他的头扳来扳去，一面扳，一面问，这里疼吗？那里疼吗？老先生竟都说不疼，任医生摆布。他吊针，吃了药，凌晨2点过了，小卢因要准备明天的敬老院工作，回去了。大鹏陪着吊针。第二天清晨6点，小儿子海江来接大鹏的班，直讲你辛苦了。自那以后，大鹏每次去看他，都鼓励他，身体各个指标蛮好的，不要忧虑太多，他都点点头，笑笑。

去年末天气转凉开始，老先生咳嗽增多，胃口下降。这年，大儿子梅江有了很大转变，年初每月来，年末时，几乎每周来看老先生，说要尽孝。不知是否春梅曾和嫂嫂宝莉讲起救护车司机讥讽大鹏的事情。这段时间老先生去医院，都有大儿子梅江和春梅陪着，省了大鹏很多身心。小儿子海江来看他还带来阿胶冲剂，但老先生很少吃。老先生知道海江已肝硬化，很为他操心，一次他和大鹏讲，你关系多，能否给海江找个好点的医生帮他看看，海江肝不好。

天刚冷，他就将那双新棉鞋穿上，这是春梅十年前买给他的，他不舍得穿，仅是过年时小辈来拜年时，他才穿一下，穿后还要拍拍灰把它放好。他开始不要春梅给他太多零钱。过去除了给护工每月近千块钱小费外，他总有机动的两三百块钱放在抽屉里，让护工去买点临时需要的东西，就再给他们点小费。现在他也不问春梅要了，还关照，抽屉里还有50块钱。他喜欢吃乳腐，春梅给他带了两瓶，他只收了一瓶。连带给他的卷筒纸，他也仅拿了一卷，剩余的一定要春梅带回去。他觉得讲话没力气，连痰也咳不出，大便也拉不出，十分痛苦。好在护工小卢帮他扣痰，帮他扣屎，使得稍有轻松。有几次，老父亲低声和春梅说："以后你们万万不要住进敬老院啊。"问他为什么，他张了张口，又闭上嘴，欲说又止。春梅只知道同一房间里有些痴呆和动弹不了的老人，护工对他们总是不耐烦地吆五喝六，有时还要打头塌。老父亲脑子还算好，常要春梅给护工多加小费，护工对他还不错。春梅也知道，敬老院里有人走了，父亲心情总特别不好，有时会几顿吃不下饭。隔壁老谭走了，他儿子来看他，老先生脸无表情："你爸先走，我很快也会跟他去的。"虽然受到家人斥责,触霉头话少说,但他眼睛直直,毫无表情。

老先生身体不适,大儿子梅江陪他去医院看病。抽血验血,胸透拍片,做CT,等报告,医生看报告脸部冷冷,没有表情,不说什么病。不是?血压120/80,比年轻人还好。"吊点盐水,加点头孢。"医生说。春梅和医生讲,他吃不进饭,盐水是否换葡萄糖。医生应允,随即甩出一句:"明天可以到地区里吊针和开类似的药。"

老先生和春梅说,隔壁李先生的儿子来看过他了,有机会谢谢他。春梅知道老爸很希望有人来看他,尤其是小儿子海江。但海江怎么来?前两天刚查出肝硬化转肝癌了,在医院等肝移植的手术。两边的病情都瞒着呀,春梅没办法让弟弟海江来看老爸,春梅只能叫儿子明明来看外公。

那天,他们陪明明过去,老先生脸色好点了,也喝了几口营养汤,心情蛮好。

"医生检查下来,各个指标没太大问题,就是胃口不好,多吃点,能挺过冬天的。"明明和大鹏如是说。他只是微笑着点点头,不说话。

他们离开敬老院时都认为老先生能熬过春节。

这几天,老先生常发呆,不知是否盼着有更多亲人来看他,尤其是小儿子海江,不知他会有什么预感。他对儿女太了解了,他们会在什么时候来看他,但这次真不一样。白天敬老院里还热闹,但到了晚上,除了有人偶尔几声咳嗽,偶尔几声梦呓,剩下就是呼噜声了。

他翻了几个身,大概太累了。他迷迷糊糊好像走到一个地方,听到有人说,最近一段时间刚死的人都关在对面那幢楼里,阎王要过段时间才集中登记,甄别去阴间还是回阳间。每间房间都有一个小窗,可以认出他们。他就到对面的楼里,每间房间去查看,那窗怎么像牢房的窗一样小,他一定要去看,想找的那人,是不是已在这里了。他一间间仔细看,都是不认识的,但老谭他倒看到了,他还是那样躺着,只是睁着眼睛,没有声息,哪怕他和老谭打招呼,老谭也没有应他。

忽然躺在老谭旁的一个年轻汉子翻了个身，叫了起来："我是冤啊，本来不该我来这里的，一个车祸把我送进来顶了那个老头。我要回去和他评理。我昨天还是好好的，我家里还有老婆、孩子怎么办？"他连忙把那扇窗关上，心脏好像跳得很快。"我是顶了那个老头"的叫喊声还在耳朵边回响。年轻人顶了老人，老人能活多长？人家年轻人有妻子、孩子，那样需要他，应该老人顶了年轻人才好的。他心里很不平静。大概走累了，他走不动了，但他确实没有找到他想找的人，这证明"他"没有来。他开始高兴起来。但今天没来，不等于明天不来，如果来了，那就糟了……他忽然心跳得厉害。

"哐当"，他被不知谁将茶杯打翻在地的声音惊醒。啊，是场梦。他手心有点汗，只好将脚伸出被窝。他再也睡不着了。

他不肯吊针了，大儿子梅江又提出要去医院再配点药。老先生不肯去，说是在敬老院舒服。老先生的饭也越吃越少，有时还不愿吃，说吃不下。春梅有一次还听到父亲自言自语地说："我去找过了，他不在。"春梅很奇怪，他躺在床上怎么出去找人？她问他去找过谁，老先生没予回答。

老先生曾和春梅说起，又要到春节了，又要准备压岁钱，否则这钱还可省下来了。春梅搞不懂，过去父亲给小辈的压岁钱不是很计较的，这次怎么了？她连忙安慰他，这钱我都给你准备好了，没问题的。他没应。

这天，他忽然用很低的声音和女儿春梅说："……我怎么这么难死……"听得春梅搞不懂，过去父亲求生的愿望也是很强的，那次在第一医院把他救回来，他是那样高兴。还有那次，他喊这里疼，那里疼，但医生帮他一检查，他就讲不疼。对医生的信任，把命完全寄托在医生身上。哪个人希望死？除非耐不住病痛的煎熬，父亲又没什么疼痛病。春梅很是黯然，很是难解……

1月10日下午4点多，老先生不肯吊针，平静地睡去了，永远……

春梅帮他擦掉眼角流下的泪,老先生很少流泪,哪怕是妻子走时。还有没吊完的针,没吃完的药,再也不需要了。后来才知道,同一天下午两点半,小儿子海江做了肝脏移植手术,而且发现肺纤维恶化蛮严重,心脏也不太好。不知老先生是否先天有灵,将活的希望留给儿子。春梅收拾父亲遗物,东西很少,在抽屉里竟然发现有一包照片,里面有明明小时候的一张照片,小儿子海江和女儿的合影以及海江当厂团委书记时的一张照片;在医保卡的皮套子里,单独放着春梅近十张小时候或年轻时的照片,过去135相机拍的照片。春梅真不知道父亲什么时候收起的这些照片,毕竟搬了这么多次家,当然更不知道父亲什么时候会看这些照片。

五年后的清明节,海江到父母坟上扫墓。他欣慰地告诉父母,他的身体很好。据说五年是肝脏移植的危险期,现在他度过了这危险期,身体也逐渐在康复中。墓碑上父母的照片永远是微笑着的。

写于2018年1月16日
改于2022年2月26日

球是旋转的(小说)

一

郁逸和梁良是一对"乒乓冤家",一直为"谁输谁赢"而争个不休。乒乓球毕竟是圆的、旋转的,有太多不可测的变化,形成太多不可测的结果。他们从小在同一石库门弄堂里长大,在邻居间和同学中总是津津乐道的话题。

两人从小一起打乒乓,小学都出自前乒乓世界冠军的母校,中学都就学于市里的乒乓重点学校文明中学。学校里专门在班级里成立了乒乓小队,每周安排几次训练。在市里的学校比赛中,他们往往所向披靡,没有学校能阻挡,只有在个人赛中倒有一两个好手可以和他们搏一搏。而在他们乒乓队里,郁逸和梁良绝对是主力。郁逸打的是横板旋转削球,你若稍有不慎,就会把你削死在网里或飞出界外。梁良打的是直板,不断进攻,左右开弓,把你旋转的球,转回去,打得你没了脾气。但两人碰到,就说不准谁战胜谁了,就看谁把旋转的球处理得好了。有时候郁逸把梁良削死,有时候梁良把郁逸抽死,但梁良取胜的机会多一点。郁逸常常不服,有时会诙谐地说:"我姓郁,当地话里是'一';你姓梁,当地话就是'二',二怎么能排在一前面?"有时郁逸更绝,讽刺梁良数学成绩不行,"把一和二都搞颠倒了,明天要考代数、几何了,回去多温温书吧。"梁良语文成绩还不错,写的作文曾给老师作为范文表扬、评讲过,就是数学差点,常常是六七十分,有时还会掉进污坑里——不及格。郁逸输给梁良后常常会显示不服,好胜心比梁良强得多。就说那次市里初中组男子乒乓单打比赛来讲,就给同学们留下很深印象。

那次团体比赛,文明中学一枝独秀,稳稳地夺得男子团体冠军,比分绝大多数是4∶1以下的,很少有3∶2。但到了男子单打比赛半决赛时,碰到了紧张局面,五十六中学的好手范大江出现在名单里。范大江是左手直握拍,抽杀起来角度很大,特别凶猛。在团体赛时,梁良就输在他手里。梁良不希望半决赛时碰到他。而在平时,范大江碰到郁逸,倒是输得多,赢得少,他不怕梁良的对攻,而常常吃不准郁逸飘忽旋转的削球,会败下阵来。他不希望过早碰到郁逸。三人就形成了怪圈,就像玩小孩棋,小孩背洋枪,洋枪打老虎,老虎吃小孩。结果在抽签排名单时,范大江先碰到郁逸了,梁良松了口气。他只要从半决赛中胜出,就能等待与范大江和郁逸的胜者决冠亚军。当然他希望郁逸胜,把范大江挡在决赛外,他胜率就大点。

半决赛,两场比赛同时开始,梁良左冲右突,很快将对手收拾了。当他擦着汗,赶到郁逸比赛场地时,吓出一身冷汗,双方比分是2∶0,郁逸落后。

今天范大江似乎时来运转,左抽右攻,配以吊小球,不惧郁逸的旋转球,把郁逸打得十分狼狈,一下子连赢两局。5局3胜制,范大江再赢一局,郁逸就要出局了。观战的同学为郁逸捏汗,更看到梁良脸色铁青,双眼看着乒乓球桌一眨也不眨。有人看见他的脚也有点抖。郁逸苦笑着,走过同学璐璐旁边时,璐璐微笑着说:"没关系,还有一局。"郁逸看了她一眼,没有说话,只是挥挥球拍。

但乒乓球真是圆的,左旋右转,重击轻吊……变化莫测,就看你的接球和应对。第三局开始,郁逸似乎适应了范大江的打法,渐渐缓过气来,把比分追了上来,稳稳地将大力旋转球削到范大江的两角,一忽儿上旋,一忽儿下旋,有时候还打回头,把球抽回去,弄得范大江屡屡失误,很快将比分追成2∶2了。旁边观战的同学来劲儿了,大声喊着:"郁逸加油!""郁逸加油!"梁良脸色好看多了,也加入到加油口号队伍里。当然他还在旁边默默地走着小圆圈,两眼看着脚尖,肯定在想着下一场决赛的套路。决胜局,范大江显出有点急躁,有几个发球都旋转出界了,他的脸变成了表情包,愤愤然,摇摇头,直皱眉。比赛很快结束。

郁逸赢了,范大江气愤得将那块乒乓板扔了,虎着脸走了。同学们高呼:"郁逸胜!""郁逸胜!"叫得最响的当然是梁良。郁逸用毛巾手帕擦着汗,接受着欢呼,脸上露出胜利者的微笑。

休息了一会儿,决赛开始,梁良对决郁逸。他们两人间太了解了,开球、接球、应对,一个旋转,一个反旋转,没有什么隐秘武器,每得一分,总要打上十几回合。比分打成1:1后,郁逸明显体力不支,削回的球旋转度不够,给梁良狠狠抽死。有几回,郁逸想用打回头打乱梁良的脚步,但也给梁良挡回来,郁逸再抽回去时,就出界了。比赛最后,梁良以3:1胜了郁逸。观战的同学都为梁良高兴,为郁逸惋惜。其中最高兴的是同学琳琳,小姑娘简直到了欢呼的地步。她一面竖着大拇指,一面夸着梁良,还要帮梁良拿包。只有璐璐一面祝贺梁良得到冠军,一面说,今天给学校立功的是郁逸,没有他把范大江打掉,冠军还不知是谁的。

璐璐是他们乒乓小队的美女,从来不人云亦云,喜欢发表不同观点。璐璐还说:"今天郁逸打得太累了,否则冠军也难说。"说者无心,听着有意,梁良不介意琳琳要帮他拿包,倒在意璐璐的不屑一顾。他连忙追在璐璐后面说:"你又不是不知道,我和他的水平谁好谁差?"璐璐没回头,径直走到郁逸那里:"亚军,今天不错。"郁逸坐在椅子上休息,看见璐璐走过来,满心高兴,听了璐璐的话,摸不着头脑,不知道是表扬还是讽刺,脸上苦笑。

郁逸当然不高兴,他输给梁良,当然不甘心。趁我打得这么累,窃取胜利果实,什么稀奇?有机会我们再打一场,把面子挽回来。郁逸很在意面子,尤其是璐璐的想法。他知道小姑娘一般都支持强者,要讨得璐璐的好感,男人只有是强者。

在乒乓小队里,璐璐是很引人注目的。她学习不用功而成绩不错;乒乓锻炼不专心,但又不是一般女孩子所能敌过的。由于家庭条件好,又是独苗。那时独苗很少,人又长得漂亮、聪明,常常成为许多男孩讨好的对象,但她却喜欢用蔑视的眼光看人,讲一些蔑视人的话语。

璐璐打乒乓是打直拍进攻型的,她佩服梁良打乒乓的速度,喜欢和他练球,适应、学习他的球速,从而来制服其他人。但每次和梁良打球,最终总是败下阵来,球速永远没有他的快。梁良从不给她赢球的机会,有时反而会自豪地说:"怎么样?我的球厉害吗?!"还嘿嘿笑。璐璐不吃这一套,只是给他个怪脸。

有时她也很喜欢和郁逸练球,她用从梁良那里学来的球速打郁逸的削球,有时竟然奏效。一个攻,一个守;一个旋转,一个反旋转,一来一往很是带劲儿。不知道郁逸是故意让她,还是真的给她打败,每当璐璐打赢郁逸的削球,就会很高兴地笑着,脸上泛起红晕。郁逸就会逗她开心说:"和这样美女打球,我脚骨也软了,怎么打得赢?"讲得璐璐直笑,骂他"蹩气"。碰到这种情况,梁良就会来干预:"好了,璐璐可以到女生组里去训练了。"璐璐只好悻悻然走了。

梁良常常借向璐璐讨教数学题而赖在璐璐的座位上,引得郁逸不快。郁逸站在璐璐后面,听璐璐讲解题目,有时还要插点嘴,帮助璐璐解答,直骂梁良笨。梁良倒不在意,只是双眼看着璐璐薄薄的嘴唇不停翻滚,全神贯注。不知是在听她解题还是想入非非,请教璐璐天经地义。

有时候梁良会提出搞点小队活动什么的,但总要去问璐璐活动的时间和地点,如果璐璐不愿参加,那活动就会搁搁。有时璐璐参加,但她不肯一个人参加,至少要拖琳琳一起参加。璐璐虽然知道琳琳很讨好梁良,她心里有点不快,但总想看看梁良的态度。有时看到琳琳讨好梁良,梁良又来讨好她时,心里特别得意。她会给梁良一个笑脸,呵呵,拖着琳琳走开,不让梁良接近。

有时她和郁逸讲话,梁良总在不远的地方站着。郁逸口才好,总有讲不完的话,他最喜欢吹嘘家里的事。他爸爸在手表厂当八级钳工,在厂里有多威风,碰到疑难杂症,工人都要找他爸爸解决,锉刀要放平锉,再用粗砂、细砂皮砂一遍,再到砂轮上抛光,平整细滑,好像他是八级钳工一样。璐璐被他有声有色的讲解迷住,似乎很感兴趣。郁逸连忙问她:"要我带你到我爸爸厂里去看看哦,看看手表是哪能造出来的?"郁逸露出期待的眼光。

"不去,不去。"璐璐从来不会一个人跟男同学出去的。这时,梁良就会出现在旁边:"人家不跟侬去,盯牢人家做啥?"

"侬不要吃醋。哈哈。"郁逸脸皮厚,会说话,回敬梁良不落下风。他们两人虽然是"乒乓冤家",毕竟要好的,似乎离开一个,另一个没了方向。

这次学校夺得全市初中组冠军,梁良夺得男子单打冠军,郁逸得了亚军,学校开了个庆功会。梁良代表团体冠军团队在会上发言,感谢老师的指导、同学的帮助,特地提到郁逸打法机智,打球旋转,把人家转得没有方向,为学校荣誉立了功。大家拼命鼓掌,为学校称霸同年龄段学校而欢呼。郁逸代表单项比赛人员发言,他在感谢老师和同学的帮助、指导后,仅说了一句话,下决心争取明年打败梁良,夺得冠军。

其实已经没有明年的比赛了。第二年"文化大革命"开始,那时候社会动荡,谁也不会想到乒乓比赛。后来,毕业分配,梁良被分到闵行的大型机器厂,郁逸被分配到市里钢铁厂,璐璐和琳琳分别被分配到纺织厂。但他们约好,过几年,乒乓小队还是要搞次活动,进行乒乓比赛,看看谁输谁赢。当然这建议是郁逸提出来的。积极响应的,除了梁良外,还有璐璐和琳琳。

二

梁良刚分到机器厂时做钳工。虽然当时把"学会车钳刨,走遍天下都不怕"的观念批得稀里哗啦,但梁良还是跟着工人师傅努力钻研技术。厂在闵行,住宿在厂里,学习的机会就多,他还真钻研进技术里了,怪不得当初郁逸可以吹那么多的牛皮,讲他爸爸八级钳工的故事。当然他哪有时间去打乒乓,乒乓打得少了,其实厂里也没什么对手。

  郁逸在钢厂当了炼钢工人,空闲时间比较多,加上他们厂的领导喜欢看乒乓比赛,常常组织他们在外面比赛,郁逸乒乓打得好,胜多输少,在厂里小有名气。有一次,市里要介绍工厂里工人既要搞好生产,又要丰富业余生活时,选中他作为例子,把他炼好钢,打好乒乓拍成电影,很上镜头。在电影院正片开映前播放,红了一阵子。领导为了便于他外出代表钢厂比赛乒乓,还把他调到运输部门,开着卡车,在厂里运输钢材,业余打乒乓时间更多了。他急着约梁良进行乒乓比赛,要让大家看看他会打败梁良。梁良在推脱了一段时间后,同意两个厂打一场友谊赛,他们两个主力都压阵,好进行对垒。

  这场比赛是在闵行机器制造厂的大礼堂里进行的,人山人海。那时的闵行,交通不发达,工人多住在厂里,业余生活枯燥,有这样的比赛谁不愿来看,而且还会听到他们俩的传奇故事。原来乒乓小队的同学,在市里的几乎都到了,他们也很想看看现在谁更强,而且是离校后的第一次。

  双方队员开打后,战成2∶2,最末一个就轮到他们两人了。谁胜,他们厂的乒乓队就胜。郁逸这些日子一直在外面比赛,打得顺风顺水,但和梁良打起来并没什么太大优势。在梁良"永远是进攻!"的打法下,一个攻,一个守,煞是好看,每球没有十回合抽过去,削回来,难以赢到一分。前两局又打成1∶1平,在大礼堂里引来阵阵鼓掌、喝彩,当然大多数人是为梁良喝彩,因为是在他们厂里比赛。

  进入决胜局,梁良觉得有点累了,大汗不断从额上冒出来,流进眼角,妨碍视线,他用毛巾不断擦汗。平时干活拿锤子敲打,用锉刀锉东西,手臂上的两头肌发达,打乒乓却要用手臂的三头肌啊。梁良慢慢觉得那块抽球的手臂肌肉不够有力了,有点发软,毕竟进攻需要消耗的力气多。只见郁逸不慌不忙将球一个个旋转起来,稳稳地削回来。这些日子,郁逸打球已积累了一套经验,业余打球,只要你想办法把球打回去,不能性急,消耗对方体力,几个回合后,对方就会因体力消耗而打球变形,击球质量下降,你就等着对方失误来赢球。偶尔打个回头,加大旋转力度,进攻一下,打乱对方阵脚。他屡试屡赢。今天他当然还是用这方法来对付梁良。梁良平时乒乓打得少,体力下降得很快,失误就增多,把旋转的球转回去,却转到界外去了。有时抽过去的球很软,给郁逸反抽了回来,打了回头,梁良只好无奈地接受失误。比分定格在15∶21上,梁良输了。大礼堂里传来了鼓掌声,这是为双方的精彩比赛而喝彩。

梁良连忙主动走上前去握了握郁逸的手:"结棍,现在打得好。"郁逸只是笑,没予回答。璐璐走上来虽然祝贺郁逸打败了梁良,但她还是肯定梁良不容易,平时很少打乒乓,还能打成这样。她反而讥笑郁逸,三日两头在外面比赛,我还以为打梁良可以2∶0,不过如此而已。说得大家哄堂大笑,郁逸有点尴尬。琳琳也在旁边起哄,不稀奇。

梁良要留乒乓小队的同学吃晚饭,反正厂里食堂吃饭方便,但大家都不愿在闵行厂里吃饭,担心吃好饭回市区会太晚。只有琳琳很想和梁良多待一会儿,同意留下吃晚饭,但在众目睽睽下又不好表示一个人留下来,硬拖着璐璐一起留下。璐璐碍于面子,表示愿和琳琳留下吃晚饭。这下郁逸急了,连忙说这里吃饭回市区太晚了。他后半句没说出口,我们到市区一起吃顿饭,庆功一下吧,看来璐璐没有为他庆功的意思。这时璐璐觉得梁良今天输了,就看不起他,这不好,毕竟人家诚心诚意邀请,而且琳琳也在。

郁逸有点懊恼,刚才拒绝梁良吃饭的邀请,给他创造了单独和两个女同学相处的机会。他又不能将刚才自己的话吃回去,说我也留下。那太没面子了,只好悻悻然和小队的其他同学一起回市区了。此时郁逸的心情非常惆怅,本来今天不但为钢厂争得了荣誉,还为自己争了面子,让大家看到他赢了,他第一,应该在同学中庆祝一下。但现在大家赶着回市区,没有庆功的意思。更使他心焦的是,璐璐她们留着吃晚饭,很晚才会离厂,万一太晚,回市区车子没了,第二天才回市区,一个晚上啊,就像乒乓球是圆的,会旋转的,变化多端,不知会发生什么事了,因为他们厂有宿舍可住。郁逸恍恍惚惚不知怎么回的家。

再说梁良看到琳琳她们留下来吃晚饭,尤其是璐璐也肯留下,高兴得不得了。刚才虽然输了球,在厂里职工面前露了丑,但他现在已没那么看重了,毕竟要靠在厂里干出过硬活来过日子。当然能单独留住璐璐她们,更多时间在一起,那是难得的机会。他的心情一下子比赢了球还要高兴。他忽然想起,在闵行一条街上,最近新开了一家西餐馆,据说是上海老字号在那里的分店。再说吃好饭,乘回市区的公交车也方便,就是要花较多的钱,不是原来用厂里的饭菜票所能打发的,但今天梁良愿意。

梁良一经提出建议,立即得到琳琳的支持。梁良能请她们吃西餐,那是特别看得起她们。

璐璐也有点感动:"这要吃掉你一个月工资哟。"璐璐微笑着看着他,显得动人。琳琳已急不可待,拉着璐璐的臂膀,"我们走,我们走"催促着。琳琳在进厂后曾经几次来看过梁良,但梁良仅和她讲了没几句话,就给他师傅叫去干活了,连厂食堂用饭菜票买的菜也没请她吃过,今天当然高兴。

那时社会上刚时兴吃西餐,梁良请他们吃西餐,当然是高档次的。梁良坐定后点了前菜色拉加个虾杯,主菜是炸猪排,汤是罗宋汤。琳琳不知点什么好就说和梁良一样。璐璐可常常随外公到淮海路上的西餐馆吃西餐的,她不好意思自己点菜,也说一样。

梁良心情好,就加了瓶啤酒和一碟花生。他问她们,要否来点啤酒?她们两人都说喝得醉醺醺去乘公共汽车不好,留着以后有机会喝,梁良也不客气。

沙拉上来,琳琳看了看周围人,左手拿叉,右手拿刀,一学就会,就是吃起来没有平时拿筷子调羹爽气。虾杯上来,她们一面用叉吃着虾,直赞调酱的美味。

梁良两杯啤酒下肚,话就多起来了。他先讲了今天的球臭,会输给郁逸。但回过来讲,我现在不在乎,"永远进攻,适应生活的旋转"要用在工作上了。这次全厂钳工业务比赛,我得了青年组第二名了。明年争取得第一,扬名全厂。梁良还透露,他正在温书,准备考业余大学。琳琳连忙讲:"好样的,我们等你好消息啊。"琳琳看看璐璐,只见璐璐两眼看着梁良,微微点着头,默默无言。其实璐璐对梁良是有好感的,她一直特别赞赏梁良的"永远进攻,适应旋转"的激励话,不知是否自己也打进攻型乒乓球。今天她感到梁良已将乒乓进攻、旋转精神运用到工作、学习方面去了,特别令人佩服,有点男人味。她不在乎梁良下午输了球,但她不愿开口讨好梁良。

主食炸猪排上来了,硕大,外面的蛋清和面包粉炸得金黄,色泽诱人,排骨又酥软,口感太好了。璐璐用刀一块块切下来,用叉塞进小嘴,闭着嘴咀嚼。她暗暗赞美着,不愧是市中心老字号的分店。忽然,她的眼睛看着梁良呆住了,只见梁良用手抓着排骨,在啃骨头。梁良见璐璐盯着他看,也感到有点失态,连忙解嘲:"这排骨比厂里的炸猪排好吃太多了。骨头边的肉,刀叉吃起来太不方便,扔了可惜。"顺势将吃剩的骨头放回盘里。琳琳附和:"是啊,从来没吃过这么好吃的炸猪排。"

"粗坯子!"璐璐脑子里一下子蹦出这三个字。她随外公到西餐馆这么多次,从没看见这样吃西餐的。梁良原来给她的好感一下子不知道哪去了。

罗宋汤上来了,味道也是不错,但璐璐看到梁良用圆的汤勺将汤舀起后,用嘴在吸,发出嘶嘶声音,她感到一阵恶心。她用圆汤勺将土豆牛肉块放进嘴里,闭着嘴嚼着,竟然不知什么味道。她用汤勺舀了几口,放进嘴里咽下,就停下了。琳琳问她怎么不吃了,璐璐说身体有点不适。"大概吃得太饱了。"琳琳帮她解释。

璐璐她们告辞时,梁良还没吃完,还有半杯啤酒和半碟花生,浪费可惜。反正车站就在几十米远的地方。后来据说梁良好几次约璐璐出来,璐璐都委婉地拒绝了,梁良还真摸不着头脑。

三

那次乒乓比赛后,梁良的名气在厂里不胫而走,都知道闵行机器厂里有这么一个乒乓达人,加上梁良喜欢写写弄弄,很快被厂领导抽到党委宣传部工作。他忽然感到人生莫测,就像乒乓球打过来一个转球,看你怎么打回去。他要掉转发展方向。学习钳工没什么用了,"永远进攻"方向变了。自从当干部后,他有空闲时间就去打乒乓,在厂里摆小大王。他约郁逸好多次,再打一场厂际比赛,但都被郁逸以没有时间拒绝了。梁良认为郁逸赢了一次,不敢再比,怕输。

其实郁逸确实很忙。他的名声越来越响,在厂培养年轻干部名单里就有他的名字。他很快被提拔任运输部副主任。那时正好是考大学热,郁逸不仅工作忙,而且不愿和一般工人一起考大学,读大学,希望有个干部班保送,但时时没有等到。他会议多了,下基层忙了,他很少打乒乓球了。他们下面有个汽车维修部门,常有好的轿车来修理,修理好后,他常常以试驾为由,将车开出去。这段时间,他常开车约璐璐出来,还真威风,璐璐竟肯单独跟他出去。钢厂虽相当于局级单位,但那时轿车只有正厂级领导才单独配,副厂级领导是几人合用一辆车,根本没有私人轿车。

当时开始时兴看内部电影,这是身价的体现。万人钢厂有自己的电影院,厂的中层干部总能弄到电影票,有时还能带家属。郁逸请璐璐看了几次电影,璐璐感觉很好。虽然有人提出异议,带家属怎么能带女朋友？办公室里的人说，未来的家属怎么不是家属？大家无话。他们两人越走越近。

忽然有一天，郁逸向外宣布，他和璐璐结婚了，而且新房放在璐璐家里，一套新石库房的统前楼。郁逸家里虽可做婚房，但那房间璐璐不喜欢。璐璐父亲是个干部，仅有这个独生女儿，十分宝贝，家里统前楼房间大，愿意将女儿的婚房做在家里，自己住后楼。

婚宴那天，郁逸真是忙不过来，下级送礼的，上级祝贺的，他总要出场致谢，敬烟，敬酒，难以顾及那帮乒乓小队的同学。郁逸的豪言"我会让璐璐幸福的"，把婚宴推向高潮。同学也都欢乐着，吃喝着，就是梁良喝着闷酒，直到醉倒，由琳琳扶着回家。

过了没多少日子，梁良和琳琳也结婚了。双方都没有婚房，最初还借厂里的集体宿舍为婚房，后来才分得单位造的公房，梁良还将琳琳从纺织厂调到闵行他们厂里，管管档案，有空了还打打乒乓。

不知过了多少日子，郁逸忽然同意梁良的要求，再进行一场厂际乒乓球比赛，地点选在他们钢厂。

那天，梁良和琳琳早早就来到郁逸的钢厂，此时的梁良已考上业余大学，是机器制造厂的宣传部副部长，他当然很想将上次的面子挽回来。在乒乓比赛的大礼堂里，郁逸迟迟没有露面，倒是璐璐一直在帮郁逸张罗，一面在关照办公室的同志如何安排，一面向大家打招呼抱歉，俨然像个主人。现在郁逸是厂行政处长了，一个实权派的处长。万人大厂的福利都由他管，包括分房，肯定忙得不可开交。璐璐的纺织厂转型了，她也不愿再去新岗位工作，在家做专职太太，郁逸一人工作就够。比赛大厅里没有多少观众，大多是他们行政处来为处长捧场的。其实现在还有多少人喜欢打乒乓？在钢厂，不是在上班，就是下了班赶回家的，很少有人业余打球。

比预定时间晚了半小时，郁逸才匆匆赶来，一面向这些老同学打招呼，一面命令抓紧时间开始比赛，一副春风得意的样子。比赛最后又进入大比分2∶2战况,又是梁良和郁逸对垒。忽然从外面跑进来一个干部,拿了单子要郁处长签字,说是急件。郁逸看后,连忙板下脸,呵斥那人:"我和你们讲过这事不能这样做,怎么还要这样干?还要我签字?现在我没空,一小时后到我办公室来再说。"不容分说,那干部还想争辩,郁逸已回到乒乓桌旁。

不知是平时没怎么好好练球,还是刚才的事影响了他的情绪,在梁良的"不断进攻,把旋转的球转回去"的打法下,郁逸的球打得特差,不是削在网里,就是削在界外,哪怕行政处的下属再呐喊,也无济于事。很快,郁逸以0∶2输了。这次郁逸很不以为然,连说抱歉,现在的球打得臭了。站在旁边的璐璐说:"其实阿拉郁逸是想请大家到厂里来招待大家一次。"郁逸听了哈哈大笑,说是已给大家在厂外宾招待所定了一桌饭,饭后给每人准备了一蛇皮袋的鸡鸭鱼肉。这是钢厂职工的福利,也是郁逸对外公关的礼品,他拿出一点招待大家不算什么,因为这事由他决定。他特地关照办公室主任,饭后安排辆面包车送送大家。他关照璐璐,他没时间作陪,请自己夫人,亦是同学,代他招待好大家。办公室还有人等着他,明天还要谈五万平方米的参建公房合同。说完抱歉,和大家握手告别。

饭桌上,大家都羡慕璐璐生活的适宜,刚做过面膜的脸,显得更加漂亮,但璐璐只是说,郁逸现在脾气比过去大,有时工作不顺利了要发火。

在回家的路上,梁良感到今天的乒乓比赛完全走味了。虽然他赢了郁逸,但是郁逸的请吃饭、送菜、送回家,他似乎是赢家,他打赢了工作和生活传过来的球。

四

梁良在办公室看到报纸上登载了招聘市里党报记者的广告,他有点心动,回家和琳琳商量。

"厂里的党委宣传部长去应聘记者?"妻子着实不好理解。但梁良那么坚决,她只好同意他去应聘试试。哪有那么容易录取?

梁良去应试后,报社竟然录取了,不知道是宣传部长显眼,还是他这些年的文章写得大有进步,赢得报社领导的重视。他的记者工作被分在联系、报道市政府建设工作委员会这一大口子。当时处在改革开放初期,到处在挖路、架桥,市政建设大发展,房地产业开始腾飞,逐步改善着人民的生活。梁良抓住一些大题材,写了不少报道、特写、调查研究,宣传了国家政策,传达了市里发展精神,突出了民生出行、住房改善等社会关心的热点问题,很快成为小有名气的记者。在庆祝改革开放十周年时,他被市里评为宣传改革开放卓有成效的十位记者之一。

他到市区来上班,家却住闵行,不方便了。过了一段日子,市建委机关招聘档案管理员,琳琳去应聘,竟也被录取了。他索性将报社分给他的住房和原来闵行的房子一起卖掉,加点钱,到房产开发商处买了一套优惠房。房产商讨好记者,尤其是有影响力的记者,那是常事,报纸对建造房子宣传的好坏,有时会影响到他们售楼的好坏,甚至会影响到他们的生存。反正内部卖房有折扣,这也不算什么特殊照顾。

梁良买好商品房,还将其中一间房做了乒乓室,有空和琳琳打打乒乓球。梁良从上次和郁逸乒乓比赛就看出,现在随着年龄的增长、地位的改变,已没人再看重比赛结果了,打乒乓球只是作为锻炼身体的手段,作为生活娱乐的补充形式而已。

当然,梁良忙中加忙的是教育儿子,儿子喜欢画画,他就找了画画的老师给他个别辅导,每周休息,他要用自行车将儿子载到画画老师家,自己赶到报社加班写稿,到时间再将儿子接回去,平时就由琳琳多教育。琳琳总教育儿子,到社会上去,要靠你自己。儿子也争气,学习成绩还不错,顺利考上了美术学院。

这几年，社会发展变化非常大，琳琳庆幸早就离开纺织厂，否则产业调整，她肯定是对象。现在她两次工作调动，已稳坐在政府机关大楼里，虽然还是管档案。儿子大学毕业，又去英国留学，学的是环境艺术设计。即使儿子在国外找不到工作，想回来，他们对建委系统熟，也比较容易找到工作。梁良还在儿子去留学前，按揭贷款，给儿子也买了套两居室的商品期房，那时房价便宜，他们承担得了。

忽然有一天，梁良接到郁逸的电话，要他介绍办理出国留学的代理公司。郁逸知道梁良儿子出国留学去了，也想将儿子送到国外去留学，梁良就将为他儿子办理出国留学的服务机构介绍给了郁逸。

这几年，郁逸的仕途起落变化很大。他原来的行政处长权力太大了，几万职工住房的建造、分配，都由他统管，包括几个副厂长都要让他几分，因为副厂长分配的房子也是他在办，房子好坏相差太大，都希望他能帮忙。当然他对自己的住房分配容易得多。他根据自己的条件，修订干部住房分配方法，放宽面积，那是社会发展的必然，没有分过房的干部优先。这样一来，他将家里原有的旧公房交给厂里，在市中心给厂里主要领导购买最好的商品房时，多买了两套，留给自己。其中一套一室一厅给妻子的父母住，和他们有分有合。他还将家里剩余的老住房几万块钱一套卖掉，反正以后要分房子太过容易。

有一天，有人向上级写信，反映他有经济问题。审计组进驻，一查就是一年，因为厂里的福利太多，查账不太容易。为了对他负责，查清情况，厂领导暂时将他调离行政处长岗位，到安全生产处工作。一年后，账查清楚了，查不出郁逸什么问题，虽然查账人员提出异议，郁逸分得的市中心的住房和厂旁边的住房面积相同，但购买的价格相差很大。不过根据厂里干部分房条例，只写面积，没写价格，即使不合情倒也合理。厂长宣布，郁逸没什么问题。但行政处长已有人，让出位子已是不可能的了。

郁逸对厂里的安排很不满，想跳槽，给领导施压。他找梁良帮忙，哪怕对方单位派人来看档案，表示要调人的意向也可以。梁良很愿帮助，但对郁逸坚持要平级调动很是为难。郁逸明确讲，降级调动就没意义了。

梁良向一些单位试着推荐了几次，都给婉拒了。不是局级主要领导了解，怎么会随意安排一个处级干部呢？而且他又没什么学历和专业。梁良怕郁逸讲他不够朋友，不帮忙。其实，真是冤枉他，他不但肯帮郁逸忙，甚至肯帮璐璐安排工作。不过他不会主动提出来，怕引起误会，造成不必要的矛盾。当然璐璐是不会主动向一个过去嫌弃的人提出要求帮助的，而郁逸更不会向梁良提出安排璐璐的工作，怕给人讲自己无能，连老婆的事也要梁良帮忙。当然郁逸也怕他们接触多，引出麻烦。这事就搁下了。

最近，郁逸面临的最大问题，是儿子的出国留学问题。梁良的儿子出国了，他的儿子怎么可以落后呢？虽然他知道儿子读书实在不行。那几年，钢厂和区重点中学黎明中学有个合作，钢厂每年赞助学校30万元，学校给他们十个名额，优先干部子女入学。郁逸儿子原来读书并不差，后来他就读于黎明中学干部子女班后，成绩一点点差下去了。这些小孩不能说是"八旗子弟"，但已有点"八旗子弟习气"了，不好好学习，老师又管不住他们。有一次，郁逸儿子和同学打架，郁逸就找校长，要求处理那个同学。以后他儿子很敢和同学打架，影响不小。他们班级成绩差，学校就集中精力抓其他班级的升学率，放弃他们班级了，反正初中可免试升自己学校高中部。这些学生还以为大学也可免试。结果落榜，只得进自费积分读大学的学校，学费高，还不保证能毕业。

郁逸儿子的学习情况是不能讲给人家听的，否则有碍大人面子，"瘌痢头儿子自己好"。反正国内读书吃力，就到国外去读书吧，"出国留学"多好听的事？据说国外读书比国内读书容易得多。读完书，国外留学回来，海归啊，多荣耀！郁逸决定要送儿子出国留学。起先璐璐不同意，国内读书读不好，到国外就能读好？而且爷娘不在身边，会自觉吗？真是"知儿者母亲啊"。但郁逸坚持，不愿儿子生活在比人家差的环境中。何况儿子看到其他同学出国留学，现在又听说梁良的儿子已去英国，他是不愿落在人家后面的，显出家庭没能力送他出去。

家庭意见一致，就选择到哪去留学了。到美国去，要有托福成绩；到英国要有雅思成绩，要考6分的成绩才能正规学习。到法国，要先学法语，考出规定成绩才能正式读大学；到德国，学费也能免，但是也要先学德语，考评合格后才能正式读书。郁逸知道，自己的儿子英语还没过关呢。思来想去，还是先去新西兰学语言，再正式读大学。

剩下最大的问题是留学的钱哪里来？郁逸曾经赚过一些钱，但工资那时就两三千块钱，加上过去将多余的旧房子卖掉，也就几万块钱一间，就算有点灰色收入，银行卡里也就十几二十万块钱的事。现在一下子要给儿子准备六七十万块钱啊，哪去拿？郁逸只好考虑将自己住的两室一厅的房子卖掉，倒可卖好几十万的。当初厂里买这房，确实算是很好的房子，但现在房子越造越好，这房子已没什么优势。自己住那套小的住房？反正老人都走了，儿子到海外去发展，自己和璐璐两人住一室户套间也行。

那天房子卖掉，买主来拿钥匙时，郁逸看到璐璐眼圈红红的，没有说一句话。郁逸深深感到，生活的旋转球更难接。郁逸安慰璐璐，等儿子学成归来，找到好的工作，月薪几万块甚至十几万块钱，那时再买更好的房子。

儿子去留学了，郁逸讲出去很是风光，当然他每半年要给儿子汇去钱款。学费、生活费，还要买轿车。那里地大路远，公交车很少，轿车是生活必需品，而且每年要换车。璐璐虽然每次写信都要儿子节约用钱，似乎没什么作用，银行卡里卖房的钱逐年减少。收入拿来，平时开销已很紧，结余很少。璐璐常常牵挂着儿子在外面不知道学习语言过关了否，生活怎样？和人打架了吗？车子是否开得太快，会不会闯祸？常常发呆。

　　一波未平，一波又起。厂里传达，根据市里产业调整，他们厂和另一钢厂合并，土地国家另有安排，工厂即将关门。生产也停止了，郁逸的安全生产处也没了，他又给调到处理废钢的三产公司去了。

　　钢厂逐渐关闭，工人绝大部分安置或自找出路了。厂里的一些干部收入亦逐月减少，有门路的都提前退休或买断工龄，到新单位上班去了。但他还是不愿离开钢厂，毕竟是个处级干部，虽然企业已没有什么职级待遇。郁逸所在的三产公司就转型做点钢材买卖。这已不是当初用钢材换副食品年代了，那时国家大发展，钢材奇缺，虽然不是1958年时的那种大炼钢铁，但全国各省市，包括乡镇企业都在大力发展钢铁事业，现在已趋饱和。中国已是世界第一产钢国，国家建设也进入调整期了。钢铁的价格波动很大，有时刚刚吃进一批钢材，国际钢价跌了，又亏了。郁逸累么累死，没赚到什么钱，就索性办理了提前退休手续，有个稳定的退休工资，再返聘在公司上班，收入总比原来的多，不管多多少。不过工作就不是他说了算的了，他乒乓打得好，但没人愿陪他打乒乓球。而他麻将搓得不怎样，有时还要陪着搓搓工作麻将，输掉一点钱。

　　后来梁良儿子英国学完硕士课程回来后，找了个国外房产设计公司工作，以后结婚，生了个女孩。

　　郁逸儿子也要回来了，因为他银行卡里卖房的钱就要用完，难以承受儿子在外的开销。但他儿子学了这么多年，仅完成大专学历课程。这些年，世界经济不景气，留学归来的日益增多，给就业市场带来新的动态，海归变成了海带（待）。郁逸的儿子又没有专业，在家待了一段时间后，终于找到工作，但是工资不高，和国内毕业的本科生差不多。

　　儿子年龄上去，总要结婚。房子？房子？郁逸和璐璐已没有太好办法，只好把自己住的一室一厅让出来，做儿子婚房，总比买房首付后要还贷好。郁逸自己住哪？还好，他人缘好，他的朋友扔了把钥匙给他，将空余的住房让他住。但璐璐不同意，住了一段时间，他们还是在地铁经过的城乡结合部买了套房子住下来，环境不错，就是到市区远点。反正璐璐已不愿和人来往。

儿子生了孙子，又给郁逸带来欢乐，他逢人就将孙子的照片给人看："多讨人喜欢的男孩。"

单位要他常驻外地，郁逸索性不上班了。好在过去的那些乒乓朋友总想到他，拖他出山，参加市里的老年乒乓赛。郁逸反正没事，就隔三岔五去锻炼，感觉不错。忽然他想起最后一次梁良打败他后还没翻过来，他就约梁良再打一场比赛，还用激将法："如果我赢你，你给我一千元；如果你赢我，我给你两千元。"虽然他口袋里没多少钱，但他有把握。

梁良并不在乎钱了，他虽然常常和妻子琳琳在家里打乒乓，那完全是玩玩而已，已经没有乒乓比赛的激情了。前不久，他已将乒乓台换成大写字桌，练起了毛笔字。碍于郁逸邀请的面子，梁良同意参加市里的老年乒乓比赛。

那天比赛，梁良还算争气，一路打上来，竟然在决赛时和郁逸碰头了。郁逸凭着熟练的旋转削球，稳稳守着，实践了守住就是胜利的宗旨。而梁良没有实现"永远进攻，把旋转转回去"的美景，时不时将球抽出界外，或钻进网底，毕竟太生疏了，很快他就以0∶3败下阵来。郁逸终于战胜梁良，获得市老年业余乒乓球男子单打冠军。旁边观看的老同学一片欢呼声。他松了口气："又战胜他了。"但观战的人中，少了璐璐，她是不会再来观看比赛的了。

这次琳琳是第一个向郁逸祝贺："到现在，你的球还是打得这么好。不容易，真该祝贺你。"郁逸露出胜利者的微笑。

郁逸心里盘算着，是将奖励的三千元钱给妻子璐璐买样纪念品好，还是给孙子买个玩具？

琳琳太想将郁逸的比赛结果告诉璐璐了。回到家里，她给璐璐打了个电话,高兴地告诉她:"今天郁逸赢了梁良,得了全市老年业余乒乓球男子单打冠军。"

璐璐平静地说:"他赢了乒乓球,但输了应对生活变化的旋转球。"

郁逸正推门进来:"在和谁说话?瞎三话四。"

璐璐将电话挂了,没有搭理他。

写于2019年6月
改于2022年7月

聪明才智留下（小说）

会议开了一半，各个老总已是抓耳搔腮，碰到难题了。忽然有人推门伸进半个脑袋，悄悄告诉我，有个新员工来报到，问我是让他在会议室等，还是……我那时在人事部工作，知道今天对外联络部有个干事要来报到。我答，让那人也来听听吧。我想今后把这收集情况的工作转到联络部去。来人叫耿虎，中等个子，虽然30岁出头，但长着张娃娃脸，还是显得年轻。他就在会议桌旁边找了个凳子坐下。

这是我们每周的例会，倾听我们派到海外公司当地办事处的中国员工骨干的工作汇报，海外公司老板有什么需求，我们可以改进；中国员工素质如何提高，适应改革开放需要。会上，海外A公司的中国员工陈先生讲了个中国员工工资水平太低的实际情况，各抒己见。A公司在上海办事处已有20多位员工了，根据当时国家规定，外国公司和员工定的工资划入我们公司，我们公司除了给他们在原单位的工资后，再给他们提成5%。有的员工就觉得，现在到海外企业机构工作，工作量大，责任重，收入比原单位增加不大，产生消极情绪，有的要打退堂鼓了。A公司的老外也很不理解，以为我们给你的工资，你们只能拿到5%啊？对中国的政策不理解，很不满。有的老外为了稳住中国员工，只得私下给点收入，不顾违反国家规定。这问题该如何处理，老总们讨论来讨论去，一下子拿不出妥善解决的办法。

国家刚开始实行开放政策，新中国成立前的洋行纷纷来设立机构，大家都在摸索逐渐开放的模式。国务院和各省市都有明文规定，向海外企业常驻国内机构派遣中国员工须由当地政府指定的专门机构办理。我们公司就是滨海市政府指定的专门机构。我们向外国机构派遣中国员工,他们的工资当然由我们公司给他们。根据规定只能是这种模式,改变工资发放的模式是要市政府批准的。从公司得益来讲,这种模式公司留存得多,公司当然愿意。那时,人才也紧缺,海外企业向我们提出要什么样的人,到我们推荐给他们人选,至少要一个星期,除了有现成的人选,哪有那么巧。这些人选至少要懂点英语或日语吧,但改革开放初期懂外语的人才不多,即使懂外语的,人才单位所有制,原单位出不来。一个仅读完《许国璋英语》(第2册)的人,已是很受外商欢迎了,有的后来做大了业务,做上欧洲某国上海办事处的副总经理。那是后话。有的中国员工从里弄生产组招来,收入比较低,现在到外商办事处工作,不但工作环境改变了,穿上了西装,戴上了领带,外出还有小车乘,收入比一般市民高,很是满足。但对那些原来就在单位外事部门工作的人员来讲,他们进了外商机构工作,就觉得变化不大,收入增加不多,担子倒蛮重,积极性不高,有的还想不干了。会议在"让我们再商量商量如何解决"的话语中结束。

　　会后,我就和耿虎说,今后这块听取情况汇总就交给你了。他笑着点点头,露出一对虎牙。我陪他去对外联络部上任。耿虎原在滨海造船厂销售科工作,后来经人介绍过来的。他的人事调动还是我去办的。我看了他的人事档案,没什么特别的,在和他们人事部领导交谈时,他笑着和我说,这个人不错的,原来内定要任厂长助理的。我问,他自己知道吗?"那怎么会知道。"对方答。那他为什么离开万人大厂呢?对方只是笑笑,没有答复。我不知道他有什么难言之隐,还是干部离开了,就讲人家一点好话。这成为我想解开的一个谜。

　　对外联络部当家的副经理印槐,近30岁,一头天然卷曲的头发,配着西装领带挺精神。他的皮肤有点黑,说话声音低沉,看上去很是稳重,显得比年龄老成。他进公司早,平时公司的这块业务由他在做。他平时话语不多,给人种老实的感觉,但他很讲究讲话节点,很会挑人家喜欢的话说,有的领导很是喜欢。他特别爱学习,哪怕一些进修班,他也会争取。他见我领了耿虎过去,笑着说:"欢迎,欢迎。"和耿虎握了握手,"我可轻松点了。"印槐副经理笑着对我说。

耿虎来后,我看到他整天忙忙碌碌,毕竟公司成立不久,很多工作要做。我曾经问过印副经理,他还是满意的,说是耿虎做事情效率比较高,交给耿虎的事一会儿就完成了,一个人在顶几个人工作的,他已逐渐开始做基础工作了。

忽然有一天,上级要我们公司总经理和负责工资的人事部负责人一起到分管市长办公室开会。那时我也分管劳动工资,就随熊总经理去了。原来耿虎通过我们上级的情况组共同撰写了篇内参,反映外国企业的中国员工工资结构不合理,工资偏低,人心思走。分管副市长看后,觉得这要影响到滨海市的改革开放发展,请我们公司领导一起去研究解决。市领导听完汇报后,肯定了这个问题提得好,并要我们从改革开放发展的高度来看问题,敢于打破原来考虑问题的思路,打破原有管理模式,让我们拿出方案,需要和市财政、市税务部门协调的,由市里来做。公司拿到市长的"尚方宝剑",讨论了好几套方案,选了一套最佳的方案上报。市领导很快给予批复,解决了海外企业中国员工的工资偏低等福利待遇问题。那几天,我看耿虎特别高兴,好像自己加了工资一样。在那周的例行会上,那个A公司的陈先生特别兴奋,他感谢公司重视他的意见,向市长反映,提高了他们的收入。他在外国企业雇员中可得意了,大家都知道是他提了这看法,解决了问题。我本来想向大家介绍,是耿虎通过内参反映上去的,但给他阻止下来,他笑着和我说:"只要问题解决,我和他们一样高兴,无论他们知道不知道是谁干的,都一样。"还是那张笑着露出虎牙的娃娃脸。散会时,陈先生和几个雇员代表提出,他们准备晚餐在隔壁大酒店自费庆祝一下,请我们公司本部的有关人员一起参加,耿虎当然是对象。但耿虎和我提出他就不参加了,他还要赶回办公室写材料,还是那样诚恳。

我和耿虎接触最多的是年底的干部考核反馈,一是对他考核的反馈和听听他对联络部工作,包括对他的领导的考核意见。那一次反馈完对他的考核后,我问他那时是怎么想离开原单位的。他对我的转换话题,似乎没什么准备,愣了愣,笑着说:"只是经人介绍过来应聘,想出来闯荡一下。"这回答简单,似乎是搪塞。他告诉我,他离开大厂,他妈是反对的,这么好的工厂不待,到这么小的公司工作。尤其是每逢年末,万人大厂每人能领到一蛇皮袋的鱼肉鸡鸭,他妈总会唠叨。那时工业材料吃香,厂里用计划外的产品去换副食品,发放职工福利。左邻右舍煞是羡慕,他无所谓。我似乎对他有些许了解。就在那次,我也听了他对工作环境的了解,尤其是对他领导印副经理的考核。他很坦率地说:"他这样年轻在挑公司对外联络部的工作是不容易的。他会动脑筋,有点子,肯学习,我年纪比他大,会帮帮他的,配合他把工作搞好。"看来两个人相处得不错。

在考核联络部工作时,兄弟部门就有人提出,印槐整天跟着领导开会,陪领导吃饭,陪领导出国,具体事由耿虎在做。而在部门汇报工作时,耿虎所做的工作成绩成为印槐汇报的主要内容。有的部门领导就调侃说,他真会做领导,上面布置的工作,传达下去,下面完成的工作他收割上来,汇报出去,就是他的成绩。有的人还说印槐年纪小,资格老,门槛精。我倒没觉得问题,这也是一种领导方法。现在见耿虎也没有在这方面计较,我很高兴,干部配备得好,关系和谐,对工作有利。我笑着对耿虎说:"你们配合不和谐的地方有吗?""应该没有吧。"他抓抓头皮,那张娃娃脸有点可爱。"哦,"他似乎回忆起一事说,"我想他也不会不高兴吧。"原来公司前段时期来了新的党委办公室女主任,姓唐,据说是上面安排下来,未来的党委副书记人选。两个部门间的工作有些交集,印副经理常到党办研究工作,很晚才回家。我听到兄弟部门也有微词,一个男的一个女的,每天有什么工作要关在办公室里研究到这么晚回家。一次印副经理将耿虎叫到党办去,说是唐主任提出要办一份公司报纸《公司之窗》，反映公司新面貌，现在人手少，唐主任看中你，帮助兼职办报。唐主任连忙说："那就算党委办公室和对外联络部联合主办吧。"印槐副经理连忙笑着说，"听唐的，听党的。"不知是真心话还是玩笑话。耿虎听了怎么回绝呢，只得点点头："试试吧。"耿虎出版了四期报纸，自己组稿，自己还要排版、刻字、印刷。但这实在吃时间，最后他和印槐副经理提出，自己实在忙不过来，怕把公司报纸搞砸了，另请高明吧。印槐看他确实忙不过来，否则要影响自己部门工作的，就算了。这件事我知道，印槐副经理也没有什么不快。后来党办唐主任情况有变，没能担任党委副书记，大家也没再看到印槐去党办研究工作了。那是后话，回到那天。

我和耿虎聊得很轻松了，我半开玩笑地说："他这年纪还没成家，已是老大难了或叫金牌王老五了，你有帮他吗？"他看我又转题了，连忙轻松了很多说："有啊，但没成功。我曾经将我亲戚中最漂亮的表妹介绍给他，但谈了两三回，印副经理就嫌人家曾因在单位里做舞蹈老师，教人跳舞而终止。没有成功。"耿虎笑着摇摇头，露出那虎牙，表示不太理解，但他知道，印副经理挑选女朋友要求很高，隔壁部门的小徐姑娘，人虽然不很漂亮，但很想和他接近，在一些老同志面前流露出对他的好感，旁边人也怂恿她和他谈朋友，但他始终不屑一顾。他平时虽然不善言辞，但看到漂亮女人观察还真仔细。他在号称"金牌王老五"时期，对市里服装模特队的女孩子几乎个个叫得出名字，即使叫不出，也知道她们的大概经历。印副经理挑选女朋友的标准真高。但有时耿虎也吃不准，印副经理挑老婆的理论很特别，说是"老婆不能漂亮，否则动脑筋的人太多，婚后生活不太平"。耿虎只当借口和玩笑话来听，我听了呵呵笑了。万万没想到的是，若干年后，印槐终于结婚了，他千挑百选，还真遂了他的意，娶的老婆，人家还真不能理解。那是后话。

对外联络部的工作是出色的，印副经理很快擦去了"副"字。不久公司有个公费到新加坡去学习经济、培训两年的名额，虽然没有学历，但也够诱人的。印槐主动向领导提出，他想脱产前往学习。其实我也支持印经理去学习，反正后继有人，也能让耿虎能力得到充分发挥。熊总批准印槐去读书，但在临行前，印槐提出为了有利于公司的业务，在外积累关系，希望给个头衔，哪怕是空的也行。反正他是后备干部，熊总就同意在他名片上印"总经理助理"头衔。耿虎就上任对外联络部经理了，我给他还配了副手和干事。

那几年公司在外的影响越来越大，很多领导都觉得，耿虎的工作是出色的，有功劳的。每年公司年庆，耿虎凭和主要新闻媒体建立的密切关系，不仅给以重点宣传报道，而且会将公司组织的外商各种活动给予及时报道。电视台还会采访公司领导，能常在新闻媒体上露面，公司领导当然笑逐颜开。有的同事开玩笑说，要知道耿虎最近在做什么，只要看看电视里的新闻报道就行。尤其是我们公司成立十周年时，他组织、策划、实施了一个向外宣传公司立体形象的工程，制作了公司精美画册，受到大家的首肯；自己编、选镜，制作了15分钟的公司宣传录像片；召开了记者招待会，先后有数十家新闻媒体发了宣传稿，电视台以三天连续新闻报道的形式，介绍公司情况；电视台的新闻透视专栏，还以公司为背景，专题分析在改革开放中的上海，外商服务的现状和特点；举办了大型外商招待会，请在沪的外国大公司代表和国内的对口大公司领导以及政府有关方面负责人，中外人士畅谈改革开放给社会带来的合作与变化，交流完善投资环境和经商环境的经验，市长和分管副市长都出席了会议。轰轰烈烈，整个公司信心满满，但他却从130多斤瘦成110斤。我遇见他，问他累不累，他笑着说："工作有进展，有劲儿。"还是露出那对虎牙。

年底是耿虎去市政府办公厅和市委办公厅串门拜访的日子。当时时兴挂历，他必会装好、卷好，写上名字，自己直接送至市委、市政府领导的秘书手中，和他们进行很好的沟通，为公司做了很好的宣传。要市里领导给公司题词，他一喊就应。更重要的是当时公司在改革开放初期，做维护一个口子派员工作，得到领导太多的帮助。市政府成立了专门小组清理这事，他算具体工作人员，还促使工商局到外商机构将黑雇员引导到国家规定的轨道上来。有相当一段时间，向外商代表机构提供中国员工处在良好发展环境中，在这种特殊的环境里，外商机构的用人得到了很大的满足，我们公司也收到了很大的经济效益。公司的业务发展很快，从原来提供和管理中国员工几百人、几千人到几万人，破十万人。从第一年公司的利润29万元到一年利润几千万元，利润的雪球不断向前滚动。

　　他又根据公司向多种经营发展的要求，开拓其他业务，以圆领导打造集团公司的梦想。有的业务经营权审批在中央有关部门，他就通过各种渠道去疏通、公关，开拓业务，拿到了一个个特许经营的业务经营权。临时没有合适人选时，自己还兼任着新公司的负责人。那时他已是该中字头行业的全国副秘书长，落实、修改国务院有关文件的内容，他是参与者。

　　时间过得很快，印槐在新加坡培训回来了，听到的都是对耿虎的赞扬声。有的老领导都说，现在公司在对外方面关系比过去多得多，给公司开展业务创造了一个很好的外部环境。每每讲到比过去好，印槐总会脸部痉挛。但印槐见到耿虎是不吝啬赞美词的："干得不错嘛，打开了这么多的工作渠道。"耿虎虽然比印槐年长六七岁，但毕竟当时印槐做过他的顶头上司，而且他一直觉得两人的关系不错。"哈，你讲得好，"耿虎笑了，又露出那对虎牙，"还是延续了你在时的工作思路。"两人似乎还是那样随意。那时公司正好在分配职工的住房，耿虎也在分房小组名单里，还任副组长。印槐就向耿虎提出，他是否能分到一套房子？耿虎知道印槐家里的住房面积倒不小，就是煤卫不是独用的。他和父母住在一起，是有两间房，下面还有兄弟。如果是结婚，那是可以分配的，但现在要增配给他住房，还不符合公司分房条件。耿虎一再表示，届时结婚申请住房，他一定会争取最好的住房给他的。但耿虎看到印槐眼睛已是斜视旁边了，并收起了刚才的笑纹："不就是早晚的事嘛。"他甩出这句话后，悻悻然走了。耿虎后来在分房小组会上提出了印槐要分房的要求，遭到了大家反对，再说现有房源也不够，轮不上分到他的。耿虎也没办法去和印槐解释。

印槐回来后，提升了副总经理，耿虎提升为总经理助理兼对外联络部经理。但在开办公会或私下，我已听到印槐对耿虎的微词，而且每次都是趁耿虎不在时发出的声音。有人讲公司在外面的影响不错，他会弱弱地笑着说："据上级外事处领导说，我们公司在上级部门的影响力在下降。"有的领导讲对外联络部工作有成绩，他会转弯抹角说："其实这都是打着公司旗号，在公司平台上工作的效果，我在这部门工作过有体会的。"他还会指着其他人呵呵笑着说，"你去干也行的。"甚至有时他在总经理室单独和其他领导聊天时，会神秘地说，"下面反映，耿虎和小林的关系不一般。"小林是耿虎的部下，外出工作时同进同出。当其他领导问有什么不一般时，他呵呵笑着说，"我也没亲眼看见，就是下面反映不太好。"他讲话很有艺术，总是留给人想象的空间。

熊总经理原来对耿虎印象很好，最近听到的传说多了，就吃不准了，他把我这个管人事的叫过去单独问询，下面反映耿虎的情况到底怎么回事？我答道："据我知道，他还是在努力工作，他和其他人关系也是正常的，就是有些人可能比较敏感，才有点反映。"既然熊总没有点明谁的反应强烈，我也没必要点穿的。

其实这段时间，印槐在下面活动是活跃的，尤其是对外联络部。他原来工作过的地方，总有一两个人有自己的想法，他就可总结出人家意见很大，到外面去宣传，又不会讲是谁。我开始发现印槐很喜欢讲人家生活不检点来丑化人。其他部门有个领导，原来在部队搞翻译的，外语比较好，他曾经在讲到印槐外语水平时，仅说了离外语口头翻译水平还有距离。印槐听到后，就讲人家"看到女人走不动路"，丑化人家。在最近的一次考核中，倒是有人反映印槐在分管部门里招了个中专学历的女孩子,平时开玩笑时,他们看到印槐动手动脚。我不太相信,总觉得印槐平时蛮严肃的,给人印象蛮老实的,怎会?我还怀疑过是否反映的人和他有成见。我也不想去核实,去核实一个开玩笑的事似乎没必要,但印槐喜欢议论人家生活问题倒是真的。

有那么几天,我一直找不到耿虎,后来才知道他父亲在医院要开刀了,他在医院陪夜,请好点的医生开刀。那不是很容易解决的事,花了他很多精力。我知道他和市长秘书关系很好,他们还托耿虎为他们办事的。若请他们去打个招呼,那不是很容易的事吗?我找到他后,和他提起,他愣了一下,露出虎牙笑了:"他们和我关系是很好,开口的话,他们或许能帮我,但我没想过。"我笑了,这算什么事。我问他在什么医院,他讲的医院正好是我老婆所在的医院。后来这事,还是我老婆去帮他打了招呼,找了外科主任为他父亲开的刀。他十分感激我。

那次年终考核反馈,我对耿虎说,最近外面对你有点议论啊?他连忙说,是不是小林的分房问题,她是符合分房条件的,而且交给公司一间房,属改善型的。这事我倒知道,分房其实也不是耿虎能说了算的。耿虎也帮自己部门其他符合条件的干部争取分配房子的,其他部门的干部还开玩笑说,宁愿到耿虎部门工作,他会为我们争取住房。我和他说,一些对你负面的议论,是不是你的工作细节或生活小节不注意引起的?我看他睁大眼睛看着我,不知所措。"你知道是谁在议论吗?"他摇了摇头:"不知道。"他接着说,"我有什么可给人议论的?随便他们去议论吧,否则我没法工作了。"他露出十分诚恳的样子。这时我倒有点同情他了,他真是一个一门心思勤恳工作的人,谁在背后议论他,他都不知道。

后来发生了一事,耿虎彻底离开了对外联络部。那次,分管副市长来公司调研适应改革开放发展,要多途径、多手段向外商常驻机构提供优质员工。熊总经理听到内部消息,说是分管副市长是来听听反应,准备允许其他单位也经营这个业务。熊总为配合这思路,主动提出做好准备，和新的同行开展优质服务竞争。但分管副市长并没有这个意图，总结中还是要求按照国家的法规办，更高水平及时提供外商机构雇员的优质服务。在原有形式外，新提了采取"猎头"形式提供高层次人员，逐步和国际接轨。送走分管副市长，大家回到会议室，耿虎就摇着头苦笑着对熊总说："平时布置我们维护法规，归口管理，今天怎么主动提出开口子派员呢？有点像变色龙嘛。"熊总本来就觉得在市长面前说话不妥，怀疑给人下套了，有点懊恼，给耿虎这一讲，涨红了脸："你不知道其中事情。"板着脸，拿了笔记本回到自己办公室去了。

不久，熊总将我叫到他办公室对我说："耿虎在对外联络部工作有很多年了吧，也该换个地方了。这段时间他在外面负面议论也比较多，和公司其他领导的关系也处理得不好。他的对外联络部经理工作就不兼了，专职做总经理助理工作，主要调研、开拓公司业务。"他怕我提出不同看法，接着说，"联络部有副经理小王主持，看一段时间再说。你和耿虎好好谈一下，希望他摆正自己的位置，做好专职总经理助理工作，争取明天开干部大会宣布掉。"我看熊总这样坚决的样子，和他解释也不会有什么用了，就照办吧。人事部本来就是根据领导的意旨，考察干部、办理干部任免事宜的。

我回到办公室，连忙召耿虎过来。我传达了熊总的意旨，肯定了他过去业务开拓做得不错。鉴于联络部事务性工作太多，领导怕他分心，现在要他专职去做业务调研和市场开拓，明天开始对外联络部经理不兼了。名义上听听他的意见，实则想看看他的反应。耿虎一下子愣住了，双眼望着我，好几秒钟没有反应过来。后来他把眼睛移到窗外，皱着眉头缓缓地说："既然领导是这样对待我，那我也没必要将我的才智贡献出来了。"

"没有。"我连忙解释，"领导还是希望你能为公司开拓出新的业务。"

"呵呵，"他露出尴尬的笑容，"这个我懂。"他忽然把话题一转，"谢谢你这几年对我工作的理解和支持。上次考核时,你问我外面的流言蜚语事,现在我知道了。前不久,我到一个部门去,正好听到印槐在说我的坏话。我很不理解,他在做经理时,我对他那样支持,几乎全心全意。多少人在我面前挑我,事情都是你在做,荣誉都是他得,我不为所动,看到他年轻,人老实就撑他一把。想不到,我做经理了,他就对我这样!真听不得人家对我工作的肯定。我不知哪里得罪他了,他真给我增长了见识。"他说着,露出一脸苦笑。我虽然对他同情,但也不能流露出自己的感情,否则会火上浇油。

自从耿虎搬到总经理助理室办公后,他就像变了个人一样。办公会上,他从不发言,因为他已不参与到公司业务中去了。我到他办公室去,常见不到他人,后来知道他去学习驾车和电脑了。公司似乎平静了一些,但熊总对新上任的对外联络部副经理小王不大满意。不要说写对外联络计划、实施的报告了,就是叫他去办点事,不仅时间久,还要来问好几回。我只好帮他解释,情况还不熟,熟了会好。他没说话,让小王来干,也是他自己的主意,不知他是否后悔将耿虎换掉?

现代企业制度改革了,我们公司和其他几个公司并起来,上面成立了企业集团,代表政府来管理企业的经营。集团成立后,第一件事就是在做好现有业务基础上,开拓集团新的业务,酝酿成立一个新的公司。集团领导到下面几个公司调研下来,觉得耿虎比较适合,有开拓精神,肯干事,而且在社会上有一定关系。更重要的是他正好是个闲职干部。集团人事部来找我,要调耿虎去筹建集团新公司,并明确以后是这个公司的负责人。我去请示熊总时,他沉吟了许久,最后说:"既然集团要用,就放吧。"

当我将耿虎找来通知他这消息时,他似乎已知道点消息,提拔当然是好事,但我和他明说,新公司要开拓业务,条件会比较艰苦。我们公司毕竟已经发展十多年了,而且很多年都是在政府政策保护下发展的。他平淡地说:"既然集团要我去,那边能做点事,我就去吧。"我看着他那张娃娃脸,似乎和他的年龄有点不一致。耿虎到集团去筹备新公司了,听说他已和集团总裁一起出国去考察一个国际上的会议,准备接任下届会议的组织工作。大家也等着他们的新公司开张。

忽然集团人事部来找我,传达集团领导办公会议决定,准备调印槐去任集团新公司的总经理。我有点疑惑,不是已经调耿虎去组建新公司了吗?"两人搭班,各升一级。"集团人事部明确和我说。我和熊总汇报,熊总说,他已接到集团董事长电话。他似乎没有什么犹豫的:"让印槐走。"

原来集团董事长过去和印槐一同出国考察而相识。这段时间,印槐和董事长走得很近,有人甚至在董事长家里看到过他。董事长也私下表示印槐年纪轻,英语好,有能力,人又老实,在新框架下很可以做点事。一次在集团办公会上,董事长在讲到筹建的新公司时,似有批评人事部的意思:"听说耿虎不是你们考察报告里写得那么好嘛。"董事长本来讲话就是慢条斯理的,"耿虎一下子升两级好像快了点,不妥。"其他领导不知董事长什么意思,他停了一会儿说,"我准备将印槐调过来任新公司总经理,一下子能解决印槐和耿虎两个人的级别问题,耿虎配合他工作。干得好,耿虎再升正职。印槐哪里都可用,到集团来工作也可以,这也是对印槐工作的考察嘛。"印槐是董事长心中的人才啊,大家终于弄懂董事长的意图了。

当集团人事部找印槐谈时,印槐一直露出很尴尬的神情,死活不愿去新公司。他一直强调他对原来的公司业务熟。最后他甚至放出撒手锏,说是耿虎已有领导给他许愿,到新公司去可以当正职,我抢了他的正职,两人关系难搞好的。人事部没办法做通他工作,最后还是集团董事长亲自找他谈了次话,印槐才同意去新公司任职。

耿虎知道要和印槐搭班,向集团人事部明确表示,不愿和印槐共事,心理有障碍。集团人事部当然做他工作:"现在你们两人是一条船上的搭档,他怎么可能否定你工作呢?"集团人事部要耿虎把搞好两人关系作为一个新课题来研究、解决,两人一条心,共同把新公司搞好。耿虎没有回答,他觉得要解决这课题,关键不在自己,这课题你们给错人了。

没想到的是,第二天印槐主动来找耿虎了,他回忆了过去他们两人工作合作得很好的年代,忽然锋芒一转,说后来关系变化了是熊总挑拨的原因,使耿虎有点吃惊。印槐还表示今后他们两人间的关系会和过去一样好的。耿虎这人真是吃软不吃硬,他看印槐这么诚恳倒有点心动了。但耿虎回到家里,睡在床上想想这些年印槐为人,他确实难以捉摸、理解,今后又要和印槐共事,自己的心理阴影不知会否消除。你看,他又将两人关系不好推到熊总身上了。耿虎对熊总不满,但从没感到在挑拨他和印槐间的关系。他又隐隐感到不安。他准备和集团人事部提出回原公司,不要提拔,仍做总经理助理,不去新公司了。如果不行,他就准备辞职。

耿虎准备了辞职报告来找我,谢谢我这些年对他的帮助,并和我讲,他已和集团正式提出,不想去新公司,随便他们安排,实在不行就辞职。我劝他先干起来再说嘛,实在不行再另做打算。他很是坚决地说"不愿将自己的智慧和能力贡献给一个不该贡献的地方,留着以后有机会用",又是这句话。我只好和他说:"你缓两天和集团提出,我到集团去争取一下,熊总昨天倒和我说,'如果耿虎真的不愿去新公司,就回来吧。'他还肯定你可以做点事。"

熊总最近很不高兴,不知是谁将过去公司准备要发展成集团公司的计划讲出去了,变成另立山头了。集团董事长曾经来问过他,这都是集团成立前的计划啊。熊总怀疑是印槐告诉董事长的。熊总对我说:"过去总觉得印槐人很老实,现在看来并不这样。"

后来我到集团人事部和他们讲,如果耿虎不愿去新公司,就回公司吧,反正新公司班子还没宣布,他的关系仍在公司,他还可以做点事的。集团人事部对我说,董事长已明确了,耿虎已是集团管理的干部,应该服从集团的安排,不能回原公司的,否则以后集团调动干部,还有权威性吗?他要我也做做耿虎的工作,安心去新公司。

耿虎真的向集团递交了辞职报告,铁了心到深圳去发展了。那次见面,真的成为他和我的辞行了。他的那句"将聪明才智留下"的话一直留在我脑海,我忽然想起他当初离开万人大厂来当干事是否也这原因?似乎有点端倪。

若干年后,我不知耿虎在深圳发展得好不好。

熊总退休了,位置也给其他年轻干部顶掉了。前几年,忽然传出,印槐在外和一女子生了个孩子,那女子要他承诺和她结婚,但他一直信守年轻时的信条,担心漂亮的女人,今天肯和他睡觉,难以保证明天不和其他人睡觉,一直推说等退休后和她结婚。女方不肯拖延,吵到集团,他被处理,免了职,现在还背着抚养小孩的官司。

草于 2022 年 4 月 25 日

改于 2022 年 5 月 10 日

朦胧人（小说）

一

总经理王恭坐在办公室抽着烟，烟雾缥缈。外面看进来他已模模糊糊。他眼睛凝视着前方发呆，看得出他的凝重。一个小时后他要出发去向陈副市长汇报这届"国际机器设备和技术展览会"的筹备进展情况。这次展会是第一次移师新展馆举办。

向分管副市长汇报工作有问题？王总从来不会把它作为问题，这几年，凭他和陈副市长的交往，陈副市长已很相信他，并依靠他办展会了。不是吗？这个展会就是陈副市长提出来的。

在这样一个工业城市，怎么可以没有一个代表城市名片的工业展会呢？陈副市长分管工业经济局，他就将工业经济局领导叫来商量。经济局局长当然推荐王恭所在的国际展览公司来承办。因为王恭所在的公司是工业经济局的富余人员安置的三产公司，王恭也是在市政府工业经济局调整后去任总经理的。他原来也是工业经济局的一个副处长，50多岁，一样升不上去，下海去闯一番也不错。几届工业展览会做下来，他已经驾轻就熟，套路很深。虽然展会发展不快，但他常常以该展会创始人自居。展会还办得下去，陈副市长也感到有面子，他也成了陈副市长家里的常客。他在沉思什么呢？

说也怪，王恭皱起眉头思考问题时，就和他笑嘻嘻时的模样似两个人。他长着"由"字形的头，小时念书时，同学就叫他橄榄头。他过早地谢顶，显老，现在的头发大都为植上去的，还要勤打理。这可是高科技，当然费用也高。他有钱，不在乎。他的脸呈咖啡色，遮盖不了小时农村长大的痕迹。平时，他在大庭广众场合，总显笑呵呵的样子，那不太宽大的嘴上，薄薄的嘴唇不停翻滚，还夹杂着"呵呵"声，倒给人种亲切感。但他皱眉时，眼睛就呈三角形。脸上皮肤有点松弛，下垂的肉看上去有点凶，眼睛射出的光有点冷。有人在背后讲他是个朦朦胧胧难以捉摸的人。当他得知这议论时，竟哈哈大笑称："官场里哪一个不是朦胧人？"他缓了缓说，"写诗歌的有人写成朦胧诗，小青年常说朦胧美嘛！"呵呵，他笑着走了。为此，暗下有人叫他朦胧人。

  一年前，政府实行机构改革后，市里将工业经济局下属的几个公司由新成立的集团公司管理，王恭所在的公司也是其中一个。政府管集团的资产，集团管公司经营，这是国有资产管理改革的新模式。王恭忽然多了个爹，心里当然不舒服。用他话说是先有儿子再有爹，那是个后爹。他还常常用生活中的"隔代亲"来鄙视顶头上司——集团的领导。集团文董事长是个将要退休的干部，集团刘总裁倒是个少壮派。王恭不服，连个集团副总裁也没捞到。但更重要的是，集团常来管他，对他的坏账提出批评。过去公司属政府管理，除了给他公司业务，从不具体管理经营情况，只要经营得下去，年终送个报表就够。

  几个月前，集团将另一个展览公司的副总经理李伟强调来任他们公司的副总经理。外面就有不少传说，"李伟强是来顶王恭的""王恭以后要退居二线了"。王恭隐隐感到一种威胁，不仅是位子。

  这几年，王恭从政府下海组建公司，花了很多心血，是公司的法人代表就要负起责任。公司进人，他就亲自把关。除了工业经济局政府安排下来的几个富余干部外，公司60%的员工是他的老乡和亲戚，家乡话在公司盛行。他的老家在市郊的东海县，他以市政府招人的名义，到家乡招一些他认为好的人才，或他的亲戚朋友推荐的人，还有给他送礼要他帮助安排工作的人。偏远郊县忽然来了个市政府要员，多少人来找他，拉关系，不少乡镇企业也来找他投资。振兴家乡义不容辞。不知道这些乡镇企业的老板给他灌了什么迷魂汤,给了他什么好处,他竟连连投资了几个企业,共几千万元钱。但很快投资款成为泡影,反正那时没人过问,现在集团领导批评他的就是这事。

投资经营失误总有,这是正常的嘛,他在下面总讲。他还将集团领导在原单位也有工作失误的事翻出来例证。不知真假,他真会了解和打听。

公司各个岗位安排了他应该安排的人员后,他就在产业链上下功夫了。展会的配套服务,他当然要层层把关,某种意义上讲比安排人员更重要。展会要搭建,他就让小舅子在外成立了展览搭建公司,承担公司展会的搭建任务和展会道具租赁服务。除了标准摊位有市场参考价,特殊搭建就随他讲价钱了,公司的很多利润就流到搭建公司。展会结束,摊位一拆,鬼才知道这个搭建需多少钱。当然政府展会还会有贴补,那就给公司开销。展会要运输,他就让堂兄弟在外成立展览运输公司,将展会运输承接下来。虽然展商反映展运费贵,他就公开讲,政府展会要保证运输质量,成本高,正常,让展运公司多赚钱。公司要装修办公室,他就让儿子的装修队承包。虽然费用很高,而且室内没吊顶,电线等各种管线挂在头顶上,他说装修得有展会现场感,不错。连公司的办公用品也由小姨子的公司操办,真是肥水不外流啊。有些人提醒他,这会给人议论的,会有副作用的,王恭毫不在乎。"用熟悉的人办事,心里踏实,不会给我胡来。"他总振振有词。

在公司里谁会提出异议?自己都是靠他进来的,感激还来不及。但上级总收到对王恭的匿名举报信,王恭虽然私下暗暗查过,但没有结果。他怀疑是那些政府安排下来的人作怪。

现在王恭让新来的副总经理李伟强具体分管工业展会,因为王恭的表弟张一弓是部门经理,在具体操作展会,容易掌控。上个月陈副市长要听"国际机器设备和技术展览会"的进展情况,在准备发言材料时,王恭就和李伟强有点冲突。

李伟强是个比王恭年轻十多岁的干部,虽然做过一些市场化的展会和一些政府展会,但规模都不大,没有做过市级的展会。在集团领导要调动他时,他还不太愿意,因为他听到王恭在公司一些做法的传闻,担心和他配合不好。但文董事长以组织决定来和他谈,还要他好好干,不要辜负组织希望,他只好服从。

李伟强很想配合好王恭的工作,也想从中学习并积累些操作大型政府展会的经验。一次,他的朋友出国回来,送给他一条免税店买的中华烟。李伟强平时不抽烟,就随手将烟转送给了王恭。但过了两三天在办公会上,王恭却说:"李总,你前几天送我的中华烟是发霉了的,大概在抽屉里放的时间太长了吧。"

李伟强一惊,舌头有点僵硬:"不会吧,我朋友刚送我的。"

"真的,真的。"王恭一脸真切。

李伟强一脸苦涩:"不送没事,一送送出事来。"他有点后悔。会后,他只好再去烟杂店新买了一条中华烟补送给王总,但心里总有点不快。

其实王恭是故意的,他抽屉里有的是中华烟,来不及抽,发霉了也是常有的,他就要给这个新来的副总经理丢下面子,看他反应,估摸是否有集团领导给他许愿。

李伟强定期给组展团队(部门)开会,每周听他们工作进展。部门经理张一弓回答得头头是道,但离开展仅四个月了,招展客户仅有60%,李伟强就问询,前几次布置的和工业行业协会合作的事落实的进展。张一弓始终讲还没落实。真不知道他有没有去落实。李伟强就批评他,按照现在的时间节点,招展应该完成百分之八九十了,否则后面招商,组织专业观众来不及了,并提出加大招展力度,尽快落实客户摊位的要求,同时进行组织专业观众的工作。

张一弓明显不服:"今年的进度已比去年快了,去年这时,仅招了50%展商。"李伟强不相信去年有这种进展,否则怎么来得及,展会是最讲究时间节点的,误了时,什么都来不及了。李伟强心里特急,但知道张一弓的背景,就没多说话,届时看你怎么交账。

那周,已是陈副市长要了解展会进展的日子。李伟强随王恭一起去市政府2号会议室汇报。王总拿着厚厚一沓讲稿,滔滔不绝,在关键地方,李伟强听得有点出汗。王总汇报,这次展会八万平方米的展馆,现在已有90%的展商有意向并已签约。现在在做大量的招商、组织专业买家的工作。陈副市长频频点头,在会议总结时,肯定了公司的工作,称赞王恭总经理抓得住工作要点,掌握工作进度。李伟强不明白王恭为什么要向副市长撒谎,他的胆子真大。这30%的展商哪里去补?在回公司的路上,李伟强提出了疑问,王恭笑而不答。

今天是展会前最后一次向市里汇报。王总将烟蒂摁进烟灰缸,做出决定,将写好的材料让李伟强在会上读。王恭看了眼那烟,还是李伟强送的。

"你不是要实事求是讲吗?材料里已将招展情况改成仅有70%的摊位落实了展商参展。"当然理由讲成世界经济形势不好,国内正好又遇经济调整期,原来讲好参展的企业不来了。材料上是这样写,但李伟强还是怀着忐忑的心情走进市政府第二会议室,他从不会撒谎,更没在这样高层领导面前、这种场合撒谎过。他肚里明白,本来就子虚乌有的事,哪有90%已经确认参展的企业?现在要怪经济形势不好。当然他也不明白,"本来都是王总在会上汇报,这次要我汇报,是不是会使自己下不了台阶?"李伟强狐疑,不知道王恭葫芦里卖的什么药,但他只能照着稿子汇报。

当李伟强读到招展仅完成了70%的摊位时,陈副市长连忙打断了他的发言。

"什么?上次汇报不是已落实了90%了?过了一个多月怎么反退回到70%了?"陈副市长记性还是好的。八万平方米的展会,就是新展馆的六个馆,缺口30%的摊位就是缺了两个馆啊。陈副市长怎会不急,他眼睛瞪着王恭,似有责备的意思,在这种场合他不好发作。谁不知道这展会是这个城市的名片?心里直犯嘀咕。

这时,只见王总恭恭敬敬地解释,国际、国内的经济形势,点出这些公司因经济形势的变化而反复,并开出市里的这些骨干企业的名单,以及三分之一的海外企业的名单,原来参展的,现在变卦,显出一副很无奈的样子。陈副市长真有点心软了。

陈副市长一看名单,里面有汽车集团、电气集团、海港集团、机床集团、电子集团,等等,都是自己分管的单位,他也不要秘书联系了,自己连忙拿起手机,和这些单位的领导打电话,落实参加展会的事。这些企业的领导一听是陈副市长自己打电话过来,知道分量的轻重,没有一个拒绝参展的。参加会议的其他委、办、局的领导窃窃私语,副市长直接招展;有的也认可,市里的名片展会,副市长出个面,事情好办。

那些海外企业怎么办?陈副市长不能直接叫它们参展了。但他看了名单,有德国的西门子、德国的大众汽车、美国的通用电气、美国的通用汽车、日本的丰田等,这些企业在本市都有独资企业和合资企业。他连忙布置给市外经局领导,请他们尽快落实海外企业参展事宜。

李伟强傻眼,自己变成和王总联合在市长面前唱双簧,撒谎,让副市长帮我们招展。不过王恭为他打圆场,会前的疑虑顿消。李伟强虽然感到王总不是让自己尴尬,但总有种糊弄市长的感觉。

陈副市长真有点不放心了,开始详细问询这次展会还有什么不足。因为这次展会是第一次迁址到新展馆,公安的保卫,消防的到位,展位的搭建和货运的安全,一一过堂。当问到这次有多少观众来参观时,王恭和他说近20万人吧。这把李伟强吓了一跳,照去年的数据,仅有5万。

一听20万人,陈副市长就要王恭计算一下展会中有多少人会用厕所的问题。王恭眨眨眼睛,一面在纸上计算着,一面向陈市长汇报。20万人进8万平方米的展馆,就是走马观花在展馆粗粗观展,也要两三个小时,其中50%的人会在展馆小便一次,就是10万人,还不含展商和工作人员。平均每人每次小便用时三分钟(含轮换时间),不含三分之一是女同志要按加倍时间计算。每个展馆设男女厕所各一个,每个男厕所有6个小便池,3个大便坑;每个女厕所有5个便座。6个展馆共有男厕54个坑池,女厕所有30个便座,以一天8小时计算,可以供13 440人用厕。但每天至少要2万人用厕啊,这还是个基本的数据。王恭汇报得振振有词,陈副市长给他算得急起来了,有很大缺口啊。政府举办的展览会,不能保证参观者大小便,那会造成多不好的影响。陈副市长连忙叫参加会议的展馆领导讲讲,如何解决。这个展馆是中德合资,由德国人为主管理。那个老外死咬住,这个展馆设计的厕所完全是够参观者用厕的,德国汉诺威、慕尼黑的展馆都是这模式,从没发生过这类问题。

陈副市长觉得和老外讲不清楚,德国有多少人口,中国有多少人口,简直是开玩笑,出了问题肯定要市政府背锅。他就问王恭怎么解决,王恭煞有介事地说:"既然陈市长这样不放心,就增加流动厕所。"

"那要增加多少?"陈副市长问。

"40个差不多了。"王恭胸有成竹地答道。

"真的够吗?"陈副市长还有点担心。

"应该够了。"王恭真切地说,陈副市长总算放心。

"不过,"王恭又补充,"租一个流动厕所,五天一个周期要2万元,40个就是80万元。我们希望市财政能给予补贴。"

"那没问题。"陈副市长说。这是增加的项目,只要能解决问题,这钱是小钱。他连忙布置到会的市财政局副局长说,"在原有贴补的基础上再增加80万元。"并关照这钱可直接划拨给公司。

参加会议的各有关委办局领导,都感到陈副市长工作真细,把问题解决在萌芽状态,避免了展会开展后的被动。会上,只有王恭脸上露出不易觉察的笑纹,李伟强却是一脸苦笑,手心直冒汗。他似乎看了一出大戏,一个子乌虚有的剧本,演绎了一则认认真真的闹剧。他曾经在王恭专心计算汇报时,想和王恭提出,这个问题我们公司解决吧,但始终插不上嘴。

二

回到公司,王恭叫部门经理张一弓去和他小舅子开的公司谈租赁40个流动厕所的事,最终达成协议,租赁五天一个周期,不开封使用,1.5万元/个,共60万元;如果正式开封使用,2万元/个,开封使用一个,结账一个。因为他们有把握,厕所是不会开封使用的。王恭知道,小舅子的公司将40个厕所运过去,吊一下,放在那里五天再运回来,净收入60万元。公司也白白增加了20万元收入,真是皆大欢喜。那是后话。

这次会后,各个大工业集团都来参展了,王恭给各个企业集团保留了很大的摊位,小的一千平方米,大的三千多平方米。只有特别装修的摊位才能体现大集团的形象,当然也能体现这个展会的光鲜。没有一周时间,剩余2万平方米左右的摊位基本落实了。李伟强终于领教了王总的本事,做政府展会还真有一套。

李伟强这么多年的办展经验告诉他,做好专业观众的组织是展会发展的关键,没有专业买家来和展商交流、洽谈买卖,谁还愿花很多钱到展会摆摊头?那展会马上会办不下去。国外很多著名的展览公司为了培育一个展会的成长,每年都花重金把世界大的买家请来,并提供来回机票、五星级酒店住宿等费用,使展商有所收益。但他总感到,公司这里组织专业买家推不下去。虽然展会开展前一个月,本市的主要媒介,如电视台、电台、主要报纸都会根据市里的布置,在黄金时间推出该展会免费广告,但很多全国性的专业杂志却很少见踪影。他问询张一弓,张一弓说没有这笔预算。他和王恭讲起这事,王总冷冷地说:"做那么多广告干啥?要为公司利益多考虑。"李伟强望了王恭一眼,到嘴的话咽了回去。

后来听到传言,王总说"李总还是不懂怎么办好政府展会"。

张一弓他们倒有四五笔到江浙一带招商的费用,一个地方给10万元组织专业观众费,但这是可向政府申请贴补的依据。据说去的地方都是王恭或张一弓有亲戚或朋友的地方,他们将展会宣传资料和钱给当地后,在那吃喝玩乐几天就回来了。当地拿了钱,招待他们一下也应该。李伟强问张一弓是否统计过,他们组织多少企业来参观?他们说展会期间太忙,没统计。"招商应该去展商买家集中的地区去做呀。"李伟强真有点茫然,心里总是提心吊胆,怕专业买家组织少,将政府展做砸。他只好自己带队到几个工业协会走访,向他们介绍参展企业的产品特点,请他们组织对口买家企业参观。

离展会开幕时间越来越近,从展会操作的团队反馈回来的信息,有些展商来问过这次大的买家请了哪些。但很多大的集团公司来了解,开幕式领导走哪条线路,都希望领导能到自己的摊位前来看看。有的企业直白:"如果领导不到我们摊位来,我和我们董事长、总经理没法交代的。"施加压力。

离开展仅有半个月时间了,张一弓经理来汇报,市仪表集团不要这么大的摊位,因为企业这几年在转型,经济效益不好,没有那么多钱来参展。分管市长打招呼,我们才来参展,但几年参展,没有拿到订单,这次就100平方米摊位吧。原来给他们留了1 000平方米的摊位面积,而且在3号馆显眼的地方。陈副市长打招呼参展的摊位,王恭都给它们安排了比较显眼的大摊位。

李伟强倾向于算了,企业就拿一二百平方米,余下的地方已来不及招展了,就做个展会洽谈室和参观者休息地,放一些圆桌和椅子。但牵涉到这么一块费用问题,李伟强是没权决定的,还是去和王总经理汇报了。

不料王恭板下脸,眼睛呈三角形了,脸上横肉显现,严肃批评李伟强怎么不早汇报。张一弓解释,原来以为能做通企业工作的,没想到他们这次这么坚决。

王恭不屈不挠:"通知他们,陈市长安排的,你们来也得来,不来也得来,这块摊位就是你们的了。你们自己看着办吧。"

最后这家企业真的没来参展,那块地方就空出来了。那是后话。

李伟强灰溜溜从王总办公室退出来,忽然王恭把他叫住,要他和张一弓去买些螃蟹来公关,暗示市里有关领导及家人很喜欢吃阳澄湖螃蟹,包括市外经局领导。现在正是吃蟹季节。李伟强知道,王恭家乡在东海县也是个出螃蟹的地方,他曾经讲过,他妻子、儿子特别喜欢吃螃蟹,吃起来每人没有两三对螃蟹不肯歇手。自己更是吃起螃蟹总要喝黄酒,吃到一醉方休。李伟强不知该买多少螃蟹,又不便问,索性委托张一弓去办这事。张一弓也不推卸,似熟门熟路,午饭后就去办了。

快下班时,张一弓买了一个大纸板箱的螃蟹回来了。李伟强随张一弓到王总办公室汇报,说是一包包分开装了。王总只是轻描淡写地说放在他轿车的后备厢里,他晚上会去送的。李伟强当然不会去,他不知道王总要送哪些领导,他又不熟,而且王总说,人去多了也不好。李伟强知趣。

临退出王总办公室时,张一弓拿出买蟹的发票,要王恭签字。

王恭说:"这次请分管领导李总签吧。"

李伟强愣住了,自己不是没有经济签字权吗?现在怎么授权签这字呢?上个月,王恭小舅子的搭建公司拿来的搭建图纸和报价,李伟强就觉得太高了,至少差了100万元。他提出异议,王恭很不高兴,说是前几年他们竞标下来的价钱,不会错。反正李伟强没有签字权,王恭就签掉了。现在李伟强拿着那张写着"食品",账面五位数的发票,说:"我签字,财务不认啊。"他想不签。

王恭瞪着眼睛,眼光更冷地说:"我说你签,财务怎么会说不能签?"一副不容置疑的样子,"李总同志,要敢于负点责任。"

李伟强悻悻然把那纸拿回办公室,还是没签。张一弓跟在后面逼着他签字,他只是说:"这单子签了不好。"张一弓启发他:"说不定王总忽然宣布,以后这块由你签字。"李伟强没应。

三天后,张一弓只得从李伟强处拿回那张没签字的单子,让王总签掉了。那是后话。

那天晚上,李伟强不知道王恭是否去了有关领导的家。当然他也不知道王恭到底送走了多少螃蟹,不能核实,没必要核实,也无从计考。第二天早上,王恭没来上班,说是在外面谈事,下午来时,似乎酒后醒来的样子。李伟强也没问王总,昨晚是否酒喝多了,睡不醒?他们没有那么随便的关系。

在展会开幕前的几天里,展会团队都进入冲刺阶段,几乎每天加班到晚上12点钟,李伟强要一个个检查把关,门头搭建时间够不够,整体搭建效果好不好,道路指示牌要否增加,展品运输能否早点进场;公安要否协调,等等。他还和王恭一起排领导巡馆的路线图。他发现王总特别重视,先后研究了两个半天、三个晚上。他们将巡馆路线图画好后报市外经局审核,再报陈副市长审阅,定下来后,连忙通知各个有关企业,尤其是那些国营大集团企业,计算出领导什么时间将会经过你们企业摊位。

开幕式那天,阳光灿烂,秋高气爽,令人神往。李伟强发现,开幕式前半小时,一些大的国有企业的董事长、总经理早早就到展位了,他们仔细检查着展位布置。平时要和市委书记、市长汇报自己企业的发展,少有机会,现在把最好的产品摆出来,把产品在国内国外的地位显出来,和领导汇报,真是难得的机会。李伟强忽然明白,王恭为什么不肯花钱,不会花大力气去组织专业买家的深奥秘密。

今天的开幕式仍由陈副市长主持。市长讲话,上级各相关部门领导先后致贺词,剪彩,市委书记宣布展会正式开幕。话音刚落,满天气球升空,鸽子漫天飞翔,锣鼓喧天,舞龙舞狮,热闹非凡。集团领导陪着市委书记、市长,滔滔不绝地介绍着这次展会的亮点;外经局等市里的委办领导陪着上级对口部长,各个领导和贵宾胸前的红飘带随风飘舞,满脸的微笑。

王总专门陪着陈副市长。当他们走到两个展馆间过道时,看到一排40个流动厕所整齐排在那里,等待着人们用厕。陈副市长微笑着点头,手指着流动厕所问:"还有什么问题吗?"王总恭敬:"没问题,请陈市长放心。"

但当陈副市长走进3号馆时,脸色大变,他指着那块空出来的场地问:"这是怎么回事?怎么空出来这么大一块地方?"

王总似乎早有准备,凑上去低声说:"仪表集团不肯来参展。"

"你们怎么没有做他们的工作?"陈副市长说。

"做了,还把您陈市长的口信也带到了,他们坚称经济效益不好,拿不出钱来参展,还说他们会和您陈市长报告的。我们没有接到您的电话,不敢将地方让给人家。"王总恭恭敬敬地回答道。

"他们董事长是来过电话,我是和他说了,经济效益不好,展会没有订单,但企业形象也要宣传的嘛。他还答应我参展,说是摊位小一点。"陈副市长还有余怒,王总不敢搭理。

走了几步,陈副市长自言自语说:"怪不得搞不好。"不知在说谁。

陈副市长回过头来对王总说:"这块地方总要及时处理掉呀,否则不好。"

"好好,"王总连忙对李伟强说,"根据陈市长要求,连忙布置成展会洽谈室和专业观众的休息室。"王总讲完,轻声问陈副市长,"这块地方的损失,请财政再增加点补贴。"陈市长看了看王恭,没有发声。

开幕式后,有的领导去参加工业专题论坛了,有的回办公室,离开展馆了。展馆恢复平静,进入正常的参观、洽谈模式。那天晚上,电视新闻里专题报道了展会开幕式,里面还有领导贺词、剪彩、宣布开幕的镜头。各大媒体连篇累牍地报道着展会的情况,还上了中央级媒体,在当地，真是一次成功的展会。

三

展会胜利闭幕了。在一次扩大的市政府工作会议上，市政府办公厅请集团和公司主要领导也去参加。陈副市长首先肯定这次展会的成功，全国工业展中不算最大，也可名列前茅。大家都知道这是陈副市长领导的工程，陈副市长表示谦虚，就说"展会还有可以提升的空间，就像美丽的脸蛋上还有雀斑一样"，大家哄堂大笑。陈副市长笑后提出要求："我们的机器设备和技术展览会，要对标世界著名的德国汉诺威工业博览会，一年办得比一年好。"

陈副市长传达了市委书记的指示，肯定了国际机器设备和技术展览会办得成功，这么大规模的政府展会少有的，已成为我们城市的名片。市委书记还希望该展会能进一步总结经验，做大展会，来推动全市、全省的工业发展。

市里领导对展会的肯定，给集团、公司很大鼓舞。为贯彻市委书记总结经验，做大展会，促进工业发展的要求，公司当然要开专题总结会，集团的主要领导也会来参加，提要求，并可能要宣布新的公司领导班子，外面这样传的。

公司的总结会议按期举行，集团的文董事长和刘总裁都参加了会议。会议由王恭总经理主持，"国际机器设备和技术展览会"的总结由李伟强副总经理读稿，稿子上还有王恭修改的痕迹，里面表扬了张一弓经理带领部门团队，很好地完成了招展招商任务，使展会顺利开展。在讲到展会不足处，仅说展会发展不快，我们尚需更加努力。

李伟强念到这里，忽然脱稿说："我们的政府展会要尽快从依靠市长，过渡到走向市场，花大力气组织好专业观众，服务好展商，实现市委领导愿望，使展会更扎实地发展。"他看到集团刘总裁在点头。

李伟强总结完，主持人王恭接过话来，先是肯定了李伟强的总结，因为这稿是他布置撰写和审定的，但转过来说："现在社会上都在讨论找市长还是找市场的问题，一般讲找市场没错。但是，我们是政府展会，不根据市长的要求去办，自己搞一套？集团刘总裁平时要求我们要借势借力做好展会，我们怎么可以放着市长的势不去借？市长的资源不去用呢？我们就是要依靠政府，用足政策，依靠市长，用足市长资源，有效走入市场。"下面，张一弓带头鼓起掌来。

王总看到集团刘总裁微皱起眉头，他也严肃起来，眼睛显出冷光接着说："我们内部要认真总结的，我们的领导干部要尽快熟悉政府展会的特点和规律，今年展会前期招展做得不够理想，李总在市政府汇报时实事求是承认不足，没做好，差点引怒市长，凭借我和陈市长的关系才化险为夷。"下面竟然有人鼓掌了，王总接着说，"我们的干部要敢于承担责任，更快进入角色，为公司创造更多的经济效益。"李伟强终于知道王恭要他在市政府会议上发言的真正含义，但他已无法解释。这些日子，李伟强逐渐透过王恭的朦胧形象，看到了王恭过去些许未见的面目。

最后是刘总裁讲话，他代表集团表示祝贺展会成功举办，并得到上级领导的好评，慰问大家辛苦了。本来他想表扬一下李伟强，来公司时间较短就干得很出色，但他临时决定不提了。他只是例行提出要求："尽快把我们的展会办成国际化、专业化、市场化、品牌化，比肩德国的汉诺威工业产品展览会。"

其实前一天集团党委就开过会，专题讨论了该公司的班子调整事，按原计划，这次展会后，王恭要调整了。但文董事长很犹豫，王恭毕竟和陈副市长关系这么好，换下来后，其他人能接上去吗？原来计划李伟强接他的班，现在连王恭也讲他不行么。文董事长当然办事要稳妥点了。几天前，集团纪委又收到匿名举报信，说王恭将国有资产流失，将利润转到他儿子和亲戚公司，是变相贪污，还举报了几个具体的事例，纪委正在调查。当然他知道刘总裁等其他领导意见和他相左，但他还是提出，待纪委调查后再安排时间讨论。

不久，集团刘总裁代表集团来宣布公司领导班子调整的事了，免去王恭职务改任顾问，配合纪委调查，退回欺骗市里的财政补贴；任命李伟强为常务副总经理，主持工作。

新的"国际机器设备和技术展览会"的招展书已经印好，明年的展会招展工作已经开始。办公室里再也听不到王恭"呵呵"的说笑声了。

草于2019年9月20日

改于2022年3月9日

电梯门打开时（小说）

红娣两手分别提着满满的干、湿垃圾袋乘电梯下来,她是赶在晚上8点钟前要将它们扔到集中的垃圾桶里的。电梯门打开,她没有看到那张熟悉的面孔和微笑的眼神,她有点失望。这些日子,她几乎在这个时间能碰到他。她有点沮丧,那几个纸板箱和塑料袋占满了她的手,她担心要去开大门摁开关都腾不出手,早知道碰不到他,她就不一下子拿那么多垃圾下来了,前几次都是他帮助打开大门等她出去的。红娣曾经听到有人叫他廿楼（20楼）爷叔。

红娣出了电梯间转弯向大门方向走去,步子有点缓慢,东西有点沉。她忽然看到他正好从外面进来,他比她早几分钟下来,已扔了垃圾回来了。他看到红娣手里满满的垃圾,连忙去把大门打开,让红娣出去。红娣感到脸有些发热,不敢正视他一眼,嘴里轻轻地说了声"谢谢",拿着垃圾向集中桶走去,心里有股说不出的高兴。

红娣是河南一个小镇上的人,原来主要依靠丈夫在一个建筑包工头那里做个小头头,收入颇丰。有时她也到丈夫单位帮帮忙,赚点小钱,他们家庭在当地算是比较富裕的。一年前,丈夫因为车祸走了,她变成了寡妇。有一段时间,她难以接受事实,当然难以靠自己把日子过得很好。虽然丈夫单位的包工头欢迎她去那里上班,但她不喜欢他的笑脸,始终使她害怕。镇上也有几个丧妻或离婚的男子,倒也曾经对她有意,其中一个还是镇干部,当然不是镇长一级的,和妻子离了婚,很是喜欢她,但他们都比她大十几岁。镇上年轻人,甚至中年人都很少。难怪,现在年轻人都到大城市去闯荡了,还有很多人去上海创业。据说在上海,河南人已形成个圈子了。连女儿大学毕业了,也不肯回河南,定要去上海找工作,好像上海遍地是黄金一样。红娣也看到,那些在上海创业或打工的,回河南过年过节时,都像发了财一样,大包小包,换了家电,戴金挂银已是家常便饭。有的没几年家里房屋就翻新了。连自己女儿给她带来的新衣裤,也是当地很少见的,很是好看。

红娣的皮肤虽然没有大城市女人那样白皙,但也不黑,在小镇里算是白的了。虽然已40多岁,但胸脯还算丰满,体形条干倒还匀称,就是臀部稍大,这反而显得身体健康的样子。她长着张圆脸,眼睛虽然不大,但还有神。她笑起来挺耐看,她不会用眼睛去盯着人看,尤其是男人。当然她也讨厌男人用眼睛盯着她看,尤其是那些老男人。她在镇上算是标致的了,穿上女儿从上海带来的衣服,还真时髦,引来一些男人的注视。

红娣曾经对那个镇干部产生过好感。他常在她不经意时出现,她总有干体力活的时候,他会突然出现,伸出助力之手,使她难以回绝。她好几次发现,他在不远的地方望着她,虽然讨厌男人盯着她,但奇怪,她愿他用眼睛在她身上扫射,反而走得很慢。他曾隐晦地和她说,希望两家并为一家。她以丈夫刚死,现在不考虑为由拒绝了他。但她却去赴他的约请,吃过一顿饭,看过一场电影。在那黑洞洞的电影院里,他拉了她的手,给了她一个拥抱。她时时推开他,但也想身体靠着他。她坚守一个原则,不能,至少现在不能让他踏进家门,省得守不住。

但想想总要找个人结伴下半生的,就这样度过一生?她常躺在床上纠结。当然她还是嫌他太老了点,当地老男人的面相太明显,被风吹得黑黢黢,衣裤也是当地人的特征,她都感到有点土,不像原来丈夫年轻而在外见过世面,衣着显眼。不知什么原因,她总会很自然地拿他们和去世的丈夫比较,现在哪再去找过这样的人啊。想起这,她就伤感,就不愿和他来往。但她又看看身边的人,他已经算不错的一个了。

那次,女儿回来看她,她将自己的心事和女儿说了,立即遭到女儿的反对。女儿反对她再嫁给小镇上的人,把自己的下半生断送掉。女儿讲她没见识,没到大城市去见识一下,不知道天下是什么样,还威胁她,如果嫁给当地人,就再也不来看她了。

"妈妈不是和你商量嘛,我也不是一定要嫁给他。"红娣有点委屈了,"那我一个人也孤单啊,你又不回来陪我。"

"那这样,"女儿想了一下对她说,"妈妈,你肯跟我到上海去住一段时间吗?看看你能适应否,在那里哪怕帮人家打扫卫生,领小孩,也能过得很好。"她顿了一会儿,"顺便看看有没合适的男人,那里总比小镇的机会多,条件也会好。"

红娣望着女儿,感到有点突然。到上海去当然好,哪怕住一段时间看看玩玩,也是开眼界的事,顺便看看女儿在上海的生活,说不定下半生就在上海度过了。实在过不惯,再回到河南来也不怕,进退都有路。那晚,红娣决定,随女儿去上海。

红娣的女儿在上海已经拼搏了近三年,她学的是计算机专业,在上海很容易找到工作。现在的工资已近五位数了。她虽然不敢租太好的房住,因为费用太贵,但也不肯住太差的房子。周围闺密都讲求档次,住太差,钱是省下来了,但原来朋友都冷落你了。在差的环境里只能交档次比较低的闺密,她不愿意。她的工作环境也不允许她档次太低。她现在和两个闺密合租一个两居室的套间,两个闺密是搞销售的,租一间,她没找到合适人选,一个人暂住一间。现在母亲来住,也能帮她做掉点家务。再托人给母亲找个工作,省得两人互相牵挂。

红娣看到女儿租这么贵的房间,有点肉痛,曾建议女儿学隔壁2室的,一套房间住近十个人,连厅里也放着双层床,房租不是降下来了嘛。钱总该省着点花啊。女儿看了她一眼,翻了翻眼皮,连话也没说。

红娣白天帮女儿整理房间,烧点好吃的等女儿回来。但女儿总很忙,没有准时回来吃饭的。但女儿不知从哪里得来信息,使红娣已经能每周可到两家人家去打扫卫生。每个小时能赚35元，听说最高的可以到45元/小时，那可是在家乡一天的工资了。女儿还通过朋友再给她落实更多客户。红娣当然很是高兴，不怕上海住不下来。同住的那两个闺密也常晚回来，但快递不断。她们对红娣很客气，叫她"阿姨"。平时有空，红娣顺便把那过道厅也打扫了，每天也把她们放在厨房间的垃圾顺手带下去。这里实行垃圾分类，限时倾倒，她总在限时最末几分钟才下去，那俩闺密总很晚将垃圾放到厨房间。

　　最近红娣发现她拿垃圾下去电梯门打开时，常常遇到一个人，用眼睛不断打量自己。这个人虽然有点谢顶，但脸上皮肤还红润。四方脸，眉骨有点突出，双眼有神，常微笑着和人点头，代打招呼。他的微笑使眼袋有点明显。红娣估不出这人的实际年龄，在她的镇里来测，最多50岁，但上海人的年龄她估测不出。有几次他都向红娣微笑点头，使红娣产生好奇。

　　红娣是不喜欢男人用眼睛盯着她看的，但这人的眼睛使她感到温柔，微笑使她感到温暖。她不知道他为什么总给她微笑，使她产生遐想，尤其是在电梯——这个一平方米多的小空间里。有一次，她和他同乘电梯上楼，她8楼当然站在前面，她看他按了20楼，站在她的背后，她不敢回头看他。在那几秒钟里她甚至感到窒息。她怕他从后面抱住她，她担心自己扛不住，会瘫软在他的怀里。电梯门开时，什么事也没发生。她连忙走出电梯，任门慢慢关上。她没有走向自己的房间，而是站在电梯外，看着楼层显示灯爬到20楼不动了。几秒钟，红娣默数着，他应该走出电梯，走到自己的房间。红灯数字又产生变化后，她才回到自己的房间。

　　红娣变得很想了解20楼爷叔的情况，为什么总是用那种她猜不透的眼光扫视自己？他的家庭怎样？会不会和她一样是单身？他肯定是住自己的房子，而不会像她租房东的房子。红娣不认识左邻右舍，无从获得她想要的信息。

红娣想增加和他的接触,但难以找到机会。好几次,她站在电梯旁,看楼层显示的数字,在电梯下行20楼停下时,她连忙按亮下楼的指示灯。但使她失望,电梯门开时,没有他的踪影,是其他邻居。她只得到下面花园里毫无目的地兜一圈,回到家里。只有在晚上垃圾分类丢弃的限定时间前,她倒有碰到他的机会,他也拎着垃圾下来,但也不是每天能碰到的。

这几天,红娣感觉碰到他的机遇多了,这提高了她下楼扔垃圾的积极性,她甚至将隔壁2室他们还没扔的垃圾也带下来。她希望能碰到他,他能主动帮她拿点垃圾,放到集中垃圾桶里。

她将垃圾集中在楼道里,提前五分钟站在看得到电梯上、下楼显示灯处。看到停过20楼的那次,她按动了下楼开关。电梯门打开时,果然看到他在里面,拎着那不多的垃圾。他向后退了退,让出点地方让她进来,微笑着,眼睛从她脸上向下看去。她连忙转过身来,故作没看见,但她用眼睛的旁光能注意到他在看她,从上到下,眼光停在下面。电梯门打开时,红娣一手提着干垃圾,一手拎着湿垃圾慢慢从电梯里走出来。

红娣走不快,那纸板箱挺沉。

"我帮你拿纸板箱。"他从后面走上来,微笑着说。红娣下意识地将一个拆开的纸板箱给他,口里说"不好意思,谢谢了"。她当然不能将那包湿垃圾给他,怕弄湿了他的手和衣服。

他和她并排走了。"八楼阿姨,"他这样叫红娣,"你们蛮喜欢吃肯德基的吗?"他看着她的那袋垃圾说。"呵呵。"红娣笑了,不知怎么回答他好。

"你们每天有这么多垃圾?你也够辛苦的。"他的话音是那么温和,红娣觉得很体贴人。

红娣似乎找到回答他的话了:"那肯德基袋袋是同室小王叫的外卖。那纸板箱是我帮隔壁他们拿下来的。"红娣不知道这样回答算什么意思,只是实话实说。

"隔壁?"他好奇,"是2室的还是你们1室的?"

"2室的。"红娣说,"2室里租户多,他们会过日子。"她想和他多说几句话,"我们就四个人住里面,他们要十个人了。"她说着看了他一眼,发现他的笑脸有点收敛,那眼袋倒明显起来。

"是吗?人倒蛮挤的,"他又恢复微笑了,"怪不得,快递小哥到八楼去的不少。"红娣点点头。红娣不知道他为什么对这个感兴趣,她希望他问她的事,或讲点他家的事。但他只是微笑着,没有再说话。红娣觉得时间太短了。

他们扔了垃圾,返回楼里一起乘电梯,红娣回到8楼,他乘到20楼。这次她没有站在电梯的楼层显示器前,看他到20楼,他们已说过话。

红娣上下电梯更勤了,为的是能碰到20楼爷叔,多个说话机会。但奇怪,越想见到他,却越见不到他。红娣一直没有碰到他。一次她看到电梯停过20楼,她也摁了下楼按钮,但门打开时,是20楼其他邻居。她走出电梯,漫无目的地在小区花园里兜了一圈。忽然她远远看见他进了大门,他没有看到她,待她赶到电梯口,他已上去。甚至在晚上常能碰到他倒垃圾的时间,也不见他的影子。红娣只得自我安慰:哪有那么巧,没商量会乘同一部电梯上下,这是偶尔的事而已。

那个星期日的早上,隔壁2室的人还没起床,四五个物业的男子就来敲门,通知她们,现在政府在搞文明小区,不允许搞群租,要求她们在一个月内整改完毕。他们会通知业主的。红娣觉得这里管得挺宽的,多住几个人,政府也要管?

红娣下去买菜,回来时,正好碰到20楼爷叔。没想过碰到他,倒给她巧遇了,红娣很是高兴。20楼爷叔见她也很高兴,微笑着连连致谢,使她丈二和尚摸不着头脑。"谢谢8楼阿姨给我提供802室群租的信息,使我们能精准整改,争取成为无群租小区。"红娣一下子不知怎么回答他好。

电梯来了,红娣一脚踏进电梯,忽然听到后面有人叫20楼爷叔"有事找侬",他退出了电梯。红娣晕乎乎到了8楼,电梯门一开,她就听到2室的业主高着嗓门儿在骂太平山门:"这种楼组长有哦?要搞无群租小区,拿我开刀。这不是坏我事情嘛。"

"楼组长?哪个楼组长?"红娣走过去不解地问。

"就是那个20楼爷叔呀,碰得着的。"2室业主气呼呼地转回身,把门碰上,去安排整改了。

红娣呆呆地站在那里,不知是否要去和20楼爷叔解释,还是和2室业主说什么。她觉得都不需要了,没必要了。她头脑一片空白,慢慢地走进自己房间,背倚着门很长时间说不出话来,原来希望电梯门打开时的期待心情,现在像电梯门关上一样。

写于2020年12月6日

扑克王相亲的故事（小说）

小李已经30多岁了，还没有女朋友。父母为他着急，但他不急。家里早给他准备了婚房，父母都在研究所工作，家庭条件不差，自己从事计算机工作，还是部门经理，收入不菲。就是工作太忙，难以顾及。但每次相亲回来，不是对方嫌他书呆子气太足，就是他嫌人家不是他心目中的人，没有感觉。后来就搁下了。

有一天，亭子间的张阿姨来对他妈讲，想给小李介绍后面弄堂8号前厢房的小王。张阿姨是个热心人，和小李的妈妈是老姐妹，受了李妈的影响，也为小李没女朋友着急，当然还有点可惜，这么好的条件，怎么找不到女朋友？现在她就物色了后弄堂的王小姐来给小李做媒。

王小姐在单位里是有名的扑克王，那不是她整天打扑克赢人家才被叫扑克王的。她是单位的业余表演队成员。每逢国庆、过年，单位的联欢会上，她都会出来表演"戏法扑克"，把人引得欢声大笑。她曾受厂工会派遣，去学过魔术。由于她以演扑克出名，又正好姓王，人们就叫她"扑克王"。其实她平时并不和人家打牌玩扑克，不知是否怕人家输了不服，说她打牌中变戏法，还是看透了扑克中的鬼把戏，就不爱打扑克，所以和外界交集不多，也已二十七八岁了，还没成家。

扑克王在舞台上表演时，穿得鲜艳漂亮，在生活中也习惯穿得很出挑，常常引得人们多看几眼。冬天大家都穿深色大衣，她总穿本白或鹅黄的羊绒大衣，有时还头戴呢的贵族帽。夏天更是穿白的裤子或浅色的长裙，身穿大红或大花头的衬衣，配着她白皙的皮肤很是得体。她总背着一个小包，那是女人的最爱，里面放了唇膏、粉饼、粉扑和镜子，还有干、湿餐巾纸。她有时肩上还披着钩花的纱巾,头上戴顶宽边的黑色遮阳帽。夏天衣服穿得单薄,她的美丽体形就显露出来,该大的地方凸出,该小的地方收进,吸引眼球。她夏天多数会戴大圆的太阳眼镜,眼睛在太阳镜后旁若无视,径直行走,但有时也会从太阳镜后瞄一下对面走来的帅哥,年龄毕竟将近30岁。

小李在弄堂里进出时曾见过她,但仅一两次,可能是太艳丽,他不敢多看,不敢有企望之心,非分之情,因为不知道人家是否有主。现在张阿姨来做媒,给他带来很多遐想,谁不想娶个漂亮的老婆?就怕高攀不上。

其实小李也不是窝囊之辈,他有父母遗传给他聪慧的脑子,读书一直名列前茅,所以有资格从事计算机行业。他一米七五的个头,念大学时还是长跑爱好者,宽背长腿,走起路来挺精神。就是家务料理能力差点,现在的独生子女大都这样,被子忘叠了,换洗衣服忘洗了,有时还将换下来的袜子又穿上去了,他也无所谓,反正家里、单位两点一线。爸妈常笑他邋遢王,帮他收拾房间。现在张阿姨来说媒,小李就等着那一天的到来。

张阿姨终于来说,这个星期六下午2点钟,在外滩3号的咖啡厅见面。按理说媒,都是双方先看照片,再约见面,但这次张阿姨来说,王小姐说,大家都是一个弄堂里的,曾经都见过,还有印象,这次就不看照片,直接进入见面环节。李母窃喜,看来对方对小李有好感,这次有戏。

到了星期六上午,小李的单位突然叫他去处理一点突发的电脑事情,他虽然有点为难,但想想反正是下午见面,还有时间。但没想到的是,这次电脑事故有点大,处理到中午时分才结束。他连午餐也没来得及吃就赶往外滩,更糟糕的是,连衣服也来不及换,穿了工作服就来赴约。还好,路上不算堵,紧赶慢赶总算没有迟到,否则张阿姨会尴尬。

王小姐倒是准时到的,张阿姨早就等在门口了,看他这样穿着,很是奇怪。小李连忙打招呼解释,连连抱歉。张阿姨也为他说话,他的电脑技术非常好,一般休息日领导来叫他,肯定是其他人修不好的事,还看着小李,问是吗。小李一面连连点头说"是,是",一面盯着王小姐看。两人的穿着反差太大了。王小姐只是"呵呵"应了两声,没有说话。张阿姨介绍了几句,就走了,反正他们的家庭背景和个人基本情况她都介绍过了,没必要再浪费时间重复,在这儿当电灯泡了。

  小李和王小姐在咖啡厅落座,两人各点了杯咖啡,小李还想点几个点心,垫饥,被王小姐劝住,刚吃好中饭,蛋糕点心就免了。小李不敢和王小姐说,他还没吃过午饭。两口咖啡一喝,小李觉得有点热,不知是否还有刚才赶路的余热,他脱下工作服,挂在椅背上,但里面的衬衣纽扣也扣歪了,他没发现,他只是将袖口的扣子补扣上。两人相互问了在单位的工作和家庭的情况,王小姐就起身准备告辞。在临行前,她打开背着的小包,从里面拿出一个信壳,递给小李,要他回去看。小李把她送出咖啡厅,手里捏着的似乎是五寸的照片,会不会通过张阿姨转照片不方便,直接给我照片?小李满心欢喜,那信壳还带着王小姐的手香。

  他回到咖啡厅趁营业员来结账的间隙,迫不及待地打开信封。里面没有王小姐的美人照,只是两张扑克牌,一张是黑桃Q,一张是黑桃K。他捏着两张牌,不知是什么意思,不知王小姐在和他变什么扑克戏法。原来他想再叫点心,垫垫饥,慢慢欣赏王小姐的美人照,但现在没有一点雅兴,本来就没吃午饭,喝了咖啡,还刮肚肠,肚子叫得更厉害。小李结了账,直往家里赶,要和张阿姨商量,怎么处理这两张牌。

  张阿姨走进李家时,小李已在吃母亲给他热的饭菜,狼吞虎咽。李母在旁边唠叨,看你,衬衫的扣子也扣歪了,还把工作衣脱开来,一副邋遢相。过去人家嫌你书生气,叫讲得客气,好像书生都不修边幅,其实是邋遢。

  张阿姨捏着两张扑克牌,沉思良久,嘴里低低地说:"一张皮蛋,一张老开。"反复念着,"一张蛋,一张开。"忽然她有所领悟,大叫起来,"她意思是弹开。"这个扑克王真有意思,她不好意思直接回绝你,就玩起扑克暗示了。李母和小李才刚刚醒悟过来,看来没戏。张阿姨这时才责怪起小李,今天的穿着太没有腔调了。

还是张阿姨会处理事。她问小李对王小姐的感觉,小李当然赞不绝口,还说王小姐就是他想象中的老婆。他捏着那个信封,不肯给其他人,信封上粘着王小姐的手香。张阿姨还想挽救一下,既然王小姐没有点明,那就去装傻,直接去问她,帮他解释。

毕竟张阿姨的媒婆嘴会说,她了解了扑克王确实是嫌他邋遢,就从小李不修边幅讲起,主要是专心在事业上。"小李特别喜欢你,什么都会听你的,这种小缺点是可以改造的。""而且李家父母对你特别满意,你若嫁过去,对照顾自己的父母也是方便的,会幸福的。"云云,讲得王小姐进退难行。张阿姨趁热打铁,要王小姐再给一次机会。王小姐终于肯在下周六晚上7点钟在外滩花园旁见面,免得单位再加班误事。王小姐准备在外滩散散步而已。

张阿姨到李家做足文章,要小李认真对待。小李和李母深表感谢。

又到了约会时间,小李白天做足功课,理发,头发新吹了风,笔挺的西装,内衬雪白的衬衫,暗红的领带显得精神。连眼镜也换成时髦的圆镜了,还在耳后和肘部都喷了点香水,和上次截然不同。

王小姐和他见面时,眼睛跳了一下,本来她想在周围兜两圈,散散步就回去了。但今天他们走了两圈,就走上了外滩沿江大道,缓缓地从北向南散步。不要看小李平时不太声响,但真要说起话来还是蛮会说的,毕竟是部门经理。他从单位和同行竞争讲起,到世界各国的布局,还讲了国外的一些小故事,引得王小姐还"哧哧"地笑。不知不觉,走到靠近十六铺码头的地方,旁边正好有家咖啡馆,小李建议进去喝杯咖啡。王小姐竟然也肯,但不肯喝咖啡,怕晚上睡不着觉,仅点了杯橙汁。

两人从咖啡馆出来,王小姐已和小李走得很近了,小李已能清晰地闻到王小姐身上的香水味,王小姐肯定也闻到他的香水味吧。晚风吹来,小李还牵了下王小姐的手,王小姐竟然很依顺。小李怕王小姐走回去太累,就打的回到弄堂附近,王小姐要自己走进去。临走时,王小姐又从随身小包里拿出一个信封,笑着说:"回去看。"

小李满心欢喜,这次觉得有戏,回到家里,连忙拆开信封,一看傻掉了,又是两张扑克牌,一个K,一个Q,不过这次是红桃的。这怎么啦?小李实在想不通,今天谈得这么好,还是不行啊!不可能呀!他回想着刚才的散步,他讲到她笑时,她曾经用手臂挽着他的手臂,那个突出,圆圆的、软软的东西还碰到了他的手肘,使他有触电的感觉。

张阿姨已来过几次,反正在下面,见他这么晚还没回来,估计有戏,现在她又过来问询。当她看到小李在脱西装,换衬衫后傻傻地坐着,一脸不快,手里又捏着两张牌时,也愣住了。忙了几天还是这两张牌,这个扑克王真会变戏法。她直摇头,只是苦笑。她开始问晚上的感觉,小李讲,原来感觉不错呀,否则不会走得这么晚,还进了咖啡馆坐坐。王小姐心情也蛮好的。当然小李没敢讲出王小姐高兴时挽他手臂,那个软软的球靠着他的事。张阿姨也觉得蹊跷。

忽然张阿姨问小李,这两张牌拿出来时怎么排列?小李已嫌烦了,就是这样的,一个K,一个Q。张阿姨看了许久,忽然拍手笑起来了:"这次是K、Q吗?老开、皮蛋、开、蛋,就是开始谈呀。"张阿姨这一点拨,小李连忙笑起来,直讲,自己怎么没有想到呢,差点误了好事。李妈妈也走过来问:"怎么讲?"当她听完张阿姨的解释后,高兴起来,她拉着张阿姨的手说,"明天帮我们去敲敲实,成功了少不了你18只蹄髈。"

第二天张阿姨只好继续装傻,到后面8号前厢房去找扑克王小姐,既然她没有正式点明,只得问她昨晚谈得怎样。如果确实可以的话,连忙转达李家妈妈想在下周末国庆节,请王小姐和她的父母在和平饭店吃顿饭。

第二天,张阿姨传话给李家妈妈,王家妈妈已答应她们一家前来赴宴。

写于2021年9月15日晚9点50分

榜样（小说）

那天，炼钢车间共产党员、团支部书记徐发找我谈心。他向我了解学习计划完成的情况，问我有没有把《实践论》学完了，《共产党宣言》的读书札记做了没有？我一一做了回答。后来，他又问我最近在想些什么。我心里嘀咕：我虽然进厂不久，但自己是工人家庭出身，工作也不差，在学校也是个班干部，是进厂青年中写入团报告最早的一个。可是这次在发展的团员中，却没有我的名字。对这一点，我想不通。因此，我不甚乐意地回答："组织上对我不了解，而我只是脾气有些躁……"

徐发出身于工人家庭，是在一年前入党的。他曾经是我进厂前所在学校的工宣队员。这时，他看了我一眼，对我说："小关，我的看法跟你不一样。好铁只有经过高温冶炼才能成钢。如果出身好，而思想上有优越感，有自来红思想，对自己世界观的改造抓得不紧，那么即使是块好铁，也会锈掉、烂掉的。"显然，徐发还想和我继续谈些什么，但突然"砰！砰！"几声闷响，火光随即映进窗来。徐发立刻站起来，咽下刚到嘴边的话，用他那大而深邃的双眼望着我说："哎呀！起火了！快去救火。"我和他立刻一前一后向出事地点跑去。

我们赶到浇钢场，只见油箱平台上燃起了大火。原来炉前吹氧时发生了故障，钢水从炉门口溅出来，飞到油箱平台上，余油燃烧起来。远处还有几桶柴油，如果让它们接触到火，就要爆炸。更危险的是，火若烧及油箱，就会引起更严重的后果，说不定，连厂房顶也会掀掉的！我看到这一切，先是一愣，然后跨上了平台。我觉得心像在擂鼓，耳边只听见轰轰响,脚也有些不听使唤。我急忙奔到远处,走到放着柴油桶的地方。这时,我害怕火势蔓延开来,烧到油桶,就想把几桶柴油移向两侧。"索性把它推下去,不就安全了吗?"我想着,就把一桶桶油推了下去。

"不行!"忽然有人高喊,把大家惊住了。只见徐发站在不远的高处,挥着手,大声喊着。话音未落,他又一骨碌翻上了平台。

徐发的喊声使我惊醒了几分。

"啊呀!我怎么连满桶油不能从高处摔下去的常识也忘了?"我跺了一下脚,低头向下一看,几乎惊呆了。油桶虽不会爆炸了,油却不断从摔裂的口子里淌了出来,火星落在上面立即烧起了大火。原来平台下没有火,现在随着油的流动,油箱却给烈火包围了,而且窜起的火舌直向油箱开关那边逼去。我只觉得心里又慌又乱。

猛然,徐发冲到油箱开关旁边,忍着大火的熏烤,吃力地一圈圈地扳着开关。他的衣服很快地烧起来了,但他毫不理会,只管扳着开关。

"徐发——",我掉下了泪水,急忙脱下工作服,和奔过来的其他工人同志一起,冲上去参加抢救……

火很快被扑灭,但徐发烧伤了。我坚持要送徐发到厂医院去,似乎想减轻自己刚才的过错。救护车飞快地前进。我满怀敬意,望着躺在担架上,脸部裹着绷带、嘴唇有些发焦的徐发,心里充满了内疚。

"都是我不好,不该遇到危险畏缩不前,不先把开关关掉,却贪图自己的安全,把油桶推下去,害得他烧成这样。要不是他及时关掉开关,那后果……"我一路上想着,觉得自己脸上火燎似的发烫。

出乎意外,徐发开腔了:

"小关,你烧着了没有?"

"没有,没有!"我哆嗦着嘴唇讲,"刚才我错了,我不该把满桶油从高处推下去,你觉得怎么样?"

"不要紧的,"徐发不以为意地说,"但是,小关,从刚才的事件中,我们要吸取教训！"

"是的,我在危险中,有点儿畏缩、慌乱……"

"不,我是说我们要把这件事和救火前的谈话联系起来。关于入团问题,你不是说你的缺点,不过是一点点脾气急躁的问题吗？而刚才救火这件事,恰好证明了绝不只是一点点脾气急躁的问题。在我们的头脑中还有许多不纯的东西,需要去掉。在革命的道路上谁自满了,谁就会停止前进。每个人都不能放松用马列主义、毛泽东思想改造自己的世界观,而这正是对一个共青团员最基本的要求之一。"

徐发在烧伤后还忍着疼痛做我的思想工作,这使我十分感动。我正想再讲几句话,而徐发却已在担架上昏过去了。

几周后,我到医院里去看望徐发,一走进病房,只见徐发正在给一个刚动过手术的病员喂饭。我心里很钦佩。看到徐发困难地踱回床边,我就关切地对他说："给病员喂饭可以叫医护人员干嘛,你伤还没养好,怎么去干这个？"

徐发不好意思地说："我为病员喂饭,还只是昨天才开始的。"接着他又说,"刚进医院时,我收到很多慰问信,渐渐地,我就认为自己为抢救国家财产而烧伤,理所当然应该休养了。我把医务人员无微不至的关怀和照顾,都看成是理应为我服务的。"徐发讲到这里,脸上掠过一丝歉疚的微笑,轻轻摇了一下头。

"后来我学习了《共产党宣言》,读到共产主义革命就是同传统的所有制关系实行最彻底的决裂；……同传统的观念实行最彻底的决裂。我检查了自己进医院后的思想问题,我发觉这种救火有功的思想,正是一种严重的私有制思想。我怎么能把救火的功劳放在自己头上呢？你把油桶推倒,我作为共产党员,难道没有责任吗？我平时的思想工作做得怎样呢？效果不是很差吗？没有大家一起救火,火能熄灭吗？没有大家的抢救,我能活着进医院吗？我把党的教导、群众的力量放到哪里去了呢？我进了医院,天天坐享其成,以为理所当然,这说明我放松了自己的思想改造。这样想过以后,我才尽力做些打扫环境卫生、喂病人吃饭的事情。"徐发讲到这里,深情地望着我,继续说,"我觉得我们要取得进步,一定要不断地解剖自己,要一分为二地看待自己,要有自知之明。"

"自知之明!"我重复着。这时邻床的病人呕吐了,徐发赶忙拿了自己的脸盆走了过去。徐发的一席话,像在我的心海里投进了一块石子,引起了很大的波动。我开始看到由于自己放松了世界观的改造,思想上已经掉队了。

我从医院出来后,决定回厂去把自己世界观上的问题揭出来,请群众帮助,一切重新开始……

半年以后,车间的老师傅和青年工人都说我有了进步,徐发这时也已伤愈回厂四个多月了。有一天晚上,我正在灯下学习马列著作,他到宿舍里来看我,高兴地对我说:"小关,你的入团问题,车间团支部大会讨论通过以后,已报请上级团委批准了。现在,你已是一名共青团员了!"

我听了,兴奋地握着他的手,一句话也说不出来。我想我一定要以徐发为榜样,"应该谦虚,谨慎,戒骄,戒躁",丝毫也不能因为入了团而滋长自满情绪啊!

刊于《文汇报》1972年8月6日"风雷激"版

下篇

难忘的目光

一

我出生时,父亲已经42岁。中年得子,喜不胜收。前面三个女孩,现在生了一个男孩,尤其是特别看重男孩的潮州人,父亲有多喜悦!他特地去买了条白色的毛巾毯,把我从淮海路和人民路口的平民医院抱回家。尽管再喜悦,父亲从不喜形于色,只是用他那深邃的目光,不停地看着襁褓中我红润的脸。那时我当然没感觉。他是个特别内向的人,到他95岁离开我们,我从没见他大笑过,最多也是"呵呵"笑笑而已。

父亲国字形脸,高高的眉骨还保有广东人的特征。一双大而有神的深陷的眼睛,望着我时,让我感到他对我的期望。他的鼻子坚挺,完全没有南方人面部扁平的感觉。他的嘴唇偏薄,和他不善言辞很不相称。门牙缝偏大,大概言语早从牙缝中溜走,使他说话很少。嘴唇上的人中很长,胡子稀疏,人中显得更深,不知是否应验了"人中长,寿命长"的俗语。他年轻时,两鬓长有络腮胡子(老了变稀),饱满的天庭太早显出谢顶。母亲说他三十几岁就谢顶了,我无法验证。但也奇怪,到他60岁退休时,邻居还说他"这么年轻的阿爸退休了"。他的双耳大而

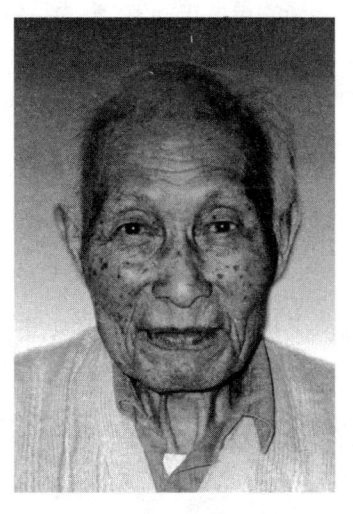

父亲马哲明94岁时摄

厚实，在我和他睡一头的日子里，我总喜欢去摸捏他的耳坠，软软的，肉肉的。听人说耳朵大有福气，但我始终感到父亲是个生活很艰辛的人。

二

很多人说潮州男人脾气不好，我常听到臭脾气的故事，最离谱的是我外公的一个食客叫金鬼的，叫他去生煤球炉子，那天由于风大，一时难以将炉膛里的煤球烧着，费了他很大劲儿，他非常恼火。好不容易将炉子点着了，他拿来一盆水，嘴里大叫"好啊，你气气我，我要你好看"，哐当一下子将炉火浇灭了。旁观者大笑，传为经典。但父亲是潮州人里的另类，很少有脾气，总是用他那目光看着你，因此我从小到大从没挨过他的打。最重的一次，就是他恼着火，用右手拍着桌子，高着嗓门儿呵斥了我两下。我已记不清，那次我做了什么使他恼火的事了。是他对我的宠？好像也不是。我三姐三五岁时喜欢在睡觉时让人给她挠痒，父亲竟然会给她挠痒，夏天还给打扇。邻居大叔多有讲："阿马（南方人多有将姓前加个阿来称呼人的）真是好心相。"父亲还曾从中山公园旁的单位走回家，为的是省下一毛钱车费给妹妹买个饼，给我母亲嗔怪。但是她们向他要钱零花，那是不可能的。他总会问你，要这钱去买什么？你说了，他就会想出很多理由来解释买这东西不好，没必要乱花钱；实在讲不出什么理由了，就说，给你妈知道了，一定会骂的。她们只得作罢。

但我时时感到父亲对我的偏爱。他虽没给我什么零花钱，但在我身上花的真不少。毕竟中年得子，总有潮州人的重男轻女思想。

在我很小的时候，他常在休息日，用他的公交月票带我去乘公共汽车兜风。我总是跪在靠窗的座位上看外面的风景。他用他的目光看着我。到终点站，他总会买一份点心给我，一个广东叉烧包或什么的。但仅此一份，在你吃时，问你好吃吗，我当然讲好吃。他只是微笑着点点头，看着我吃，从没见他自己也吃一份。有时我掰一半给他吃，他总说他吃过的，不肯吃一口。每次乘车兜风回家，我总会将几个抽屉排在床上，玩开汽车游戏，将自己乘过的汽车牌号用粉笔写在抽屉前面和后面，证明车子的真实性，玩上半天。我的姐姐、妹妹根本无法理解我当时的心情。那时的汤包要有蛋皮汤相配，就是父亲领我去吃，给我留下很深印象的。前几年，我在新客站旁的小餐馆里吃午饭，对面坐着的是一对父子，他们就叫了一份红烧猪爪，还叫了两瓶啤酒。儿子已有一米七的个儿，看得出父子是来上海找活干的，没什么钱。父亲将红烧猪爪一块块地往儿子碗里夹，自己尽夹点红烧猪爪里的花生过酒。我看着有点眼热，对那男孩说："你爸对你真好。"他父亲笑了，我却难掩眼中泪水，会想到父亲那时单买一份给我吃的旧事。自己怎么吃得下去？那时真不懂事。

小学时，我功课做得晚了，父亲会从挂在空中的吊篮里拿个香蕉给我。夏天，我睡在蝴蝶台子上，他怕我滚下来，就在我下面放两个凳子，架一块铺板，睡在我下面。我小时候喜欢玩蟋蟀，床下、橱下的蟋蟀盆不少，晚上可要大合唱的，此起彼伏，我听得习惯、高兴，但可能会影响其他人睡觉，而父亲从来没嫌弃蟋蟀吵。在我记忆中，父亲总是最晚睡觉，最早醒来，晚上很易惊醒，母亲一直说像他的生肖"鸡"。我不知道父亲是和我共享蟋蟀的合唱，还是爱子及蟋蟀。有一天早上醒来，父亲神秘地和我说："昨晚在桌下给你捉到一只大蟋蟀。"我一下子翻身下床。父亲拿出一个铁罐，我一看，像泄了气的皮球，"是个油葫芦。"父亲只好悻悻然把它放了。

我的家长会，人家都是妈妈去的，但他一定要自己去。看到我成绩不错，老师表扬，高兴不已，但只是看着我微笑，不会有丝毫表扬的话语从那宽大的门牙缝里流出。他还单独带我去看过几回京戏，廉颇和蔺相如的故事，就是他带我到中国大戏院看的《将相和》后给我留下深刻印象的。那次看了京戏《十八罗汉斗悟空》回家后，我一直扮演孙悟空,给家里带来很多乐趣。

其实父亲工资并不低,每月95.03元,当时应该算高薪了。但要养活六七个人的一家子,他特别节约。我从没见过他为自己买过什么东西。平时吃菜,他总将菜留给我们吃,要他也吃点,他总说"吃了,吃了",但不见他筷子举动。吃剩下的鱼骨,总是他的美味。他要从鱼骨中嚼出味道。有几次给鱼刺卡了喉咙,反给母亲讲,一副穷相。他从不回应。连深秋天冷,他都不肯穿棉毛裤,更不要说那件驼毛裤了,不冻得鼻涕水嗒嗒的,他是不会穿的。他习惯于每天记账,不知道是否职业病,每天家里的开销都会计入他那练习本里。有段时间我很好奇,很想看看里面记得是什么,但他把笔记本放在榉木大厨的抽屉里,那不是我们小孩可以随便开的橱柜。明明是母亲在管家,怎么轮得他来记账,但母亲和他在这问题上从来没有丝毫矛盾。

待到我开始工作了。他和母亲商量,给我买了辆自行车,142元啊!还在刚有进口手表售卖时,给我买了一块英纳格手表,220元。那时的钱大啊!那都是姐姐、妹妹不可能享受的待遇。父母的理由是,不要让我去羡慕人家,因为我的一些刚进厂的同事买了自行车和手表。现在想来,真是父母的良苦用心。

我到了结婚时候,那时还是房管所配房和单位分房时期,国家没什么造房,哪有房子分出来?根本看不到分得到房的时间。家里只有一间房,父亲愿将房让出来,给我们先结婚。他们住哪?好在我们的房子有近5米高,横梁也结实,我就请厂里我的师傅董师傅帮忙,买了槽钢,搭了个4平方米左右,勉强能站直的阁楼,他们就暂时睡在上面。那时父亲已70岁了,晚上要爬扶梯上去睡觉,我心里很是内疚,直到单位给我增配了房子。

一年半后,我儿子出生了,父亲喜出望外,虽然已是71岁的人,但白天都是他管着。母亲负责烧饭,我们都去上班,他怕小孩随我们去厂里托儿所,路上颠簸,小孩不适,他不放心。我们是轻松点了,但他却很

爷爷马哲明和孙子马思亮

劳累,要用奶瓶喂奶,要逗他玩,哄他睡,还要把尿。天冷的时候,我儿子就睡在他身上。他怕小孩睡在床上冷,用他的体温来温暖小孩。他又不敢多动,怕惊醒小孩,自己脚也坐麻了,但他一直乐呵呵的。儿子上小学,离家一站路,父亲就承担起接送的任务,爷孙俩在一起时间多了,话也多了。接小孩路上,他怕小孩午饭在学校里吃得少,常常在路上给他买个油墩子一类的小点心,但就一份,自己不吃,和我小时候一样。儿子也和我父亲感情特别好,两个人会在一起聊天。父亲看见我儿子总是笑嘻嘻的,哪怕是小孩在外顽皮回家变成大花脸。不知是不是应验了隔代更亲的话。

三

父亲一生没有什么朋友来往,平时沉默寡言,他的经历对我们一直是个谜。他从不主动和我们讲起他过去的事,除非我们有重大事情(如入团、入党)需要填表涉及他的情况,很多信息都是从其他途径得到的。

父亲在10岁就随爷爷到上海了。那时他的生母死了,后母已是生了三弟,他离家时三弟还在地上爬——学走路。后来他辍学于初中,那时他已是很有文化的人了,在外面打工是记账和会计,有时还为亲戚朋友代写书信。他的字写得挺好,不比我年轻时写得差。不过他写字思考时,常常是捏着笔不停地抖动,像在写,实在思考。这常常给妈妈作为取笑的资料。后来爷爷将他的大弟(老二)、二妹也带到了上海。他们虽然四人在上海,但走动极少。从我懂事的时候起,我只记得二叔和二姑只是在过年时的午后来给父亲拜年,母亲总是给他们炸个春卷或烧碗放鸡蛋的甜食汤类招待他们。不知道父亲什么时候去过他们家,至少没有领我一起去过。何况二姑住在西藏路上的敏村,离我们家走路仅十分钟光景。爷爷更没有印象了。据说爷爷在上海混得还不错,三个孩子能在上海生活,成家立业,自己还能将钱汇回老家,买房买地维持家里生计。由于买了地,后来才引来很大的麻烦。

那时父亲老家还有三叔、四叔和小姑,全靠奶奶操持。劳动力都在上海,三叔后来也去香港谋生,奶奶就将不太多的地租给村里的人,收点租来贴补生活。新中国成立后土改时,政府根据经济收入结构和财富,先给我们家定为中农。但后来有农民去告我们家,自己不种地,靠收租生活,应该改划为地主。据说还将我们家房屋的一大半分给几个农民住,其中就有告我们的那个农民。不料没过多少时间,也是巧,那个农民得急病死了,乡里的人们纷传是他们做了不该做的事,住了不该住的房,报应啊。吓得那些住进去的人家将住房还给了我们。这些都是老家人到上海来时讲给我们听的,因此在我们的履历表里,父亲的成分一栏里一直是填"中农"。

四

父亲总有潮州"大男子"的味道,在家里从不做家务,不烧饭煮菜,不洗衣扫房,实际他也烧不来,连内衣内裤也是我母亲洗的。他不管母亲唠叨,"是家里老娘姨",只管洗自己的手帕和袜子。但他从不嫌弃母亲的家务,哪怕饭菜不可口,他也吃得津津有味。

父亲在家里很安静,即使在家一天,也听不到他的动静,哪怕仅有一板之隔的邻居,也听不到父亲的响声。小时候我一直觉得他很胆小,没有和人争吵的习惯,信奉多一事不如少一事,吃亏就是便宜的信条。不像我们对面60号里潮州人老邱家,父亲是一个厂里食堂的采购送货员,每天晚上"哐当哐当"踩着黄鱼车回家,手臂特别粗和硬,有空还看见他用手臂撞树。他儿子和人家打架时,他不管对方多少人,一下子把对方掀翻,把他儿子从底下拉出来,把对方都吓走了。而父亲人虽不矮,也有一米七多(那时算高个了),但人较瘦,一口潮州上海话,连女人两字都会念成"牛人",若吵架起来没有唇齿锋利的感觉。我在外从不惹是生非,免得引起麻烦。在一次马路边观看国庆大游行时,父亲有几次差点被人挤倒,他都默默忍了,但当他看到我被人挤到时,他竟然怒斥前面的人为什么不站稳,还用右手挡在我前面,怒目相向,真有点护犊子的样子。后来我又听说父亲在很小时,有伙人到家抢劫,他竟敢怒斥他们为强盗,差点引发强盗要杀他,是奶奶说好话,小孩不懂,你们要拿就拿点吧,才打发了强盗。这事,我虽然得到父亲的证实,但看到他一生怕事怨事的样子,半信半疑。

后来我知道一事,似乎理解了父亲的性格,那就是一支枪的事。父亲在新中国成立前没有固定工作,一次经朋友介绍,跟了一个人去找工作,在外面兜了一圈,走了好多家人家,工作还是没有着落,就返家了。后来他才知道,那人身上带有一支枪。新中国成立后,有关部门就来找父亲,拿了照片问父亲,"这人认识吗？这人有把枪你看见过吗？那人的枪到哪去了？是不是在你那儿？那你曾看到他枪放哪？他会把枪给了谁？"等等问题。我父亲哪会玩枪？我连打人、杀鸡都没看他做过,怎么会藏枪？那时政治运动不断,每次运动来了,都有部门会拿了照片来问他这把枪的问题,一直持续了近20年。而每次来问他，他回到家就心事重重，吃不下饭，不知道后面会发生什么事。母亲第一时间会看出父亲的心事，又是那件事？母亲嗔怪他胆子太小，事情讲清了就好，怎么老来纠缠？让它去了。母亲安慰他。当然母亲不是亲身经历，没有亲身体会。父亲更沉默，烟也抽得更多。但也奇怪，组织上并没对他采取过什么过激的做法，也没影响到我们的入团、入党。直到他退休，才没人来找他问这事，这事肯定影响了他一辈子的性格走向。父亲一生，单位、家里，两点一线的生活，不喜欢交朋友，不知是否和这件事有关。

五

中国人很讲求家庭兴旺、家族兴旺，在南方潮州这地方更是讲究这一套。父亲的老家潮阳和平六联（只是在填表时才知道），我们的马姓是个大姓，新中国成立前很多人不满当地生活，都到南洋和港澳谋生，不少人就到上海等内地求发展。我爷爷应该算是家族中的强人，敢于到上海去发展，还带走了两个儿子（含我父亲）、一个女儿，应该是发展得还可以的，建造了自己带院子——有客堂拥有数间房间的院子，还置了部分田地。后来田地还惹了不少事。

到我父亲这辈，父亲不善交际，是个与世无争的老实人。他大姐到泰国去，后来和我父亲也没有什么联系。在上海的二叔，我也仅知道他的工作是中山医院救命车上摇铃的。但家族里出了个三叔比较能干，他在新中国成立前就到香港谋生，20多岁已是一个大百货公司的老板了。20世纪50年代初，他带着女朋友回老家，到处拍照留念，据说还到山上去游玩。当时有人诬告他，是海外派来的特务。他被以特务嫌疑扣了下来，没收了护照，回不去香港了。三叔也是个硬派，心不甘，变卖了香港的百货公司，买了一条船，准备偷渡回香港。但那船来接他时，又被抓住，船也没收了。三叔背着特务嫌疑的黑锅，过了大半世。女朋友也飞了,只得窝在家乡。他哪会下地拿工分过日子,整天在外游荡,帮这个朋友做点事,混口饭;帮那个朋友打点工,混点钱,根本不顾奶奶的气馁,终身没娶。

"文化大革命"中期,三叔到上海来过几回,他用父亲给他的香烟券买了好些香烟,但每条上都贴着张三、李四的名字。我问他是送人的?

"哪里?"他回答我,"我一个人带这么多香烟,要充公的。"他用贩烟和贩卖上海的一些日用品来度日。但每次来我家,他就会做出是乡下老祖宗的样子教训我父亲,说我父亲不顾他们乡下家里人的生活。父亲总是不予理睬,但母亲却是个直脾气,和他干了起来。等我回家,母亲已是气得美尼尔病发作,被救护车送进医院。三叔在走时,和我母亲说:"你们,我都不认的,只有志成我是认的,他是我们乡下拜老祖宗拜出来的,你们怎么生得出来?我和二哥也说,他们三个儿子抵不过志成一个。"他似乎是老祖宗,家族下辈好坏要

作者和三叔马利杰(右)在香港单位前留影

他认可一样，真是可笑。据说奶奶知道后骂三叔了，不该这样对我父亲。新中国成立初，父亲不顾家庭经济拮据，每月寄5元钱给家里买米度日，度过那段最困难时期。以后三叔再也没来我家引经据典说大话了。直到改革开放后，三叔的问题才得到平反，回到香港定居。

90年代中期，我出差到香港，去看三叔，在尖沙咀的一个公园旁，三叔和我说了许多家族里的事，他的伸冤信是通过泰国总理来我国建交访问时转给廖承志先生的，据说泰国总理还是我们的远房亲戚（我无从核实）。但我听说三叔的平反，当时是惊动了家乡的很多人。公安部专门派人调查后找他谈：查无实据，给他平反，回香港定居。

三叔回香港定居已是老了，他原来的一些伙伴，亿万富翁有的是，1997年香港回归前，不少人都转到加拿大去了，他就帮他们看看工厂，名片上印着"助理"的字样。他到香港后曾经认领了一个渔夫的儿子，相伴了不少年，每年回家乡祭祖都带着他。三叔也带他来见我，夸他很不错。但到了长大后，那义子不辞而别去澳大利亚读书了，给他很大打击。虽然那渔夫要赔偿他十万港币，但给他拒绝了，觉得这不是钱财能补偿的事。最后一次见到他，我是在他的一个朋友引领下，在山脚下一个废旧汽车仓库门房间的楼上找到他的。他说现在脑子总是静不下来，常常睡不着觉，就起来爬山，累了再睡。他不再和我提起那义子的事，不知是否怕我讲他住在这么简陋的地方，忽然转话题要领我去参观他的新房。那是香港政府为孤寡老人建造的高楼，老人离世后政府将收回。那大楼离香港市中心很远，离深圳倒蛮近。房间仅能放一张单人床，吃饭厅放一张桌子已难以转身，还紧挨厕所间。他和我说，在香港，他终于在大楼里有自己的房间了。但他爱安静，还是常住在山脚下的那门房间里。坎坷一生的老人就这么容易满足。每次我去看他，他都是那样高兴、健谈。离开他时，我心里总有股讲不出的酸楚，为他难过。

六

平时，我们家遇到不顺畅的事，或听到父亲家里有什么挫折事，我母亲总会哀叹，父亲家族是否"小蟹坟山"发不起来，怀疑祖坟有问题。每次讲起，父亲忧郁的脸上没有丝毫笑纹，老大不快，更不愿讲话。我不知道父亲对我们的吃苦耐劳、倾心培养，尤其是我，是不是和家族兴旺联系起来看待。他从来没有从这么高度和我谈起过，但他确确实实是任劳任怨、尽心尽力，希望我们小辈聪明、能干，有出息。

在我40多岁时，曾担任过涉外人力资源行业协会的全国副秘书长，我有机会可让父亲到老家去看看。那时广东省劳动局副局长兼广东劳动服务总公司的总经理蔡总也是潮州人，他待我很好，不但给我工作上很多帮助，还曾多次提出，愿帮我安排小车，送我和父亲去老家看看，以解父亲70年离乡之苦。但父亲苦思几日后回绝了我，那时他已80多岁了，而且有心肌梗塞史，他怕乘飞机，长途奔波身体吃不消。在一次深圳开行业协会会议后，蔡总专门安排我到潮州去搞了个活动，请潮州市长和劳动局长出来吃了顿饭，并用小车将我送回老家去。这也是我第一次也是至今唯一一次回老家。老宅周围已经没有农村味了，像个小镇。马家的院子里只住了四叔一家人，三叔仅在清明和冬至回老家上坟住一两晚。四叔比我大十岁，年轻时就响应国家号召，去开发海南岛的。后来知青回家乡工作，他育有三个孩子，房内还是显得空落，据说还留着我们可住的房间。房子有点像上海的石库门房子，不过是单独一幢，周围一圈是房间，每个房间比上海石库门房间稍窄。中间客堂间放有供桌，头上方有祖宗牌位。不过没有二楼。客堂前面有个天井，面积都不小于我们上海过去住的石库门房子的客堂和天井。天井的右墙角边有口水井。虽然已有自来水，但那口井仍在使用。天井前有两扇黑漆大门，有门楣和门槛，那门槛还蛮高。我拍了一些照片拿回家给父亲看。那天父亲很是兴奋，捏着照片看不止，尤其是那口井，更是看了不肯放下。问我，那口井还在？他口中喃喃。他和我说，小时候常常在井边玩的，那井一定给他太多回忆。后来我自己想到，如果我安排父亲回老家，让他亲眼看看家乡的情景，一个10岁的男孩离家赴上海，现在80多岁了才回家乡，还是当地政府用小车送回来，不知道会不会有光宗耀祖的感觉。当然我不敢冒着他身体危险去那样干的。没有安排父亲回家乡看看，也是我一生很遗憾的事。

七

有段时间，单位先后给我调整了几次住房，我都给他们住在朝南房间，以孝顺他们，还赎年轻时占他房子的歉疚。直到后来，我为父母在我小区附近买了两室带天井的底楼房子，冬天的太阳还能照到床边，老人需要地气，底楼是最适合的，他们才和我分开住。那时我忙于工作，只是休息日去看他们，儿子常跟我一起去看他们，偶尔儿子没去，父亲总要问他为什么没来，读书辛苦吗？等等。我手里还有几张爷孙两人的合影，是父亲笑着坐在沙发上，我儿子坐在沙发扶手上，几近脸贴脸的照片。待到我儿子大学毕业要去英国留学，父亲是第一个反对的，怕孙子在外没人照顾，风险太大。这事是我违背老人家意愿做的，当时刚开始留学潮。儿子出发去英国时，父亲已在医院急诊室抢救，他挣扎着和我说："我爬得起来的话，要到机场去送他。"

没想到仅过了十余天，他就离开了我们。那些天，他的身体稍有好转，医院也将他转到病房里，那晚我没陪他过夜，临走时三姐和我说，父亲一直看着我们，似乎不希望我们离去。我还说问题不大，他会好的。没想到第二天下午，医院一个小小失误，他竟走了，那时他95岁。我还在上班，在集团召开的现场会上发言。等我赶到医院，父亲已经没有感觉了，我抱着他的头痛哭，第一次感到人的脆弱，我的无奈。80多岁起，父亲几乎每五年都要进医院抢救一次，每次我都把他从医院领回家，这次再也没法领他回家了。

后来我从三姐处知道,父亲到晚期很羡慕人家吃圆台面,其实我完全有条件满足他的,但我因为工作忙并不知道他这愿望,很是后悔。现在我已70岁了,如果几天没看到儿子,就会思念他们,还会产生一种老人的孤独感,我才真正体会到父亲那时的感觉。我后悔那时去看父亲太少,以为他们住房宽敞,老两口过得舒服就好了,好事变成了憾事。父亲走后,我虽然连忙将母亲接到我家来住,还常带她出去吃饭,想从母亲身上给他们补偿,但对于父亲,已是无法弥补,成为我的终身憾事,只能在坟前向他忏悔了。我有时会一个人开车去父母墓地看他们,和父母说说话,似乎想补上父亲在世时和他交流太少的遗憾。

八

现在父亲已离开我们十七八年了,老家的房子已没人居住了,四叔一家已去深圳发展,仅是清明、冬至时,四叔的儿辈下去扫墓、祭祖。四叔常常将儿辈上坟、祭祖的照片发给我,我仅能表示感谢他们费神照顾家乡一切,自己已是无能为力。我们已是上海的第二、第三代人了,生在上海,长期在上海,受到高度移民社会和发达商品经济的影响,国家观念和单个家庭观念日趋加重,家族、家乡观念似在淡薄。我已不知道家乡的风俗习惯,讲不清爷爷辈以上的任何情况,更不要说我的儿孙辈了。

我相信风水,但又感到很玄乎,摸不着头脑。过去我们抱怨我的爷爷辈和父亲辈发不起来是否风水的问题,而到吾辈,家庭生活比他们好得多,主要还是享受了改革开放的红利。我只能理解是否顺应了社会、国家的发展,难以从考察祖坟来定论。

父辈的生活,四五十年租赁住在一间老式石库门房里,主要也是国家不发达所致。国家不发达,人们丑陋的事就多,三叔才会碰到仇富红眼病，无视法制的农村基层干部的害人举动，贻害他一生。我辈虽然也会碰到各种不顺，但整个社会发展了，我辈、儿辈和孙辈都已过上比我们祖辈好得多的生活。我们家乡，祖上的房屋已空关，没人恋眷，我真不知道怎么处理好不忘祖宗和现实生活的矛盾。

每次想起父亲，他那深邃的目光就会出现在我面前，令人难忘。现在我只能到父亲坟上和他说，你们希望后辈有出息，生活幸福，我们在今天已经做到了。这是祖辈福荫的造化，更是国家发展的福享。我们不忘祖辈，更愿国家发达，世界平稳，我们才能世世代代过上幸福生活。

草于2020年3月26日
改于2020年4月3日

老式台钟的发条

老式台钟的发条,圆圆软软的,不易变形。

——作者自题

刚过母亲节不久,6月7日,就是在十年前的今天,母亲离开了我们,那年她94岁。恍恍惚惚,似乎就在眼前的事,她还和我住在一起。

一

母亲出生在兵荒马乱的年代,她6岁曾随家人逃难海门时,父母还要她手里抱着一只鸡。后来外公在上海宁海东路上开了个杂粮铺,生活才算安定下来。她是大小姐,按理说生活一定不错。但不知是她太好强,还是潮州人的重男轻女思想,她11岁就去绞丝厂做童工了。在滚烫的锅里将蚕茧撩上来,抽茧丝。日本那摩温(工头)看到有的员工手脚慢点,或不顺她们的意,就会用缫丝的那桶滚烫的水浇到你身上,

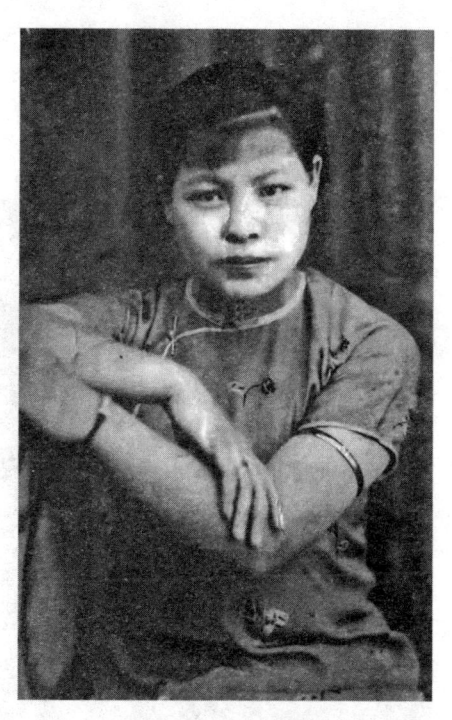

母亲刘凤珠年轻时

使人疼痛难忍,母亲也曾给她们浇过。母亲对日本人一直很恨,哪怕后来中日邦交正常化,她都会和我们说,日本人很坏,中国人吃了他们多少苦头!她会和我们讲东洋乌龟在大世界门口扔炸弹,有的人被炸弹削掉半个屁股还在走,当旁边人惊呼时,他才倒地的惨状。后来母亲到香烟厂工作,我们小时候还在五斗橱里看到那几个金属盒子,说是香烟厂包香烟用的。

外公的杂粮铺里养了很多食客,店里永远是高朋满座,侃大山、讲大话的声音总在店堂里回荡。到了吃饭时间,大家都坐下来蹭饭。而我母亲很小就去做工赚钱,也从没觉得不公。她对家里的一些做法有看法,曾经和外公理喻,但都给外公斥为"女人鬼,话真多"挡回来。这大概就是当时潮州人家里女孩的地位。外公热衷于要儿子,不会把女儿放在心上。他嫌大舅一个不够,还从乡下领了二舅,再添了小舅。而且对领来的二舅比自己亲生的两个儿子还要好,后来演绎了很多故事。大舅和二舅先后生了儿子,可能两个舅舅的文化差别,大舅是大学毕业生,儿子在家叫小易,二舅从乡下领来,文化程度不高,他的儿子在家叫猪仔。但外公就是喜欢猪仔,三天两头带猪仔外出吃点心。小易很是不服,他毕竟是正宗孙子。一次外公午睡醒来,发现自己的皮鞋不在床前,找了半天也没找到,以为给老鼠拖走了。过了几天,他

作者的外公和外婆

忽然在三楼阳台上望下去,发现玩具摊上面的太阳伞上有他的皮鞋。一问,小易承认是他扔的,把外公气坏。外公什么事都为二舅着想。公私合营时,外公将资方权益让给二舅,他那店铺变成了二舅和国家公私合营,二舅每季度可拿几十块钱的股息。那时钱大,几十元人民币相当于一个人一个月的工资啊。但"文化大革命"来了,二舅是资本家,被斗得很苦,有段时间还被隔离审查了很长一段时间,虽然后来没事,但身体却变坏,50多岁就病故了。那都是后话。

二

母亲生下我,似乎如释重负,前面都是女儿。按理是很高兴的事,但是外公就不快了,因为二舅妈正好头胎生的是个女孩,和我同日。

"凤珠总是生女儿的,这次也生了儿子,你怎么生女儿呢?"外公还这样指责二舅妈。

母亲从外婆处听到外公的话,很不高兴:"我怎么不能生儿子?"母亲从外婆处还听说二舅的孩子并不和我同日生,因风水先生说我的生辰八字好,他们才改了和我同日生。我母亲又高兴了,不管他们改不改日期,只要我儿子的生辰八字好就行。在二舅的大女儿60岁逝世的追悼会上,我听到了她的生日是和我同年同月同日的。那是后来的事。

母亲在医院生下我时,还闹了场虚惊。出院时,护士小姐将一个白白胖胖的孩子交给母亲,母亲满心欢喜,刚出生几天的孩子都是差不多的脸。母亲打开小孩蜡烛包时,小孩的小鸡鸡没有了,母亲急起来,直叫护士。原来护士将隔壁床位的女孩错抱给我母亲了。后来母亲每每讲起此事,总笑着说,他们家是唱戏的,错抱的话,你现在说不定去唱戏了。还好错抱的是女孩,母亲才会那样警觉。

我出生前后的这几年,是母亲经历的风霜雨雪最多的年代。新中国刚成立,一切百废待举。父亲的财会工作本来就没有个长期固定的,基本歇在家,母亲的香烟厂也显不景气,做做停停的,母亲只得到外公的杂粮铺拿点米和豆子。外婆倒是挺体贴母亲,也会时不时地送点吃的东西过来。到我出生后,香烟厂老板托人带话过来,厂里也不景气,你就在家里带孩子吧,待厂里好了再来叫你。有人劝母亲不要答应。母亲无所谓,因为生了儿子,要带儿子,就应允了。后来香烟厂好了,哪还会来叫我母亲去工作?母亲讲起这事,总说,我为了要领你,饭碗也敲脱了。在我小时,总好奇地问母亲,那打碎的饭碗是瓷的还是玻璃的?引来一片笑声。

那段时间,家里的小菜多是煮熟的黄豆、黑豆,都是从外公的店铺里拿来的。我总是吃很多,有的没有嚼烂就咽下去了,致使生了肠胃病。这也是我小时候唯一的大病。母亲再也不敢给我多吃,总留家里最好的食物给我。

在外婆逝世前,她对母亲说,阿奴(潮州人统指男孩的爱称)要一周岁了,家里应该给他过次生日,高兴一下,并告诉母亲,她已托朋友帮我父亲找到了工作,叫我父亲好好去工作。这大概是外婆对我家最后的帮助。从此父亲在橡胶制品厂里一直工作到退休,家里有了稳定的收入。外婆走得早,才50多岁,母亲一直非常怀念她,直到母亲离世前半年时间里还常常讲起要去看外婆。

三

母亲是个非常懂得感恩的人,她一直要我们记住,是阿姨帮助我们度过家庭最困难时期的。记得阿姨生第三个孩子时,她将唯一的儿子问问临时寄放在我家,那是我母亲很愿意做的事。那时问问就三四岁,第一晚半夜醒来,将我父亲认错为他父亲,哭了。以后他逐渐习惯了和我们相处。母亲始终认为,阿姨比她金贵,阿姨的儿子当然比自己儿子金贵。加上母亲本来就特别喜欢男孩，洗脸，问问先洗，然后才轮到我洗，就用一盆热水的。后来问问回忆起来，就说"大姨妈洗脸痛来西"，母亲怕洗不干净，手脚可能重了点。每天一个荷包蛋，那是问问的专利，我们都没有嫉妒的。几个月后他回去了，一直讲起这段特殊的岁月，他和我们关系特别好，常来看我母亲。我们表兄弟的关系因此而特别好，以至于到现在60多年后，比亲兄弟还好。

母亲身材虽然不高，微胖，但很结实，双臂雪白丰腴，我小时特别喜欢用双掌抱着母亲的臂膀，有种特别有依靠的感觉。母亲浓密、乌黑的头发配一张白皙的脸，看上去还有点福相。眉骨稍突，鼻子有点扁平，有着南方人明显的长相。我看到她年轻时的一张照片，很有大小姐样子。烫过卷曲乌黑的头发，大大的眼睛上弯弯的细眉，耳朵上吊着金耳环。黑丝绒的短袖上衣露出雪白的臂膀，手腕上还戴着翡翠的玉手镯。但我自小看到的母亲，从来没有那么漂亮。

母亲身上有时还能看到过去当大小姐的痕迹。她出去走亲戚时会向脸上拍粉。过一段时间会对着镜子用线在脸上不停地拉动，清理脸上细微的汗毛；有时还用一种特殊的刨花，浸在她那特有的银盆里，倒上一些水，用梳子蘸着那有点黏的液体梳头，护理头发，当然抵不过现在年轻人上美容院做面膜，护理头发。母亲常贬自己难看，和阿姨天壤之别。阿姨确实是潮州人里的另类，年轻时走在马路上被误认为广东著名演员红线女，受到围观，直到年老时还是那样出彩。但母亲更像劳动人民，健康、自信，可能和她的经历有关。

她们老姐妹俩特别要好。我们小时候就是喜欢跟母亲去阿姨家。母亲到了那里，就会围起围裙，帮她做家务，洗刷餐具，洗衣服……总把盒里的肥皂头子先用掉，似乎还在家里大姐照顾小妹一样。在困难时期的年份，阿姨没什么奖励母亲，就给她嘴里塞块冰糖。我们往往跟在后面蹭饭。阿姨家里条件好，又烧得一手好菜，我们在那里改善生活。当然母亲见家里有什么好吃的东西，也常想到给阿姨送去。我就曾做过为母亲去送菜的任务。但每次去,阿姨总要把我送到车站,7分钱的车费,阿姨总塞给我5毛,使我很过意不去。记得有次清明,到联义山庄为外婆上坟,时值国家困难时期,一个人一旬仅二两肉票。母亲将肉票积攒下来买了块不小的白切猪肉,放在盘子里做供品,母亲看到姨夫他们不经意地对猪肉看了一眼。母亲回家后,连忙将那肉洗一下,稍微回下锅,就叫我二姐送过去。以后的日子,姨夫和阿姨家总讲起那块肉太好吃了,并感到后来吃的肉都没那肉好吃。母亲总笑答,你们不知还我们多少东西了,本钱早就还来了。老姐妹俩到老了,走得更勤,见了面无话不说,糖尿病治疗的交流,就闹出了尴尬。母亲患的是轻度糖尿病,不知是阿姨用的药太好,还是什么原因,阿姨的糖尿病似乎比我母亲的重。阿姨怕我母亲用的药太差,将自己用的最好的药给我母亲用,结果母亲反而低血糖发作,昏迷过去。救护车送到医院后才知道原委。母亲虽然比阿姨大十岁,但遗憾的是阿姨在80岁后就离世了,那些日子,母亲一直胃口不好,吃不下饭。

作者母亲(中)和阿姨刘秀梅、姨夫徐开垒

四

母亲是在新中国成立后才进的扫盲班。她读的书,我姐姐都把它作为顺口溜来念。我那时还没上小学,但也背得出那么几句:"不识字,真苦恼,拿了糖票当油票。爱人来信看不懂,门牌号码勿认得……"后来她不断识字,在她七八十岁时,最喜欢做的事就是看《新民晚报》的小说连载,津津有味,碰到不识的字就来问我们,不懂的意思还要我们讲解,使我十分佩服。一次姨夫知道这事,还建议我,将母亲读报的事写给晚报的《读者·作者·编者》专栏,反映有这样一个晚报的忠实读者。

母亲虽然文化水平不高,但深知在社会上做人的道理。有一肚子含哲理的潮州谚语、俗话,平时说话中时不时地就会蹦出一句,真够我们学习一辈子。她讲得最多的是"不识钱,教人看;不识人,该去死",还有什么"作精作怪,都是几个铜钿在作怪""多吃滋味少,少吃滋味多",等等。她的"瞎子不怕枪"后来成为我工作中讽刺人瞎搞的经典语言。我很惊愕,一个不识几个字的妇道人家竟懂那么多的人情世故经典语句。前几年,我曾想把母亲的经典语句收集成老娘语录,但因为很多潮州话,没有那种音的字,意译又不押韵,完全失去原来的韵味和经典,只好作罢。

五

母亲是家里的总管,她把家里安排得服服帖帖。那时家里不富裕,但总吃得舒舒服服,穿得暖暖和和,哪怕是三年自然灾害时,也没特别困难的感觉。家里总有吃肉的安排,总有吃干(饭)的日子,饼和馒头我们很少做,因为我们不太喜欢吃。母亲喜欢买栗子山芋,很少买糖炒栗子,因为栗子山芋能吃成栗子味,价钱又低廉。鸡是很少买的,但菜场里有鸡壳子,母亲即使排队也要争取去买来,烧鸡汤,骨头边还有肉,那是母亲为我们改善生活的项目。当然浪费是不允许的,哪怕是穿着。家里女孩多,母亲很少给她们买新衣服,基本实行"新阿大、旧阿二、补阿三"的原则。我妹妹小时就轮到这状况,一次她生病,母亲领她到地段医院就诊,医生看到妹妹穿的衣服都压着补丁,就问我妈:"这孩子的爸爸是踩三轮车的吗?"其实父亲那时已是月薪95.03元,收入很高了。我们虽然多是穿着补丁的衣裤长大的,但母亲总是帮我们洗得干干净净。母亲自己更是穿着打补丁的衣裤生活,直到我们都工作了,家里生活条件好了,她那裤子还是补了又补。三姐常买给她衣裤,她也很少穿,说是穿在里面又没人看见,这种裤子穿了舒服。后来母亲把自己最好的中长的海富绒大衣改成海富绒短大衣给我妹妹,还挺时髦,不知是否弥补妹妹小时候穿旧衣服的缺憾。

家里的三顿饭菜都是母亲打理,从买菜、洗菜、烧菜到洗碗,饭桌上她吃得很少,但剩饭剩菜总由她解决,我们从不管这事。一次我下乡劳动回来,肚子很饿,一下子就把家里的半锅剩粥吃了。母亲很是高兴,说是我帮她吃掉了一周吃不了的剩粥。母亲吃剩菜剩饭,我是到她老了才注意的。每天饭菜总有剩下的,总有人要去处理,她总是扮演这个角色,她认为这些饭菜都是钱买来的,扔了可惜,不会像现在人们,隔夜菜大多会倒掉。直到我父亲老年时,有的菜竟然反复烧煮五六天,吃得倒胃口。我也深感对他们关心太少,但和母亲讲也未必有效。

六

母亲心肠很软,从来不吃牛肉,因为她觉得牛一辈子在田里耕作太辛苦,不忍心吃它们的肉。按理,牛肉是潮州人家里餐桌上的美味佳肴,但在母亲当家的日子里,饭桌上从来没有出现过牛肉菜肴。她的有些事,还得到我们的嗤笑。小时候,门口常有来讨饭的,她总会盛一碗或半碗饭，加一点菜给他们。那时我们生活也拮据，尤其是自然灾害那几年。我们很不理解母亲这样做，认为叫花子太多，又不认识，我们自己也是省吃俭用，没必要去接济，有时还讽她为东郭先生。但母亲总说这种人很可怜，我们少吃一口，饿不死，大家都不给他们吃，他们将饿死。有段时间，我们家门口常有个中年女人挑担高嗓门儿来吆喝，叫卖潮州菜、橄榄菜和荷兰豆，20世纪50年代只有潮州人才会买来吃。我们弄堂里有十多户潮州人，她们才会来叫卖。但邻居买的人不多，可能价钱较贵，母亲总会买一点，说她们挑担过来不容易。记得还有个我们叫她卖猪头肉老婶的，每次来我家，手里不是提块潮州烟熏猪头肉，就是潮州鸭脯，那时市场上是买不到这种食品的，她叫我母亲人小姐，问要不要买。母亲总把它买下来，还留她吃顿饭。母亲和她聊起一些事，似乎还很熟，我估计是母亲在娘家时就和她认识的，临走她直讲"大小姐良心真好"。后来过了很多年，那个卖猪头肉老婶一直没出现，母亲还会在我们面前念起，不知她过得怎样，是否还在世上。至于有些做潮州鱼圆生意的，有时也会来问要否，我母亲买了，就会想到给我阿姨送去。姨夫虽然是宁波人，但特别喜欢潮州鱼圆，他有时会从碗里吊一只放进嘴里咀嚼，喜形于色。

母亲在特定环境下的思维，给我留下很深印象。50年代后期，大舅被打成右派分子，母亲一直为他不平。大舅在旧社会大学毕业，学的是财会。新中国成立前后，他的一些同学一直鼓励他去海外，当时他已在中国银行工作。一次，他的要好朋友来问他，香港一个大机构需要一个懂财会、会英语、会讲潮州话的人，工资很高，问他愿不愿去。他觉得新中国成立了，新社会也需要有用之才，拒绝了高聘。1957年，他在《文汇报》上发表了一篇《苏联银行制度的弊端》。在反右斗争后期，说他攻击社会主义制度，因为他批评苏联老大哥，就是攻击共产党，反党，被套上右派分子帽子，从银行调到杂货店当营业员。大舅不服，写了申诉信，但每次申诉就加重他的罪孽，说他右派想翻天，这是阶级斗争新动向，困难时期差点把他送到安徽农村去。

母亲很为大舅愁苦，她清楚大舅不会仇恨新社会、反对共产党的，否则早就离开大陆了。由于大舅被评为右派，大舅妈原来是优秀小学教师，现在什么也不是。也因此影响了子女很多发展机会。母亲在我们面前常露出对大舅的同情，她一直坚持大舅是个忠厚老实的人，就是嘴臭，好发表自己观点，惹的祸。母亲从没疏远过大舅，来往走动还很勤。母亲常去看望大舅，他们家在三楼，扶梯陡，道路黑，母亲要在下面叫他们开电灯才能上去。母亲的叫声给大舅家人留下很深印象，听到这声音，他们就知道大孃孃来了。前几年，大舅的儿子小易（已在美国定居）从美国来上海，我们表兄弟聚餐，小易就学我母亲在楼梯口大声叫大舅的名字。小易虽然不会讲潮州话，但我母亲的叫声，他学得惟妙惟肖，我们笑倒一片。大舅也时常来找我母亲，一进门就"阿姐、阿姐"的，看得出，他和我母亲在一起很舒心，姐弟俩会背着我们讲很长时间话。大舅一直在我们面前表现得很乐观，当他右派平反时，他已老了，还得了癌症，但他还是很乐观，请他香港朋友做担保，将儿子小易送到美国读书。

母亲在"大跃进"年代，解放妇女劳动力时，也去里弄生产组工作了，先后做了糊纸盒、做皮革件等活。组里总有几个碎嘴婆，其中一个被母亲讽为"缺牙"的，门牙缺一个，不知是否嚼舌头太多把门牙也嚼了，总是盯着母亲，嫉妒我父亲工资高，一个抵她老公两个。当然她对其他人也评头论足。组里有个阿姨，每次买棒冰时总问："三分钱的断棒冰有吗？"而给"缺牙"起了个"三分头阿姨"绰号。那时正遇我妹妹毕业，因病休在家，里弄来动员去务农，那个"缺牙"更是抓住话题，"家里工资大，不放子女去农村是不响应国家号召"，还说得上纲上线，组里还有人应声附和。母亲不予理喻，但时感头也抬不起来。她回到家里，和我妹妹说："去不去你自己定，想想好了再定。妈妈不会逼你，家里有饭你总可以吃的。"后来妹妹病休，度过了那段难熬的日子。

七

从我懂事的那天起,我就知道母亲待我特别好,或许家里有四个女儿,我是独子的关系。母亲喜欢儿子,看什么都是好。"你看,男孩子吃奶起来也和小姑娘不一样,小脚用力一蹬,啊呜一口,爽爽气气。囡五(女儿)要给她吃奶了,她嗯一记,头别别转,弄得我奶涨煞,每趟要看医生,贴消肿药膏。"甚至在家抱怨,养女儿草纸也要多用点,说得姐妹们老大不快。那时家里经济拮据,母亲还会想着给我开"小灶",午睡醒来,母亲会抱我在弄堂口,等敲梆卖粥的"梅兰芳"(因他声音"聒勒"松脆,大家都叫他梅兰芳),买一碗白糖粥给我吃。中学开始,我口袋里的钱总比其他的同学多,打完篮球,我会到城隍庙馒头店买两个广东叉烧包充饥。那时母亲要我不去羡慕同学,会定期给我5毛或1元零用钱,那时钱大,叉烧包仅5分一个,我总有点小积蓄。在我长身体那几年,母亲每年冬天专门烧点东西给我补身体,炖猪蹄筋一大砂锅,每天早上盛一碗,热给我吃,从冬至吃到立春;有时桂圆煮蹄髈,甜的,每年轮换着。我的姐妹也没妒忌。我在同辈中买自行车、进口手表都是算早的,也是算少的,这些都是父母对我的厚爱。我知道家里并不比其他人家富,因此很爱护买来的东西,口袋里的钱不随便乱用,不使母亲难堪。在我33岁那年,我因工作忙,熬夜写单位材料,自己又不重视,阑尾炎穿孔导致腹膜炎,在曙光医院高烧19天,创造了该医院手术后发高烧的纪录。每天下午我的体温都要到38.6～39摄氏度,母亲担心我活不下去了,旧社会多少人因为发高烧而死?她几乎每天求医生,寻亲戚,找邻居,真是到了见人就讲、见鬼就哭的地步。母亲为我流了很多眼泪。幸好,医生陈权不断改进医疗方案,加上我的身体体质还行,终于渡过难关,母亲才放下心来。那年,母亲为我瘦了一圈。

母亲对我也是用男孩要求来养的。记得小时候有几次任性,母亲就会训斥我,这像啥男小囡,今后还会有出息?男孩子不能这样的。虽然没打过我,但话语是重的,不断把我引导到正确轨道上来。

在我结婚的事上,母亲为我们做出了第二次牺牲。母亲和父亲商量,将他们的房子让出来,给我们结婚。因为我们暂时没法申请住房。家里虽然搭了阁楼,但母亲还是去附近的二姐家过夜。虽然时间不长,我们很快解决了住房,但想起这些事,就感到对父母深深的歉意。后来我先后四次给父母改善住房,越住越好,但总抵不过母亲对我们感情的伟大。

母亲信佛,虽然没有前楼阿婆那样常常诵经,念读佛经故事,但也常拜佛,逢初一、十五,一定要吃素的,希望菩萨能保佑家庭平安,后代聪明,有出息。她和我说,是34岁开始的,也就是我出生的那年,她为我开始吃素。这吃素习惯,她一直保持到90多岁。在那段时间,她喜欢挂一本日历,每天撕一张,怕误了初一、十五吃素的日子,否则前面白吃。她就是这样较真。

当然,母亲还保有那个时代过来人的观念习惯。妻子在生孩子

奶奶刘凤珠和孙子马思亮

时,母亲在家待了一天,已等不及了,自己走很长一段路到红房子医院门口张望。当她看到我时,隔着很远,就尖着嗓门儿问,生了什么? 当她得知是男孩时,高兴得屁颠屁颠地回去了。等我回到家里,妻子生儿子的消息,左邻右舍都已知道了。母亲对孙子的喂养,真是倾心倾力的。妻子休假56天就去上班了,孩子白天喂牛奶、领养,都是母亲和父亲两人包掉,毫无怨言。母亲对我儿子的喜欢溢于言表。每次见到他,总要他过来说话,一直到他成人。但我儿子成家生了个女孩,母亲第一次听到时,一下子跌坐在椅子上,没有说一句话。那时母亲已经90多岁了。

母亲看到我永远是高兴的,尤其是父亲离世后,我把她接过来和我同住。妻子为了照顾母亲和她自己的父母,提前从政府机关退休。我还和妻子开玩笑,你现在真心照顾我母亲,以后我会回报你的,如陪你去澳大利亚等。妻子退休前,组织上安排她去过美国、加拿大、欧洲多地,连迪拜也去过,就是澳大利亚没去过。但她只是笑着说"你放心"三个字,令我感动。当然她也知道母亲在我心中的分量。至今,因她腰不好,我还没兑现自己的诺言,妻子根本不在乎去澳大利亚那事。

家里留了一间朝南的大房间给母亲住,使母亲能享受夏凉冬暖的快乐。那时我还在上班,常常要出差和出国,我三姐和妹妹也希望母亲到她们那里去居住,尽孝。有段时间,母亲同意轮流去住,但每次都要带二十八九个包裹过去,在我车里塞得满满的,可没到住期,就唠叨着要回家了。我姐她们问,回家? 回哪家? 答,儿子家。她们说,儿子、女儿的家,都是你的家。母亲坚持,儿子家是我的家,把姐妹们弄得气死,只得通知我开车把她接回去。她看到我去接她,特别高兴,笑嘻嘻地用潮州话叫着"阿奴(儿子)来了"或"阿成来了",一下子就钻进我的车子里坐定,不管我们怎么帮她搬着那20多个包裹。随着年龄增长,她不愿去姐妹家居住了,我专门请了护工定期给她洗澡、洗头等,搞好个人卫生。家里虽有两间厕所,但买了个活动马桶放在她床旁,便于她晚上使用,床前还专门铺了地毯。母亲在我处住的最后六七年时间里,我把对父亲没尽到多陪他外出吃饭的亏欠,弥补在母亲身上,过些日子就开车出外陪她吃饭。每天晚上回家,第一件事就会推开母亲的房门,她醒着,就和她说几句话;若她已睡了,就会看一眼,轻轻掩上门,不惊醒她睡觉。母亲到后期牙齿已很少,吃饭有点困难,妻子给她烧肉糜菜粥煮烂喂她吃,和她说,不吃没力气了。她很是配合,也能吃大半碗的。后来她有点老年痴呆,常叫错人,但我和妻子的名字一直没叫错过。

尾声

  母亲出生在动乱年代,又成长于特殊家庭环境,形成了她特有的性格和脾气,心软而做事坚定,有时甚至到固执。家里的事都由她在决定。无论是非观念还是传统旧习惯,在她心里都难以改变,就像老式台钟里的发条。孩提时,我曾经为探索时钟运行的秘密拆卸了台钟的零件,发现它的发条像是人的心脏,输送着动力。它盘卷着,捏上去软软的,有弹性,但它不易变形,除非折断。

  母亲是我一生中对我影响最大的人。虽然我和她生长在不同的时代,人生经历千差万别,但从我的性格和脾性来看,时能显现母亲影响的烙印。

  我和母亲待在一起的时间最长,无论是小时候或年老时,我都时时感到她对我的温暖和教诲。她走后,我每年至少两次上坟祭扫,和父母说说话,哪怕这次疫情肆虐,稍一放开,我就想着到坟上去看他们。每每想起她,她的微笑脸庞总浮现在我脑海,使我泪目,常感她还和我生活在一起。我有一个为子孙什么都能舍弃的伟大母亲,我怎么能不敬重,怎么会不骄傲呢? 我感到无比幸福!

母亲曾经和我开玩笑,说来世还希望我去做她的儿子。那是我很高兴的事,我又能享受她的母爱,还能再续我们的母子情,让我再尽我的孝心。

"妈妈",阿成在叫您,您在天堂听见没有?

草于2020年5月
改于2022年11月13日

美丽的蝴蝶结

大姐比我大13岁,在我的印象中很是淡薄,因为她在1956年就响应国家号召,到内蒙古为国家寻找石油去了,把她的青春献给了亲爱的祖国。那时我才6岁,懂啥?

后来我才知道,她特别喜欢美丽的蝴蝶结。她到内蒙古后曾来过一信,要家里给她寄上海的蝴蝶结。那次忙坏了父亲,大暑天忙了一下午,才帮她买到她要的颜色和式样的蝴蝶结。那是个天蓝色还镶着蛋黄边美丽的蝴蝶结,装在纸

大姐马佩英年轻时

盒里,纸盒上有个方孔,上面有块玻璃纸能看到那蝴蝶结。我想她在上海时肯定也喜欢戴这种蝴蝶结。这个美丽的蝴蝶结和我大姐很配,她有个美丽的脸蛋,在我小时记忆中,家里仅有她的一张照片,梳着两根粗粗的黑辫子,圆润白净的脸,两只大大的眼睛,特别有神,微笑着,煞是好看,她是我们家四个女孩中最漂亮的。在以后的日子里,我每每看到美丽的蝴蝶结就会想起大姐,那是她喜欢的东西;想起大姐又似乎会看到那个美丽的蝴蝶结,大姐和它一样美丽。

我们家的女孩名字里应该有个"美"字的,大姐也应该有那字,但

在后来的第一次户口登记里，阴错阳差地把她的"美"字登记成"佩"字了，家里也没去更改，觉得一样。不知是否名字的改变，她的命运和家里人不同，远离了上海。

那时新中国百废待兴，国家要发展，石油是国家发展的命脉。面对帝国主义封锁，国家动员有志青年响应国家号召，到祖国最需要的地方去寻找石油。家里仅父亲一人工作，要养活七个人，母亲也没有经济收入，家里经济拮据，大姐就自己去报名离家，到内蒙古石油钻探队去工作了。

大姐第一次回上海，已是两三年后的事了，她已结婚，来上海生第一个小孩小娥的。我已有一些记忆。她那蜡黄的脸，配着瘦弱的身子，本来就矮小，看上去老了很多。大概是那里生活艰辛，小孩是不足月出生的，只有四五斤的样子，还在暖箱里抢救了一段时间。家里人去看后，都说那小孩很瘦，显得眼睛很大，哭起来声音低低的，好像没什么力气，手老是要塞进嘴里，大概太要吃的。大家都担心小孩能否抢救回来。

大姐从医院里出来，脸色已比来时好多了，恢复了过去的红润。小娥也从暖箱里度过危险期，可以出院了。还好大姐奶水足，没过几个月，小娥就和一般孩子一样健康了。从她出生100天到时影照相馆拍的照片来看，她已能背靠枕头坐着了。大姐将小娥的照片寄给大姐夫，他应该会很高兴。

大姐是请假回上海生孩子的。他们在内蒙古的生活非常艰苦，那是大姐空闲时，我们闲聊，讲给我们听的。他们在内蒙古荒山野林里寻找石油矿藏，周围没有人，常常会遇到野兽。寒冷伴随着他们。晚上睡在帐篷里，有时会遇到野兽误入帐篷，把他们吓得半死。有时还会碰见小偷或强盗，到他们帐篷来偷东西，他们只好假装睡着，任其偷窃，否则怕出意外。在这种环境下，一个小女孩多么需要有男人保护，我姐夫就在那时追求我大姐，给追成功的。大姐夫也是广东人，但和我们祖籍的广东潮州是八竿子打不到边的。在我后来念大学时学的《现代汉语》中,中国的八大语系里,广东就占了四大语系,潮州话属于闽南语系,大姐夫的广东开平属于粤语系。以致后来大姐到他的家乡去生活,遇到语言上的很多困难。那是后话。

  大姐在上海过产假,家里人都劝她不要再去了,尤其是我的二姐,更是积极,给她跑派出所,帮她报户口。主管民警金同志就住在我们地块,很是同情,根据政策,勘探队没有固定住地,大人和所生孩子可以报进大城市户口。大姐和小娥很快落实了户口。大姐是个开朗活泼的人,平时虽然言语不多,有时也会和二姐、三姐一起唱唱歌,俄罗斯歌曲她们很是熟悉的,大概那时中国和苏联老大哥关系好,那个年代的人都会唱。还有就是唱《勘探队员之歌》,不知是大姐听了这首歌而去内蒙古,还是她在内蒙古勘探时时常唱这歌曲,唱得很有感情。

  "是那山谷的风,吹动了我们的红旗。是那狂暴的雨,洗刷了我们的帐篷。我们有火焰般的热情,战胜了一切疲劳和寒冷,背起我们的行装,攀上了层层的山峰。我们满怀希望,为祖国寻找出富饶的矿藏……"那优美的旋律,至今每每哼起这歌曲,就会想起我的大姐,似乎看到一个美丽的蝴蝶在前面翻飞,看到她背着行囊,在山上爬行,看到她的帐篷。

  那时粮食很紧张,大姐奶水足,有时将小娥配给的奶糕,拿一部分出来拧成粉,摊饼给我们吃。那饼奶香味真浓。

  大姐又恢复过去的模样,白净的脸又开始圆起来了,脸上时有微笑,我又想起了那个美丽的蝴蝶结。但每次大姐夫来信后,她常会发呆,有时看到她眼圈红红的。后来我才知道,姐夫来信要她快回去工作,还在信里写:休假日,人家都在外面高兴地玩,我很孤单,在家里哭。希望大姐赶快回到他身边。后来大姐夫写信来问,是不是在上海有新的爱人了?弄得大姐很是尴尬。大姐终于逃不过感情的围剿,注销了户口回内蒙古去了,但她将小娥寄放在我们家里。

小娥虽然瘦小，但走路还算灵活，她学走路时，沿着凳椅，扶着墙壁走路的样子，在很多年后还会在我脑子里出现。我有时抱着她出外散步，有好几次，我抱着她在露香园路近人民路的糖果店里，用母亲给我的零花钱，买两粒太妃奶糖，记得零拆卖是三分钱两粒。我总拆开一粒糖纸，咬半粒，另半粒就塞进她的嘴里。有时她睡着了，头就歪在我的肩上。

　　大姐第二次回上海，是为了生女儿小琴而辞职的。那时国家面临困难，寻找石油没有进展，大姐怀孕，就向组织上请求调动工作。上海周围哪有石油可勘探，就调她到安徽某单位工作。她要回上海生孩子，只得辞了工作。

　　大姐这次回上海时，和上次一样，面黄肌瘦，但小琴生下来倒是白白胖胖。家里人都思忖着她生好孩子后的工作动向，看看在上海能否找到工作。二姐还是那样积极，去找派出所的专管员金同志，要将大姐的户口报进来。不知是户口政策紧了，还是这次大姐没了原有的勘探人报户口的优惠政策，金同志很长一段时间没有批下来。二姐可是有一股盯劲儿和磨劲儿，几乎天天跑派出所。金同志终于松口，大姐连同二女儿小琴都报进了上海户口。这头刚刚落定，那边大姐夫工作也发生变化了，国家要精简人员，要么将他们下放到北方周围的农村，要么自己老家有住房，就回老家。大姐夫和大姐都想不出一个好的办法，既解决生活问题，又不夫妻分居两地。我曾看到大姐夫写给我父母的信，大概和我父母谈及他们今后的生活问题，当然希望岳父母大人能够支持，下面落款"愚婿何锐冠"。他虽然是卑谦的称呼，但由于姐姐吃苦的原因，在我心中对他没一点好感。

　　有一天，忽然大姐夫拿着帆布行李袋，推门踏进我们家。人还没进门，那广东普通话已抢先灌了进来。"广东去，统统去。"这时我才仔细看到，大姐夫是个高瘦个子，五官还算端正，虽然微笑着，但没有一点儒雅气质。

原来，他决定回老家生活了，反正家乡在广东农村有房子，也能解决夫妻分居两地问题。当时国家的政策，上海也执行，厂里职工在家乡有房子的，优先动员回老家。我们的隔壁邻居叫"咸菜露"的，也被动员全家回安徽农村了。大姐夫老家在广东开平县，家里父母给他们兄弟几个都建造了一套房子，大姐夫当然选择回乡生活了。据说当时组织上和他讲好，现在国家有困难，你们为国家分担困难，组织上是知道的，以后国家好了，会来叫你们恢复工作的，大姐就随大姐夫回广东老家了。大姐的户口第三次迁出上海，以后再没机会迁回来了，连同大姐的户口迁出的还有她的两个女儿小娥和小琴。那次大姐夫带来的内蒙古的饼干，干干的，我们吃了很没味道，就像他的人一样，没有味道。

大姐他们回广东了，初回时还常常给我父母来信，讲他们那里的情况，总安慰老人，他们在那生活得很好；有时也讲到两个小孩的事，"小娥还会去放牛"。她仅六七岁啊，瘦瘦的身影使我们唏嘘不已。在上海，这种年龄的女孩，还在父母身边撒娇，她就要去学着劳动了。记得那时我已开始学着记日记，日记本里就有那页小娥牵着牛到山上去放

大姐马佩英和大姐夫何锐冠

牧的记载。我们家人都很难过。

"文化大革命"开始后，我们收到大姐的来信，说是要找原勘探队的领导交涉，说好国家经济好转了，会招他们回去，他们要求落实政策，他们还联络了过去的一些人。但过了一段时间就没消息了，不知道去找谁了，过去的领导都换了，新领导根本不知道这事，国家也没有这方面的新政策。后来在《人民日报》上大篇报道的我国32111石油钻井队扑灭大火、寻到国家石油的动人报道，还刊登了好些个英雄人物的事迹。大姐给我们来信说，他们那时所在的石油勘探队是32119队，这些队伍都是在内蒙古等大西北为国家寻找石油的。可惜他们没有撑到找到石油的那一天，就响应国家号召，回乡种地了。翻过了那一页，再也翻不过来了。

"文化大革命"大串联时，三姐到广州后就买了车票到大姐所在的开平县去了。原以为很快能找到大姐住地，没想到他们的山塘村还要乘半天的船，真是在乡村的角落里，枪打不到、鸟不拉屎的地方。但三姐在问询山塘村时，竟然发现当地人都知道有个上海漂亮的姑娘嫁到山塘村，肯定当时在当地有点轰动效应，否则怎么会这么长时间还有那么多人知道！

三姐见到大姐，大姐很是惊讶。大姐也已融入当地人的生活，变成了干瘪的老太了。她尽量穿上当时从上海带去的衣裤，使三姐不要太陌生。三姐见到小琴时给过她5毛的见面礼。第二天，大姐到肉铺去买肉，讲好切5毛钱肉的，卖主多切了几分钱，大姐口袋里就是拿不出再多的钱，还是三姐递上钱，才将肉买回。三姐很是心酸。大姐在三姐面前总是讲她在那里已习惯了。刚来时，第一关就是语言关。她会讲的，人家听不懂，人家讲的她听不懂。只得做聋哑，或让大姐夫做翻译。这里大家都务农，大姐在上海，哪种过地，这么矮小，皮肤白嫩的上海姑娘更挑不了担子，能做什么呢，精神上十分痛苦。还好，大姐夫还是照顾她的，让她做一些力所能及的事，就是工分少，他也无所谓，用自己多干来弥补大姐的缺陷。据说，大姐夫的二哥在当地政府是个处级干部，对他们也有一些帮助。大姐虽说已习惯当地生活，但在三姐临走时，要三姐带小琴到上海去。那次三姐大串联回上海时，就将小琴带回上海了。

小琴刚到上海时，黑黑的脸和怯生生的眼，还没到上学年龄。她喜欢吃肥肉，住了没多少日子，就嫌弃肥肉，仅吃精肉了。她听不懂我们的话，她说的话大家又听不懂，找过周围一些老广，也听不懂她的广东话，可能带有开平山塘村的土音。有时还要哭闹，我们对她很无奈。大姐可能希望她能留在上海生活，但她又没有户口，语言不通，难以生活，父母只好把大姐请回上海，领她回去。这次是我最后一次看到大姐来上海了。那次，她还带了个儿子，还没断奶。男孩长得脑袋前凸后凸，人倒是聪明、活络。

父母和姐姐们多次问大姐在那里的生活状况，她总是讲还可以，也没觉得生活有多苦。问到阿何（即大姐夫）待她好吗，她一直是首肯的。其实大姐如果当时抛弃广东的生活，回到上海，生活也会比在那好。这是我后来想到的。不知当时家里人多次问她情况的意图，但父母一直认为她这样生活很难翻身。

大姐回广东后，先后又生了两个孩子，变成三个女儿、两个儿子的母亲了。据说大姐夫的二哥因工作变动，不再担任领导，再无力帮助大姐夫一家。但大姐夫后来做了生产队长，虽说工分值有所增加，但怎能改变生活质量呢？他的生活压力太大了。我大姐能做什么呢？穷乡僻壤，大姐只得做生孩子、领孩子的机器。我那时怨恨大姐夫，觉得他根本不应该娶我大姐——一个上海城里的姑娘，否则当地强壮的妇女也可帮他多做点农村活，大家不至于会这么苦。没能力给妻子过好日子，怎么有资格娶妻子呢？但他怎么会知道要回老家种地呢？我又有点原谅他。我大姐真是应了俗话，嫁鸡随鸡，嫁狗随狗，嫁了狐狸钻山草。

对大姐最关心的要数三姐了，她一直保持着和他们的联系，时不时地会寄点钱给他们。据说三姐在师范学校念书时，国家给的每月生活补贴是10.5元，她常常将剩下的钱积攒起来，10元、10元地寄给大姐，接济大姐生活。三姐和我妹妹也寄过一些旧衣裤给他们。当然，他们来向父母要买家庭的大件，如自行车，我也曾和家人拼凑着寄过点钱过去。那时我已工作。

随着时间的推移和改革开放的深入，大姐家生活应该有所改观。小娥和小琴先后出嫁，减轻了家里负担，但因男方家境不是很好，他们对父母的帮助甚微。她的大儿子开始工作时，我曾有意要帮她一把。在我任中国对外服务行业协会副秘书长时，托广东省的朋友蔡总介绍开平的单位领导，请他们帮助解决工作问题。但时隔数月没有回音，可能鞭长莫及？我又托了珠海的朋友老文帮助解决，他当面和我答应得好好的，但最终还是没有办成。现在想来，我们那个系统是为外国企业提供人才或搞劳务输出，到海外去工作的，我不知道大姐的大儿子外语水准如何，可能会给他们安排工作带来困难。

后来大姐的大儿子做项目承包，但在远离家乡的韶关，虽然赚了点钱，但娶了媳妇只管自己的家庭，对老人的帮助很少。小儿子也曾到上海来寻求发展，但一直找不到合适的工作，人也没什么专业技能，只得回家乡谋生，结果在农村承包了养鸡场。前几年发生了鸡瘟病，他把养的鸡全部扑杀了，不但没有赚到钱，还欠了一屁股债，后来虽然缓过气来，成了家，但还是自顾不暇。小女儿也出嫁了，在当地女儿是不太照顾父母的，加上她们嫁得不近，难以顾及娘家。

大姐和大姐夫就很孤独，相依为命。农村的养老保险很少，医疗保险更不要说了，要走很多路才有一个医护站，缺医少药，能解决什么问题呢？那时年老了，基本就靠自身免疫力。老人要寄托儿孙辈的照顾，那也是很困难的事。在改革开放刚开始的年代，大家都在寻找发家致富或多点收入的工作，离乡背井外出奋斗，空心乡村屡见不鲜，尤其贫穷的乡村更甚,剩下的多为老弱病残和儿童,老人难以享受到养儿防老的生活。

大姐夫妇就处在这样一个贫穷的农村,女儿嫁走了,儿子在为生计拼搏的时期,他们还能依靠谁？大姐后期已有老年痴呆症了,难以自理,更不要讲做点家务了。大姐夫更是身心疲惫,心力交瘁。北方一年四季还有个冬天休息期、调整期,南方一年四季不断劳作,他衰老得特别快,70多岁,就像八九十岁的人,有几次还莫名昏倒。抢救了几次,虽然抢救了回来,但他也没去查过什么原因。每天最多吃两顿饭,吃得也较差。三姐有次去看他们,把他们的子女召集起来,要孩子们尽最后的孝心。三姐还给了孩子们一点钱,希望请人照顾大姐夫妇。他们的孩子口头上都答应的,但过了一段时间又都无力来管自己父母了。后来据小琴说,他父亲最后是摔倒后昏死过去的。大家也不知道他得什么病死的,他们还瞒着我大姐。大姐发起病来,一会儿说"阿何在上面睡觉",一会儿说"阿何去地里担柴了";有时还会自言自语："阿何,阿何啊,你在哪？"大姐依靠了一生的丈夫,已经远去了,她再没什么依靠了。没过多少时间,她也走了。那个美丽的蝴蝶结变成了一只美丽的蝴蝶飞向远方,寻找她的丈夫阿何去了。

大姐是个美丽、善良、乐观向上,向往过好日子的女子,她为国家贡献了青春,为爱情贡献了一生。在贫穷、艰苦的一生中,她抚育了五个子女,没有享过什么福。命运对她很不公平。这让我看到农村脱贫工作是多么艰巨,中央打好全国脱贫攻坚战多么重要。一个地区,尤其是农村,人们要脱贫,尤其是年老的人们,能力是很有限的,仅仅靠子女或亲戚朋友的帮助,是难以改变整个社会生活的。这就引出一个深层次的问题,社会养老的问题。只有国家真正重视,把农村经济发展起来,养老制度和医疗制度改善起来,把年轻人吸引回来,才可能让农民过上社会主义共同富裕的生活。

党中央号召,2020年中国要全面脱贫了,不知道大姐他们的山塘村会发展到什么样子。但我的大姐已看不到农村的脱贫变化,过上更好的日子了。农村脱贫后,社会养老问题国家肯定会重视的。其实这个问题,在我们城市里的人也一样面临的,很值得我们深思。

草于2020年6月14日
改于2020年8月4日

无花果树下

那棵树直直地站在那里，枝叶茂盛。那个年代，居住周围很少有树，除了马路边的行道树。但在我们的石库门房子的天井里，却栽着棵无花果树，煞是稀奇。它栽在一个口径近一米的大缸里，缸的底部缺了很大一块，能看到露出的泥土。那时我很小，看着那树从很细很矮长到碗口粗直抵前楼。大概石库门房子墙高，无花果树需要阳光，才长成那样。那叶子好大，绿油油的，夏天偶尔有个知了爬在树上鸣叫，吸引了我们去寻找、观望和猜测。我们也曾经吃到过周家伯母分给我们的无花果，紫红色的圆果，软而甜，那种特有的淡淡的甜味。那时市场上很少有卖的，致使留下很深的记忆，只知道无花果树不开花会结果。暑假里，我们有时在无花果树下斗蟋蟀，给儿时带来很多乐趣。

无花果树的主人就是周家伯伯，从我有记忆那时起，周家伯伯就是个和蔼的长辈。看到我们总是笑呵呵的，说话慢条斯理。在我刚学会走路时，曾经很早到他家里去向他问早，他特别高兴，把我抱回来，送了一个鸡蛋。有人以为他特别喜欢男孩，其实周家伯伯真不单纯那意，他有五个儿子，最小的也比我大一岁。那蛋是他们家自己养的鸡生的，特别新鲜。那时鸡蛋稀奇，母亲到我长大后，讲起周家伯伯的为人，都会提起这事，说我小时候吃了不少周家伯伯家的鸡蛋。

周家在我印象中就是我们这里的大户人家。他们住在前厢房，连着前客堂，天井也是他家独用，二楼的后楼也是他们的房间。在前厢房里，最让我亮眼的是那个红木上嵌玻璃的八门橱，下面四扇大门，上面也有四扇小门，每扇门上都有个精致长圆形的吊把手。在我小时候喜欢集邮的时候，周家伯伯曾经打开过大厨上面的小门，看到里面都是集邮本，排得整整齐齐，都是他年轻时的集邮。他拿出一本给我欣赏，里面还有清朝人图案的邮票，不知是什么时代出版的，把我看傻，赞叹不已。在他们墙上还挂着周家伯伯的先进工作者奖状。那时我才知道，周家伯伯年轻时一直在邮政局工作。

在前客堂地上铺着美丽图案的瓷砖，进门靠墙处放着一对黑檀木的座椅，座椅的靠背、扶手厚实而光滑；中间一个对称的黑檀木茶几，客人可坐在这里喝茶聊天。前客堂中间放了张桌子，上面套了个圆台面，晚餐他们就围着桌子用餐。通天井是要跨过那高高的门槛，一排六扇厚实的落地窗，户枢转动，发出轻轻的木头挤压声，使人总感有点肃穆。落地窗下半段是雕刻的图案，上半段是玻璃窗，使前客堂足够敞亮。宽大的天井拦出一条做厨房，余下的地方足够宽敞，不但种了那棵无花果树，而且还在大门上放过一个篮球网，那是周家伯伯的三儿，年轻时练习投篮用的。我看过三哥投篮，他总是那样认真，投得不亦乐乎。不过也只能练练投篮，习习各种花色的运球，比赛是绝对不行的，那时也没人和他比赛。我因比周家五儿小一岁，从小也是赤膊兄弟，常在天井玩耍，夏天在天井里斗蟋蟀，过年时，就看他放鞭炮，尤其是他将铁皮罐下的炮仗引爆，发出那种沉闷的声响，引来大家的围观，给春节增添了不少年味。

我很少在前客堂玩耍，因为我在那里曾经闯过祸，而周家伯伯对我很是宽容。那是我还在玩拍皮球的年代，因皮球滚到柜底，我伸手去捡皮球时，打碎了他们一个很好的砂锅。母亲坚持要赔他们钱，但周家伯伯只是笑着说，小孩子来玩，打碎点东西总有，以后当心点就是。周家伯伯的宽容，反而使我没有了以后，以后我就不在前客堂玩耍，到天井无花果树下玩耍了。

那时我年少，总看到周家伯伯晚上七八点钟才到家，前客堂连忙传出呼爸的礼貌声。接下来传出移动椅子的声音，一家人围坐在圆桌前吃饭,谈论着社会新闻和各自有趣的事。在那个没有电视的年代,楼里各家都早早地安静下来。只有这里是最热闹的地方,隔着一层薄薄的木板墙,传出的声音总是欢乐、轻松的,总给人感到大家庭其乐融融的气氛。

周家伯伯生了五个儿子、一个女儿。

抗美援朝战争爆发后,周家伯伯在第一时间,毅然将大儿子,我叫他大哥的,送上抗美援朝战场。现在我们才知道,在朝鲜战场的第一阶段,战争的厮杀是那样血腥和残酷。一个刚刚成立的贫穷国家,要面对以美国为首,打着联合国旗号的多国联军部队,有的部队还是经历过第二次世界大战、武装到牙齿的王牌军队。大哥第一阶段曾给家里来过信,以后相当一段时间没有信息。有的人家传来子弟牺牲在朝鲜战场的噩耗,母亲的思念该有多少忧虑?女人思念儿子的心情又是那样脆弱。我母亲曾经和我说,在那段日子,夜深人静时,常常听到一板之隔的周伯母的哭泣声音,有时还有向周家伯伯讨要儿子"还我儿子"的气话。周家伯伯理解一个母亲如果失去儿子会是怎样的心情,但一切为了保家卫国。

过了一段时间,大哥在战场上传来了捷报,政府送来了喜报,贴在他们家的大门上,我们邻居都为他们高兴。不久,我们又知道,周家伯伯将第二个儿子也送上朝鲜战场,令我们邻居敬佩不已。

抗美援朝战争胜利后,大哥胜利而归。回到家里的初期,给周伯母惊吓不小。每每晚上,大哥只要听到一点响声,更不要说早上的闹钟铃响,都会忽然从床上跳起来,四处张望。这肯定是战场上形成的习惯,经历战场的危难,人的精神是那么敏感?听我母亲告诉我,过了很长一段时间,大哥才习惯过和平的生活。

我有机会在他们的桌上看到大哥放在镜框里的照片,他穿着军服,戴着肩章和领章,煞是威武,那照片还是放大后上了色的彩照,显出大哥的英挺。他们告诉我,那时他是排长,在战场上入的党。这也是我看到唯一的大哥的照片。

在我小学四年级时,我有幸请到大哥到我们学校去做报告,讲解他在朝鲜战场的故事,印证了他在抗美援朝初期没有给家里来信的事实。那时他参加了上甘岭战斗,战争的激烈,你死我活的残酷,谁还会顾及给家人写信?即使有信,也不可能从朝鲜战场上带回来。大哥讲得比电影《上甘岭》故事还要惊险和动人,使我加深了对他的尊敬。

后来大哥一直在一个三级医院做药剂师。他一直很瘦,据说是朝鲜战场的经历使他得了严重的胃病。我完全理解,在生死搏斗的战场上,谁还能顾及吃饭的时间?天寒地冻谁还能顾及饭菜的冷暖?高度紧张和寒冷的环境中,胃最容易痉挛,对胃很是伤害。我忽然想起,工厂里有为生产得病的,可评为工伤,那为什么没有为打战而得病的算工伤呢?只有缺手断脚才可以评几级伤残军人?似乎缺点啥。

直到去年底,国家颁发纪念抗美援朝70周年纪念章时,我又一次看到了大哥的照片,他们兄弟几个的合照,他穿着原来的旧军装,胸口挂满了奖章。大哥还是那样瘦,尖尖的下巴,虽然老了,但人很有精神。真巧,那天上海电视台在一档纪念抗美援朝70周年的专题报道中,采访了一个抗美援朝时的战士,我有为大哥鸣不平的心情,为什么不采访一个参加过上甘岭战役的排长呢?可能没人推荐,真是遗憾。

周家伯伯的二儿子,我叫他二哥。抗美援朝后,他马上被国家送到北京上医科大学。后来看到他时,他已是个外科医生,据说已成为中央首长的保健医生了。二哥很少回上海,他给我们的印象有点神秘。但二哥每次回上海,看到我们这些老邻居非常客气,无论大小。那"福德德"的脸总是笑呵呵地和人打招呼,看到我母亲也会叫马家姆妈,给人种敬老爱幼的感觉。周家水管接到厨房间就是他极力主张后连忙完成的。原来周伯母也是到我们后天井来用水的,很多人家合用一个水龙头很不方便。二哥来上海那次,坚决主张将水管接到他们厨房间去,虽然要经过灶披间、楼梯口、后客堂,再进入前客堂,穿进天井,工程有点大,但他全部做成暗管,既不妨碍其他人家生活,也使大家用水更方便。当然最大得益的是周伯母,不知是否尽了不在父母身边所欠的孝道。

周家伯伯的女儿是她妈妈的心头肉。五个儿子一个女儿的妈妈怎么不偏爱女儿呢?但生不逢时,20世纪60年代,她虽然学习非常优秀,在华东师范大学毕业,那时的女大学生真是凤毛麟角,但学校有支援外地学校的义务,她被分派到长春去任教。她可是个瘦弱的女子啊,但她非常坚强,坚决服从国家的安排。周伯母为她流了不少泪。周伯母和我母亲说,那几年的日子里,她只要看见梳小辫子的背影,就会流泪。母亲太思念女儿了,真是可怜天下母亲心。后来她回上海时,带来的夫君,是个很会做家务的男人,他们在上海的日子里,我们就看到他帮周伯母拖地板,打扫家务,在厨房忙碌,让周伯母有更多时间和她女儿说话,给周伯母很大安慰。

三哥在中学时就去当兵了,复员后就在南昌路的科学会堂上班,据说后来是市科协的负责人。他一直耕耘在科技领域,为科技创新和科技运用费心费力。但他给我的印象,还是那个在天井大门上安了篮球架,在无花果树下运球转身、举手投篮、姿势优美、干劲十足的三哥。有这样干劲的人在科技战线总会收获满满。

他们的兄弟中还出了个教委主任,那就是四哥。他也有着人生精彩的篇章。他在小时候一直是两条杠,斯斯文文的,工作后一直从事教育工作,由于工作出色,被提拔到区的教委主任岗位。两区合并后,他又回到一个重点中学去做校长,在教育战线耕耘,教书育人,忙得不亦乐乎。

五哥是个后发力、给人眼睛一亮、拥有精彩人生的人。五哥比我大一岁,从小在一起玩,从来没有叫他哥的,多为直呼其名,倒是老了,和他在微信里来往,有称他为兄的。他在小时念书时,成绩平平,直到初中毕业进了工厂,才深得师傅和领导的赏识,先后两次被保送上大学,一次竟给人掉了包。当他陪人去大学报到时,发现寝室床位上竟然贴着他的名字,他才知晓被人调包,差点引发高血压。但他不为计较,仍努力工作。幸运之神又一次降落在他身上时,他抓住了机会。那时中日恢复邦交在即,国内懂日语的人奇缺。当时现有的那些懂日语的,大都是抗日战争时期学的日语,大多年事已高,有的还有历史问题,毕竟三四十年在国内大学没有开过日语班。加上要引进日本设备,建设宝钢项目,大量需要懂日语的人才。市政府当机立断,抽调干部生在著名大学开办两个日语班,学生年龄参差不齐,有的甚至相差十岁,但都是选出的社会精英。五哥就是那时被抽调去著名大学读日语专修班的,以后又被选为班长。学校为使这批学生加速熟练掌握日语,举办了日语辩论会,挑头参加辩论的当然是班长或班长带领的小组。巧的是另一班长,后来竟是我的顶头上司总经理,我是他的襄理兼办公室主任。他后到外经贸委任副主任和另一大集团任总裁。那天有人回忆两个班的日语辩论时,讲得很是精彩,我才知道五哥在那时还有这么一段精彩的生活。那天说得我那位总经理哈哈大笑,没有给予置评。这两个班的日语人才,后来在政府机构、外贸机构以及日商在沪机构都得到了重用,有的担任了市外经贸委主任、市旅游局局长、大集团总裁等诸多重要工作岗位;有的从事了日语教育,培养了一批又一批日语人才,缓解了改革开放初期日语人才紧缺的矛盾。有人开玩笑说,上海日语讲得好的人,在学习日语方面都是他们的徒子徒孙。在日语战线的五哥又被国家派去日本读研、工作。在我再次遇见他时,他已是复旦大学的副教授了。有一次我和五哥谈起他们两个班级的日语辩论,精彩激烈的事,他哈哈笑了直说:"不要听他们瞎说,要我用中文辩论也讲不精彩的人,怎么可能会用日语辩论精彩呢?"他还那样谦虚,那时的日语,肯定没有他后来的日语讲得流利和熟练。

周家伯伯孩子们的经历,个个精彩,个个闪光。在过去的家庭中,生有六个、八个孩子的不在少数,有一两个孩子经历出彩已属不易,但要个个出彩极难寻到。而周家伯伯又是个这么低调的人,连有些邻居都不知道他是个怎样的人，但他确是个非一般人能比拟的。在那些给孩子起"金、银、财、宝、官、富"等名字盛行的年代，周家伯伯却先后给孩子起的名字中，尾字先后排序为"仁、义、道、德、忠、孝"，就能看出他的睿智，看出他有多精深的文化底蕴和道德底蕴，以及培育子女的苦心。在他的家庭里，在无花果树下，自然会蕴藏出那么多光彩的人生，演绎出那么多精彩的人生故事，使人感动，让人喝彩。

我后来在有关书里看到，无花果树是开花的，不过它的花开在叶片下面不显眼的地方，使我们难以找到。有的人赞美它，将花和果融为一体，含蓄、内敛、低调、默默奉献，有着专属于自己的美丽和意义。我忽然想到周家伯伯身上就有着无花果树那种专属的美丽和意义，何止于此，令人遐想。

我喜欢周伯伯家的无花果树，我更敬重周家伯伯和他的子女们。现在那里的房子拆迁了，无花果树下的人们已从老式石库门房子里走向世界，涌入改革开放的大潮，改变着世界。最近那里新造了独栋的新式石库门房子，这和原来的石库门房子真是天壤之别。在这块土地上，已发生了巨大的变化，它还将发生更深刻的变化。

草于 2022 年 5 月 1 日
改于 2022 年 11 月 15 日

玻璃柜里看世界

在我客厅的几个玻璃柜里放了不少艺术品，很多是我从海外带回来的。那时我有机会经常出国去考察、举办或参加展览会，先后出访过几十个国家和地区，也有去一个国家十几次的。我没有收集艺术品的嗜好，只是看到自己喜欢的纪念品或艺术品，就买几件回来送人或留着自己观赏，逐步积累了一些艺术品。这些东西有的放在客厅的玻璃柜里，任人欣赏，有的排不上号，只得躺在橱柜里睡觉。这些艺术品并不是古董，并不值多少钱，但它们可以带给我回忆，让我欣赏到不同国家的艺术作品，增加对这些国家的了解。

在玻璃柜里，有的是这些国家标志性的纪念品，如法国迎接出征胜利回来的"凯旋门"；为庆祝法国大革命胜利100周年，1889年世界博览会的遗址"埃菲尔铁塔"；风车之国的"荷兰风车"和荷兰青年的定情信物"木鞋"；1958年布鲁塞尔世博会的遗址——拥有九个圆球的比利时"原子球塔"；泰国吉祥物"大象"……大家都已很是熟悉，但有不少外界不太熟悉，有的已将纪念品做成了艺术品。

玻璃钟和市政厅

玻璃柜内那个法式玻璃钟，是我第一次去法国时买回来的。那次去法国，我是带了上海市广告界赴法经贸代表团去考察和洽谈业务的，我是带团的团长，那是1994年11月份的事。在法国里昂，市长和副市长在他们金碧辉煌的市政厅礼堂欢迎我们代表团并合影（见本书彩页

法国玻璃罩钟

照片)。市长是一个参加过第二次世界大战的法国老战士,他为反法西斯战争牺牲了右臂,西装右手袖里空空的,我们只能用双手和他左手紧紧握手。市长和我分别代表双方,在市政大厅致辞,加强两国了解,促进两国经贸发展。会后,他们还以酒会形式招待我们。在他们招待大厅的壁墙玻璃柜里,一个特殊的钟引起我的注意,那个钟用圆顶透明玻璃罩着,将钟面和钟摆全部罩在里面,与外面灰尘隔绝。钟面和指针,以及下面看得见的部位都是金色的,看上去很是豪华。下面的钟摆是四个圆形的球,不停地左转过去,右转回来,那时改革开放不久,没见过这么豪华、新颖、夺人眼球的钟,真有点皇家气派,惹人喜爱,给我留下很深印象。就是那次出访,我在法国的商店里又一次看到了那个钟,当然比市政厅艺术品柜里的小得多,我就决心买回去。其实我就爱它的华丽,它也会使我想起那次在金碧辉煌的里昂市政厅的活动,以及那个为战胜法西斯而献出右臂的里昂市长。

土耳其的阿尔忒弥斯女神

在我的玻璃柜里就有一尊土耳其女神的雕像,它是土耳其玉石做成的,有37厘米高,底座上刻着"ARTEMIS"的英文字样。它是土耳其上海领事馆的一个同事送我的。当时我很不解,希腊神话里确实有个"ARTEMIS"(阿尔忒弥斯)的女神,她长得非常漂亮,经常穿带束腰的短裙和猎靴,拿着弓箭,身边伴随着鹿或者猎犬(近年,我竟然在哈根达斯月饼礼盒上,看到印有古希腊阿尔忒弥斯女神束腰、拿着弓箭、驱着鹿橇的画面)。这和我拿到的土耳其印有"ARTEMIS"字样的女神像没有丝毫相像的地方。我一直认为那是两个不同的女神像,仅是同名而已,或土耳其那女神像下面的字刻错了。

后来我有机会到土耳其西部的古城以弗所,在以弗所附近的小镇塞尔丘克的博物馆收藏了很多从以弗所古罗马遗址挖掘出来的重要文物,其中的镇馆之宝是一座比真人还高的多乳女神像。我一下子认出,找到了我

我玻璃柜里的阿尔忒弥斯女神像

玻璃柜里女神像的原型,就是她——阿尔忒弥斯女神。博物馆里的阿尔忒弥斯神像也有好几座,基督教使徒圣保罗在《以弗所书》中提到那块陨石乌黑发亮,所以陨石雕刻的镇馆之宝应该是那座穿戴全是白色,仅留出头至头颈以及双手是黑色的女神像了。这件举世无双的艺术瑰宝面容慈祥,神情生动,雕刻艺术细腻传神。但我玻璃柜里收藏的神像却是白色的。

土耳其的阿尔忒弥斯女神和希腊神话里的阿尔忒弥斯女神不一样。无怪乎,我在希腊神话里找不到土耳其阿尔忒弥斯的原型。在希腊神话里,阿尔忒弥斯是全宇宙众神之王宙斯和勒托的女儿,是太阳神阿波罗的孪生姐姐,是奥林匹斯十二主神之一,她是古希腊神话中的狩猎女神、接生之神,同时也是野兽的女主人和荒野的女领主,后被视为月神。阿尔忒弥斯自由独立,热爱野外生活,反对男女婚姻。在林莽和

土耳其博物馆里的阿尔忒弥斯女神像（两尊）

山野间，阿尔忒弥斯手持弓箭，由猎狗伴随，与侍奉她的众仙女以狩猎为乐。相传她非常喜欢金角鹿，并喜欢抓到这种鹿后让其为自己拉车。阿尔忒弥斯因被命运女神选为接生神，余生便向宙斯索取主管接生新生儿的权利，相传她还是古希腊祭奠最多的神祇之一。而在土耳其的阿尔忒弥斯神像的胸前却长满了乳房。据介绍，这竟然与一块陨石有关，引出很多故事。

3000年前一块巨大的陨石掉落到土耳其的以弗所，它的表面有很多的突起，形状就像女性的乳房。当地居民认为这是希腊神话中的女神阿尔忒弥斯降临，于是将它雕刻成神像，供奉在阿尔忒弥斯神庙中。这神庙，顾名思义，就是献给女神"阿尔忒弥斯（Artemis）"的。阿尔忒弥斯是希腊神话中的月光女神，也是狩猎女神，在罗马神话中，她被叫作"戴安娜（Diane）"，但是土耳其以弗所的阿尔忒弥斯女神，非常特别，因为在她胸前长满了乳房，在土耳其博物馆里，阿尔忒弥斯女神被称为"陨石百乳女神像"；而在我玻璃柜里的女神像，阿尔忒弥斯也长有30个乳房,是否有种少女变奶妈的感觉?

这事是有它的演变过程的:在古希腊人殖民以弗所之前,当地的居民非常信奉丰产女神Cybele,希腊人为了在文化上彻底征服他们,便将自己的女神阿尔忒弥斯和他们的丰产女神融合了起来,将她变成了以弗所独有的保护神。月神阿尔忒弥斯一直是以弗所的守护神,在远古狩猎

古希腊的阿尔忒弥斯月神像

时代,狩猎活动一般在夜晚进行,而这也是女性的生殖能力强盛又是大地丰产的象征,所以女神多乳的形象是古老的月亮崇拜与女性生殖崇拜的集合体。这尊从神庙遗址里挖出的阿尔忒弥斯女神像,你几乎看不见任何古希腊雕塑的特征,这件雕塑最为明显的,就是胸前巨多的乳房,那是多生多育、丰饶富裕的象征,这是丰产女神的职能,现在被融合到阿尔忒弥斯身上去了。而在雕塑的下半部分,女神的腿是柱状的,而且女神全身上下的装饰,都很繁杂,有着许多动物——狮子、公牛、猎豹等。在我的玻璃柜里的女神像中,女神的腿柱状上也有六层,每一层都刻着三个动物,在第二层至第五层的两边,还各刻有一个动物,仅最下层是刻着两头公牛,比原像少一头而已。在女神的披头巾上,被分成三层,每边雕刻着五个动物。我的玻璃柜里的神像和原始神像有两点不一样:第一,原始神像里阿尔忒弥斯两手是伸出手掌(黑的),我的女神像没有手腕,但在半截手臂上都各卧着两头狮子;第二,女神头上都有

一个桂冠,但我的那女神像上,桂冠更考究,头上的桂冠足有7厘米高,分三层。顶层是阿尔忒弥斯神庙状,由六根罗马柱撑着圆形六瓣状庙顶;第二层雕刻着三个动物型的飞神;第三层则由五个动物型的飞神组成,十分豪华,增加了后人的想象,阿尔忒弥斯女神有那么多神兽保护着。

所以,土耳其以弗所的阿尔忒弥斯,是一个原始的、融合的丰产女神形象,很容易就被当地人接受了,供奉她的人越来越多。那座高耸入云的神庙始建于公元前652年,历经100多年才告完成,被誉为古代世界七大奇迹之一。后来罗马人将以弗所定为小亚细亚的首府,除了海上贸易,以弗所还有壮观的阿尔忒弥斯神庙,它能够吸引成千上万的朝圣者前来朝拜,会为这个城市带来巨大的财富。所以,没有阿尔忒弥斯神庙,也就不会有如此辉煌的以弗所。

公元前356年7月21日,希腊人希罗斯达特斯竟然纵火烧毁神庙,后来基督教迅速发展,神庙重建之事也就不了了之。直到1982年土耳其考古学者在遗址3米深处发掘出包括阿尔忒弥斯女神像在内的上百件文物,如今在神庙遗址处,人们用挖掘出的大理石拼成了一根石柱作为标记,从残存的地基遗迹中,主街道的大理石上依然清晰可见曾经是古希腊最大的神殿之一的端倪。

在这里还要提一个城市米利都(Milet),它在以弗所不远的南部,在公元前6世纪就已经是一个古希腊名城了,它曾是小亚细亚最富裕的城市之一,但更重要的是,它还是古希腊的思想和文化中心,因为这里有一座阿波罗神庙,它和以弗所的阿尔忒弥斯神庙正好是一对,在希腊语中,被称为双胞胎。阿波罗神庙(Temple of Apollo)在公元前313年,规模也是相当巨大,一共由122根立柱构成,只比阿尔忒弥斯神庙少了五根而已,而且至今保存得相当不错,看着它,也就能想象阿尔忒弥斯神庙当年雄伟、壮观的景象了。至于阿尔忒弥斯月亮女神虽然主张不结婚,但也有恋爱故事,也有她和阿波罗太阳神不能相见的故事,因和土耳其阿尔忒弥斯女神像另立故事,就不在此赘述了。

希腊和土耳其分别有着不同形象的阿尔忒弥斯神像,使我看到,每个国家都有他们的风俗习惯、民族爱好,只有和他们心中的神往结合起来,才是他们真正的神像。我们只有真正了解一个国家的民族习惯和发展历史,才能更好地认识这个国家。

印尼鸡笼和婆罗浮屠皇宫

在我玻璃柜里,印度尼西亚的艺术品最多,木制的各种驱鬼神灵和陶制的笑佛,其中"男人和鸡笼"和"婆罗浮屠皇宫"雕塑深得我喜爱。

古时,印尼巴厘人把自己崇拜的印度教诸神用石头或木头雕刻出来,供奉在庙宇、庭院、堂室内,后来代代相传,便产生了无数能雕善刻的巧匠。他们的木雕大都用质地坚硬、花纹细密的乌木、柚木等木料雕刻而成,其造型千姿百态,栩栩如生。木雕"男人和鸡笼",是当地木刻中标志性的精品,我可是用200美元才买来的。木雕大约有20厘米长,20厘米高,一个赤膊的巴厘男人,头上包着毛巾,右手拿了鸡食,笼子掀一半,

印尼木雕"男人和鸡笼"

里面一只公鸡争食态，鸡笼上另一只公鸡探头欲争食状。男人精瘦而精神，四方脸上五官清晰，连胡须和眉毛都雕刻得非常逼真，裤衩后还有一个结，雕刻出巴厘男人特有的穿戴。更为赞叹的是将鸡笼镂空，将木头刻成竹片状，竹片的弧度和编织重叠都是那样清晰可见，无论看上去还是捏上去感觉都很坚实，但没有弹性，因为是木头雕刻的。当然两只公鸡雕刻得没有男人和鸡笼那么精细，那鸡笼能使我联想到巴厘人斗鸡的故事。

巴厘人性格十分温和，但斗鸡比赛却是一项激烈血腥的活动。一般在周末或周日，在乌布的乡下，你可以看到流传很多年的斗鸡盛会。在印尼，斗鸡是男人们的事。有一句谚语：如果说让巴厘岛男人放弃斗鸡，就如同说明天的太阳不会升起一样，不现实。10 K（一万）印尼盾一张票，约合人民币 10 元，人们除了一张门票，几乎每个人还会另加一份或多份赌注握在手中。当一组即将上场争斗的鸡绕场一周巡游时，人们不断挥动着手中的钱和票，嘴里发着"下了！下了！"之类和中文很相像的发音，拼命地叫喊。这些赛事的组织者一般是乡下的管事，相当于中国的村委会，赌鸡赢来的钱大部分归村委会保管，用于改善村民的生活和村里的建设。

上场的斗鸡脚上加绑利刃，一个钻有小洞的椰子放在赛场边的水池里，以其下沉的时间来计时，经过一阵尘土与鸡毛齐飞之后，胜负立判，赢家领取赌金及败死的鸡，赌金入了荷包，死鸡则上了餐桌。祭祀庆典上是公认的搏技下注的场合，也是巴厘岛男人为之执迷疯狂的时刻，通常赌注金额为一个体力劳动者一个月的工资。平时温和的巴厘男人，在游戏中也有血腥的一面。

我们有机会被安排到鸡蛋岛去看斗鸡比赛。那里没有乌布乡下斗鸡激烈，只是在斗鸡场处画了个很大的圆圈，两个男人各抱了只公鸡出来，我们买了门票，团里人分成两半，一半买 1 号鸡赌票，一半买 2 号鸡赌票，赌资永远没有输赢。公鸡从男人怀抱中下来后，就冲向对方公鸡,跳斗。当然没有脚上绑着刀片的。如果哪只鸡将对方斗出圆圈外,它就算赢了。一片吆喝,一场欢腾。

那婆罗浮屠皇宫雕塑却是被罩在一个透明的有机玻璃盒内的,雕塑由镀金的金属制成,约10厘米高,把婆罗浮屠皇宫共有10层的外形精致地压缩在雕塑中。婆罗浮屠是世界上面积最大的佛教建筑遗迹,与中国的长城、印度的泰姬陵、柬埔寨的吴哥窟并称为古代东方四大奇迹,是世界文化遗产。佛塔共有十层,第一层至第六层是四方形,第七层至第九层是顶塔的座脚,呈圆形。第十层是钟形的大塔,直径是9.9米。按照佛教解释,塔的下部四方形平台表示所谓"地界",上部圆形平台表示所谓"天界"。"地界"各层共建有石壁佛龛432个,每座佛龛内有一莲座及盘足趺坐的佛像。"天界"各层建有72个钟形小塔,每个小塔内供奉一尊成人大小的盘坐佛像,形状别致,设计巧妙。佛像按东、南、西、北、中不同方位,分别做出"指地""施与""禅定""无畏""转法轮"等各种手姿,而且佛像的面部神情以及手指、手掌、手臂等各部也是千姿百态、迥然各异,工艺精巧传神。整个建筑物共有大小佛像505尊,是当时世界上最大的佛教建筑之一。塔内各层都有回廊,回廊两旁的石壁上刻有各式各样的浮雕,其中有很多是佛本生经

印尼婆罗浮屠皇宫塑像

历故事浮雕,也有当时人民生活习俗、人物、花草、鸟兽、热带果品等雕刻,所有浮雕玲珑剔透,栩栩如生,堪称艺术珍品,所以这里又有"石块上的史诗"之称。据专家研究,婆罗浮屠佛塔是为供奉佛祖释迦牟尼遗物而建的。佛祖去世后,遗体火化,骨灰被分别安放在八座城市的墓地。阿育王即位后,下诏命令挖掘佛祖的七座坟墓,将遗灰放在8.4万个瓶瓮中,然后分发给佛教徒,在所到之处就地安葬,婆罗浮屠佛塔即是为此建筑的。至于里面是否有佛祖骨灰则没有记载。婆罗浮屠因为是建在山丘上,基础不牢,又因年代久远,整个建筑及浮雕都有毁损。

直到1975年至1982年间,由联合国教科文组织和印尼政府联合主持,耗资1 550万美元,进行修缮,婆罗浮屠佛塔终于重放异彩。此后每年吸引50多万游客前来参观。关于佛塔有不少美丽的传说。一说如果你能将手从孔洞中伸进去摸到佛像的手掌,那你将福星高照,隆运亨通。又传说那些石雕怪兽和佛像可以避邪,于是引来不少游客顶礼膜拜,祈求平安和幸福。我们每次去那,总有不少人将手从孔洞中伸进去摸佛像的手掌,摸到的兴高采烈,双手合十围着佛像圈走;摸不到佛像手掌的,满心遗憾。2008年日惹遭遇地震,婆罗浮屠又遭到很大破坏,整个游览区暂停对外开放,后来虽然对外开放了,但总还能看到地震造成的痕迹。世界遗址的整理、修复,都是人们花很多人力、物力、财力和时间辛勤努力的结果,尤其是经过战争和天灾的考验。

马的艺术品

有段时间我特别爱收集马的艺术品,除了自己姓马外,还因为马寓意着激情、奔放、忠诚、优雅和灵动。在古代,马往往和人同生共死、荣辱与共,它的精神一直被人崇尚。马的身姿矫健,可以日行千里,也寓意着事业、财运飞黄腾达、学业有成等。马是人类的忠诚朋友,吃苦耐劳,奔跑起来那样飘逸,给徐悲鸿那些画画大家带来多少画马的灵感。在我的玻璃柜里挂着匈牙利的铜皮压铸出的凹凸群马奔驰图,奔马像下凹凸刻印着"HUNGARY"(匈牙利)英文字,整个挂像足有30厘米圆,甚至进门处挂在墙上的挂钥匙件,也是捷克的马蹄形内有两个马头的铜雕像,但我更喜欢巴基斯坦的铜质雕塑骏马,栩栩如生,动感十足。

巴基斯坦铜马

巴基斯坦毗邻中国西南部,盛产铜矿,是一个具有浓郁穆斯林风情的国家,当地手工艺品制作精美,种类繁多,尤以铸铜雕刻手工艺品最具代表和典型性,其制作工艺的历史可追溯至几百年前。巴基斯坦铜器绝非简单用模具批量炮制出来的,每一件器皿都是用手工雕琢、抛光、喷漆或烤漆而成,都凝聚了精湛的做工和独特的匠心。据介绍,制作程序还分为七大步骤——模具翻砂—零部件焊接—打磨修整—抛光电镀—画线雕刻—刻花处理—喷、烤漆成型。在巴基斯坦手工艺人的手中,经过融炼、制模、打磨、刻花、上彩,做成了一件件美轮美奂的工艺品。

在我玻璃柜里的那匹骏马,我看到了他们工艺的精湛。骏马一只前脚弯曲抬起,后两只脚也有小弯钩,三只脚落地,运用了数学中的三角形稳定性的原理,站得很稳,而且似在走动,很有动感。马匹的腿上和头下（含颈部），都刻满了各式花纹。马背上有满是花纹的马鞍连着脚蹬。马头上还有铜链做成的缰绳，马头昂起，欲奔跑起来的架势。马鬃和马尾做得也很有特色。全身抛光闪亮，活灵活现。我将它拍成照片，放在我微信的头像位置，谁给我发微信，第一眼看到的就是这匹马。在玻璃柜里，我还放着瓷器对马、唐三彩的马，它们都是静态马，虽然远远抵不过那铜质马那样吸引眼球，但也各有风采。同样一个动物或人、物，不同的材质，不同的国家，艺术家们会塑造出各种不同精彩的艺术品，使大千世界丰富多彩，让个人选取自己的爱好。

非洲黑檀木雕和拉各斯

在尼日利亚拉各斯，我们在那里办过三次展会。拉各斯原来是国家的首都，1991年尼日利亚迁都阿布贾，但它仍是西南非洲经济最发达的城市。曾蒙中国领事馆帮助，我们和尼日利亚政府分管贸易和投资的官员举行过一次大型交流会，新华社驻当地记者帮我做翻译。我介绍了我们展会将会参加的企业情况，以及将带来哪些产品。当地政府官员讲了当地希望购买中国的哪些产品，以及希望中国企业参与当地哪些项目的

尼日利亚黑檀木雕"欢乐的日子"

投资，云云。会后，对方招待我们午餐，一只特大的鸡腿，以及薯条、蔬菜等，相当于我们国内的一个快餐，但在当地已算是很好的招待了，我们和到会的数十个当地企业主及政府官员，吃得津津有味。

在我的玻璃柜里就放着一个高达近50厘米的非洲黑檀木雕刻品，构思既夸张又奇特，耐人寻味。这黑檀木雕，下面是个长方的底座，上面就是个艺术化的非洲男人的脸，一只眼睛夸张到接近嘴巴，眼睛里还有刀刻的纹理。一个管弦乐的大喇叭，乐管从嘴部绕到头顶，大喇叭口又有整齐的刀刻纹路。大喇叭旁是个似吉他非吉他的乐器。而脸的左边则是一只手臂伸到大喇叭上面托举着一个似石榴非石榴的果子。整个雕像雕刻粗犷，非常沉重，我将这个艺术品起名为"欢乐的日子"。非洲人是很善于载歌载舞的，在粮食丰收和水果丰登时怎么会不载歌载舞呢？我似乎听到在非洲，人们吹着喇叭，弹奏着非洲乐器，举着粮食和水果，在狂野的乐器声中载歌载舞，这种欢乐的日子，怎么不欢庆呢？我也从这艺术品里看到了非洲雕刻的节奏感！有人说黑人艺术家通过安排雕像各个部分的体积、形式及空间位置，使手中的雕像表达着各种感情。我看到了他们赋予雕像不同的节奏，使作品产生出稳定感、重量感和宏伟感。

非洲的雕刻，很多并不刻意追求形象的逼真，而是用整体写意的手法，身上的造型只取其势去其形，有的夸张似乎是人神之间的一种意境。非洲的雕刻艺术曾在无数人的心中激荡并引起美的思索，它的地位如石雕于欧洲，陶瓷于中国。据说毕加索的立体画风格就是得到了非洲几何形状面具的启发。毕加索曾毫不客气地说："世界上真正的艺术在中国和非洲，而西方根本没有艺术可言。"这类大写意的手法，不求外形的逼真，不重细节的刻画，局部看，显得十分随意简单；整体看，却透露出一种活泼鲜跳的内在生命。我的那个木雕有点那个意味。

后来我才知道，黑檀木主要产于苏拉威西和菲律宾，但也产于非洲的加蓬、科特迪瓦和尼日利亚等地，那里叫爱里古夷苏木。那里的黑檀木坚硬，不易变形，是世界上最稀有、最昂贵的木材之一，在世界上享有盛誉。非洲人认为黑檀树的不同部位可用来治疗多种疾病，煮黑木水可为人类带来力量，常用此为新生儿洗澡，所以黑木在当地也有辟邪作用。

在玻璃柜中，我还有一个不同风格雕刻的非洲黑檀木作品，是个写真的非洲男孩的半身像，那是我在参加利比亚的Trply Fair国家展览会时，在非洲综合馆里买的。我喜欢它的逼真。在热带非洲，西部和东部的雕像有很显著的不同，在西部，雕像的形象生动而富有想象力。我不知道我那作品是否属巴乔克维族或约曾巴族风格的雕像作品，它是写实的，线条具体细腻，生动优美。在雕像的底部刻着"MADE IN ZAMBIA"，这是个非洲赞比亚艺术家雕刻的男孩半身像，虽然赞比亚处在非洲的东南部，但艺术家完全是采用西部写实的雕刻艺术制作的作品。我给这半身艺术像起名"聪明的男孩"，主要精彩展现在面部雕刻。雕塑仅有20厘米高，头部位就占了雕塑的三分之二。整个脸部雕刻细腻。他长着一张典型的非洲孩子脸，扁平的鼻梁，略宽的鼻翼，微微凸出的嘴巴，下嘴唇略有收缩。眼睛微凹，还雕出眼皮、眼敛，眉骨微凸还有细细的眉毛。额头高而宽，孩儿脸。宽宽的额上黑檀木固有的纹路，恰好沿着头发竖起显现出来。两只耳朵也厚实逼真。整个脸部乌黑闪亮，像非洲人涂了橄榄油一样。把头发打了个结盘在

赞比亚黑檀木雕"聪明的男孩"

头顶,头发雕刻得较为粗犷,仅有刀刻纹路。头颈部和脸部处理得一样光滑闪亮,胸前穿着一件带花纹的汗衫。双手简略。整个作品繁简、细腻、粗犷处理得法。我常站在"聪明的男孩"雕像前欣赏,喜欢看他善良而闪亮的脸,也祝福他能过上闪亮的自由富裕的生活。

橱柜里的非洲木雕,不知是否具有代表性,但我从这些木雕里知道,即使经济不发达的非洲,也有比肩欧洲、东方的艺术作品和艺术成就。

欧洲的酒壶

我在出访中,只要有时间,很喜欢到周围的跳蚤市场去逛逛,了解当地老百姓将剩余的物件拿出来交换或变现。在我的玻璃柜里就有一个色彩鲜艳的瓷器酒壶,那是我在波兰的跳蚤市场买的。那是个满脸刻着很深皱纹的老人,已谢顶,眼睛也有点混浊,身前放着那个瓷器酒壶,颜色特别鲜艳,一下子跳入我的眼帘。整个酒壶有17厘米高,扁圆,右边有个圆形提手。酒壶正反面都有一圈深蓝色的花束,组成一个倒心形。正面的倒心形里,立体地展现着两个热情亲吻的恋人,女的戴着欧洲圆绿帽,穿着白衣服,脑后是淡咖啡的短披蓬,红色的裙子前围着蓝色的围单,脚穿黑

欧洲彩色瓷酒壶(正面)

色的鞋子。男的也戴欧式黑礼帽,白色的衣服,咖啡色的西式短裤,脚上穿着黑色的靴子。在他们亲吻拥抱的下面,一个淡咖啡色毛的狗,抬头看着他们亲热,生动有趣。酒壶反面在倒心形图案中,四朵粉红、黄、紫色的花,在蓝、绿色的叶子簇拥中,下面有大红的飘带系着形成美丽的图案。酒壶口,有个球形瓷器镶嵌着软木塞,把酒壶口塞得严严实实。这个酒壶底色很白,上面的紫色和蓝色的颜色特别引起我的好感。那酒壶的价格在我能接受的范围内,我就将老人的酒壶买了下来。老人很是高兴,直谢我,起身回家了。能在欧洲的跳蚤市场买到这么鲜艳、漂亮的瓷器,是很令我高兴的事,因为我略知一点欧洲瓷器发展的历史。

在18世纪以前,欧洲所有陶瓷器在工艺上都比中国的瓷器差。中国瓷器的坚实、致密、洁白、透明,都是欧洲各地的陶工进行仿制的对象。但绝大多数仿制品,只是看起来与中国瓷器相似,实质仅是罩着一层白釉的红胎或黄胎的陶器。

当时欧洲大陆还处于400多个小国互相兼并、弱肉强食时期,为了能够在这适者生存的世界上生存下来,欧洲各国的君王唯有大力发展经济,充实国力和军力。当时,在德国中部的萨克森王国正在进行一场与瑞典的战争,战场就在今天的波兰地区。萨克森国王奥古斯都二世希望用炼金术来制造金币,增加战争的经费。然而,他很快失败,于是开始尝试制造瓷器。在当时的欧洲,瓷器的价值和黄金不相上下,被称为"白色的黄金",于是,萨克森的官员抓获了一名炼金术士伯特格尔,把他关在阿尔布莱茨堡里,建立实验室,与世隔绝,戒备森严。他奉奥古斯都二世之命,在此研制瓷器,进行了3万多次试验后,伯特格尔用大理石、骨头粉末等许多材料,于1707年调制出合适的瓷土。他的同伴特奇豪斯是一名数学家和科学家,他又解决了烧制瓷器所需要的高温。伯特格尔沿用了他的研究成果,终于创造出了白瓷。为确保制瓷秘方不被泄露,奥古斯都二世希望能够独享瓷器制造的艺术,将伯特格尔工匠们软禁在城堡内。因为生产条件很差，缺少大的窑炉，燃料也不足，伯特格尔在困境中度过十年像囚徒一样的生活。1716年，他的三个助手悄悄地溜出了阿尔布莱茨堡，他们是画师亨格和两个助手。亨格他们来到了奥地利的维也纳，维也纳人从麦森地区挖来了很多工匠，通过这种方法，维也纳也成了欧洲第二个能成功生产瓷器的地方，只比麦森晚了七年。维也纳重金收买麦森的工匠，从而获得瓷器生产的关键技术。400年前欧洲各国间的激烈竞争，大大加速了瓷器制造技术的发展，在麦森成功生产出瓷器后的短短50年间，制瓷技术就传遍了整个欧洲。由于伯特格尔的伟大贡献，德国的麦森成了欧洲瓷器的摇篮，当时麦森瓷器的售价是中国瓷器的两倍。麦森瓷器成为高端商品的另一个原因，和维也纳艺术家哈罗德有关，哈罗德发明了紫色和淡紫色颜料，麦森采用了这种色彩，主要出产瓷画和瓷雕，麦森的小型瓷雕非常受欢迎。

欧洲彩色瓷酒壶（背面）

后来发展起来的法国塞夫勒瓷器，给瓷器镀金，镀金的边饰和瓷器内部精细的纹饰，形成塞夫勒瓷器的标志。麦森首创了淡紫色颜料的使用，而塞夫勒把淡紫色颜料和大量金色的植物装饰图案混合使用，形成了独特的塞夫勒风格。当时，塞夫勒瓷器还发展出了一种独一无二的色彩，这就是宝蓝色，这是皇家专用的颜色，只有在塞夫勒才能生产。这种风格一直延续至今，塞夫勒瓷器细致精美的图案和金灿灿的装饰，构成了完美的欧式瓷器风格。

这些瓷器是欧洲人自文艺复兴以来,长期进行科学试验和材料分析的结果,和中国瓷工不同的是,伯特格尔把他的试验中的成败误差都记录了下来,这让他的成就走出了萨克森,影响了整个欧洲。1719年3月10日,年仅37岁的伯特格尔因饮酒过量而去世,但是这位年轻炼金术师的名字超越了其悲剧性的一生,作为欧洲陶瓷史上的杰出人物永载史册。

我在欧洲曾经看过不少代表皇宫水准的瓷器产品,在生活产品中多为咖啡壶和茶壶,很少见有酒壶的。大概欧洲皇室和高雅的人都是喝茶、喝咖啡的,只有平民百姓才常喝酒。但我买到的欧洲瓷器酒壶,有那么精美的图案,有紫色和宝蓝色的色彩,证明欧洲瓷器的发展,早已普及市民生活的各个方面,百姓喝酒也能享受到欧洲瓷器的美丽、精致。

马尔代夫的木雕

在我的玻璃柜里,还有两个马尔代夫的木雕。一个是"渔夫钓鱼",足有20多厘米高,渔夫头戴圆形竹笠,右手持渔竿,渔竿上有条小鱼,左手拎着一条大鱼,渔夫赤膊精瘦,仅穿条短裤,长着长胡子的脸上露出微笑。身处岛国终于钓到鱼了,怎么会不高兴?

另一个木雕是情人相吻。马尔代夫是一个岛国,连首都马累也是在一个较大的岛上,城市间交往全部依靠船只,有的宾馆就占着一个小岛。那里风景美丽,海水清澈。我们住的酒店是别墅型的,房间后门出来就是海滩,可以躺在海滩的浅水里浸泡,戏耍浅水中的小鱼,看远处的地平线和航船,回房在天井里冲洗,然后到餐厅用餐。那时,去的人很少,有人说是情人的天堂。在通往餐厅的路上,男、女都戴着宽边的帽子,戴着大大的墨镜,似乎怕人认出来一样。餐厅里尽是各种海鲜,海中的岛屿,海鲜就是他们的财富。还有红葡萄酒、白葡萄酒和多种洋

 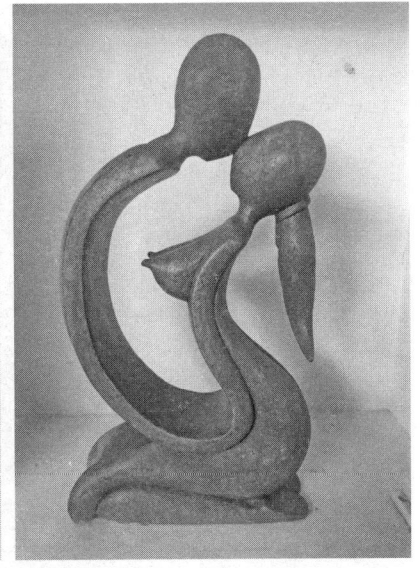

马尔代夫木雕渔翁　　　　　　马尔代夫木雕相亲相爱

酒，供人尽情享用。渔夫木雕当然打主角，但我的另一个木雕情人相吻，也有它的一定意义。木雕是两个赤裸的男女亲吻的造型。我给它起名为"相亲相爱"。这木雕足有30厘米高，两个头连在一起，没有鼻子和眼睛，只有两嘴相接，一个俯视，一个仰视，后面有根辫子。女子是丰胸肥臀，高翘圆润的乳房上，清晰地雕刻出乳头。手脚全部虚化，突出了重点，表达意境。这种雕塑，并不是为了吸引年轻人喜欢，引起浪漫、激情，而只是反映马尔代夫的浪漫色彩而已。一个地方的艺术品，总和当地的风情是一致的。

越南的红木狮子

我的玻璃柜里还有一对来自越南的红木狮子，一个狮子凑着另一狮子的耳朵在嬉戏，它们紧挨着，只有这样亲热、和谐的动作，才能在下面圆形红木底座上站稳，也才能显示出两只狮子最动感、漂亮的姿势。我到越

越南红木双狮嬉戏

南去办过两次展览会,美国"9·11"事件发生的那天,我就在越南胡志明市的展馆办展,我们起初看到电视里飞机撞击大楼时,还以为美国大片在演出飞机撞大楼的画面,美国常常将假设的情况来推演拍成片子,我们已经习惯。后来才知道那是美国真实的情况,举世震惊。我去过越南多次,原来总觉得作为邻邦,人民会对我们比较友好,去了以后才感到很是冷漠。来配合我们办展的当地展览公司的领导和我们关系较好,他私下和我说,他周围的大多数人对中国人没太多热情,只有他是对我们友好的。这也可能是他的显摆。我看到那两个狮子,就想起,中越两国就像两只嬉戏的狮子,只有真正合拍了,两国关系才能稳妥地站进友好的圈子,两国才会联合演绎出精彩的狮子舞。越南有红木雕刻的传统,而且雕刻技艺也不错,我除了有这对狮子外,还有桃子形珠宝盒,近黑色的红木盒,铮亮、润滑,打开桃子,里面可放若干的金戒指和金项链,这是讨女人喜欢的物件。没能把它放进玻璃柜,而放在橱柜里睡觉。

希望世界也能了解中国

我的玻璃柜里似乎找不出美国的艺术品,虽然我也去过十多回,那时去那里总带回来很多吃的东西,从最早的奶油爆米花、液体巧克力和花生酱,到后来的西洋参、保健食品等,不知是否由于东西便宜的吸引,还是他们历史太短,缺乏文化,艺术品没能引起我的兴趣。

玻璃柜里的纪念品,只能反映世界精彩的一角。由于文章篇幅关系,我还有很多艺术品没能在此文中介绍,如有机会,再写个续篇,以飨读者。

从这些纪念品中,唤醒了我和产地国家交往的经历,增加了对这些国家的了解。这是改革开放后,国际间互相交流的结果。

我也很希望各国人民也能来我国看看,尤其是西方国家的人们,加深对我国的了解,从而减少对我国的误解和误判,使那些别有用心的政客谎言失去市场。

我们需要了解世界,世界更需要了解我们,这才是世界走向和平的正确途径。

草于2021年9月11日夜10点
改于2022年5月25日夜

留点童真的记忆

据说小时候的事最容易记住了,不知是不是那时脑袋空空,一有什么事情就给记住,就像电脑的CPU,储存满了就难以进去,因此做父母的总希望给自己的孩子留下美好生活的记忆。我现在就保留着许多小时候童真的记忆。

我没有进过幼儿园,小时候的记忆多从小学开始。不知是否有点读书天赋,我的学习成绩很好,班里总在前三名,尤其是算术,常常占据第一名而不下来,直到初中。最高兴的时间是老师报分数,我的学号常常被老师报在顶尖少数人的前面。华罗庚一直是我小时候崇拜的偶像。

那时只有半天上课,下午是学习小组活动。功课不多,我会很快将作业做完,空出时间玩耍,躲猫猫的官兵捉强盗;下象棋;下军棋四国大战;打扑克算24点,打四十分、八十分,打弹子,刮香烟牌子……什么都玩。就是漫长的暑假,也大多泡在斗蟋蟀里,从没安排补课、加课读书的。

我很喜欢待在学校里,爱着学校的一切。我会怀着敬畏的心情,隔着马路看着班主任老师从校门里出来回家。碰到老师下午做广播操,我会站在操场外铁栏杆旁看他们做操,和着节奏,哼着广播操的音乐,还把音乐带回家。那首感恩老师的歌曲,一些歌词还很深沉。"……老师在深夜里为我们批改作业。老师的教导记我们心间,决不辜负老师对我们的期望。我们感谢,亲爱的老师……"现在每每教师节前,脑子里总会涌出这首歌曲。

有一次我生病在家,父母带我去看病,走过学校时正好是我们做课间操时间,喇叭里播放着少先队队歌,我忽然产生特别留恋的感觉。平时每天都放这歌,从没那种感觉,令人奇怪。直到60多岁,一次我送儿子去体检,对面正好是所小学,我隔着铁栅栏看到他们正在做早操前的准备,操场里放着《闪闪的红星》音乐,不知怎的,我忽然想起那首歌,激动不已。"我们的旗帜火一样红,星星和火炬指引前进,和煦的风吹拂着我们,招呼我们走向幸福的前程。我们手拉着手,我们肩并着肩,我们向前,我们向前,我们向前永远跟着毛泽东。"自己也搞不清楚,怎么会有那么深的印象。

有时碰到儿孙辈的夏令营,我也会时时想起那时的夏令营,尤其是队干部的夏令营,完全是军营式的。几个班级的队干部合成一个中队,集合后,中队长向大队长汇报人数,大队长向大队辅导员汇报人数都是庄重、严肃的,令人兴奋的。而走队形时,八人一排要转弯时,第一人要在原地踏步八步,第九步才能开走,给我留下有趣的记忆。每当我看到

作者儿子马思亮在素描(7岁)

国庆游行方阵转弯时，我就会想到我们那时的夏令营生活。还有我们学校特有的夏令营之歌，一直难以忘怀。"穿过绿色的大树林，我们奔向美丽的地方，可爱的小鸟张开翅膀，向着我们快乐的歌唱。微微的风迎面吹，红领巾在飘荡，洗过海澡旅行去，我们的心里乐洋洋。可爱的夏令营，欢乐的家，你使我们活泼健康。"我虽然不善于唱歌，在离开小学后再也没听到有人唱这歌曲，但它一直在我心中吟唱，难以忘怀。

进中学后，教育改革了，老师多次留的作文，要我们写教育改革前后的变化，我始终写不好。以后经历"文化大革命"，走向社会，在这些年中，我自学高中直至读完本科，又念完硕士课程和MBA，但我始终找不到过去小时候学校里读书的感觉。有时想起小时候的读书生活，始终觉得是快乐的，但那时没有人提出快乐学习的，或许那时的课本比较浅，一直没有什么压力和痛苦。那时学习的知识不多，但在进入社会后，我竟然还能从写写总结、领导讲话，直到走上领导岗位，这靠的是小时候不是强项的语文基础。而强项的数学，仅在计算职工的考核和分配时偶尔会用上，包括小括号、中括号、大括号。

到儿子那一辈时，我们常常在家长会上听到学校教育改革成果的报告。儿子幼时还是在石库门房里度过，小学是在一个区重点小学学习，虽然成绩不很突出，但也没看他有拼命读书的习惯。课余时间总在弄堂里疯玩，有时到了晚饭时间还要我年老的父母把他从小朋友家里叫回。平时基本没有什么补习班，我们平时工作忙，他的读书我们基本不管。倒是我看到他有点画画天赋，给他找了个画画老师，每星期要去上课。以后我们搬到新公房住了，邻居间走动少了，儿子除了做功课、画画，就是听李元霸、岳飞、《三国演义》等故事。他们玩的东西已不是我们小时那么"低俗"，任天堂游戏机是他的最爱。我从没看到他打弹子，下军棋，更没看到他斗蟋蟀的，当然也没听他唱过什么歌曲。但在初一他任大队长时，在一次家长会上，看到儿子组织班里同学跳了场迪斯科舞和踢踏舞，把我看得目瞪口呆。

以后儿子读书,课外偶尔去物理老师、英语老师那里去补习功课。我和妻子还是无暇去陪他读书、温书,他也从没有要求我们和他一起读书,我们仅做他的后勤保障。他顺利考进了华山美校和华模合办的高中美术学校,以后又考进东华大学本科环境艺术设计班,最后在英国肯特艺术大学获得了室内设计的硕士文凭。回国后他还获得了高级室内设计师称号,在上海也没有多少人能拿到。现在他在一个外资房地产开发单位负责室内设计审核工作。有一次,一个项目来不及请设计单位设计了,我儿子花了几个晚上,竟代替设计单位将图纸画出来。按理开发商单位只要出主意,提要求,讲思路,监看图纸,这次儿子露了一手,还为单位省了设计费,节省了时间,得到老板好评,凭的就是儿时的基础。儿子这一代,比我们更有竞争性。我不知道他对儿时留下什么记忆,他也从没和我交流儿时的事情。只是一次去老房子看看,回来后对我说,去原来小学看了,原来一直觉得小学门口的弄堂是很深的,现

马思亮在自己画室(12岁)

在一拆迁,校门已在复兴路旁了,这次看看,学校门口是那么窄,母校里面真不大。他还回忆起放学后70多岁的爷爷(我父亲)在校门口接他,在回家的路上吃油墩子的情景。

  在我每次搬家时,儿子的画画习作和石膏雕像总是家里的财富。大多习作是他们美术学校到黄山、西藏和青海写生时的作品,速写为多,也有一些水粉画。他的一些好的作品有给学校收藏的,在老师、同学合出的学校作品集里也有他的好几幅作品。每次整理,他都会翻看很久,大概在回忆过去学校的写生生活。我还收藏着他的写生生活日记,我问他几时拿回去,他只是表示先放在我这里。大概放在父母家安全,不易遗失,我们会帮他保管好他的记忆。

  现在孙女也要小学毕业了。她是在"不要输在起跑线上"宣传得最厉害时出生的。在标杆幼儿园里,她是老师喜欢的孩子,顽皮而话多。老师常常将代表班级表演最难的角色让她出演,大段大段的念白,她有很好的记性,人也漂亮,口齿也清晰,总是能胜任。在幼儿园升小学时,她无意中报名参加私立小学的面试,结果以10分满分被私立小学录取。大家以为她有读书的天赋。妈妈最热衷于为孩子安排学习,看看她有什么天赋,能让她去试的尽量安排。周围家长都这样安排的,你不能落后,弹钢琴、跳舞、围棋、看图讲故事、英语、奥数、国画……几乎每天排得满满。只要孩子学得上,钱不是需要考虑的问题。小孩子根本没有自己的自由。外公外婆最辛苦,陪着她赶场子。

  渐渐地,校外学习一个个放掉了,学校里的课程已难以顾及。私立小学的课程很快,拼音字母的学习,我印象中要教半个学期,至少也三分之一学期,但她却两个星期学完了。不是说学龄前不应该学习吗?很多家长早就教孩子识几百个字了,何况拼音。他们不成学霸誓不罢休,家长还有陪读的。我们的教育当然要改革了,尖子学生有潜力,教学就需加速前进,为了升学率,学校的荣誉,这是私立小学的优势。我那孙女可是个顽童,没有时间玩,不愿反复做题目,背第一遍书能背出来,叫她再背一遍,眼神不知望哪,反而背不出。为此常常和父母杠起来,浪费了不少时间,到很晚才能睡觉。成绩中不溜秋,大家都很着急。有时问她能否考到80分以上,她总悻悻然答道,不大可能——信心也没有。但她的品行倒是得到老师肯定的。那天刚开学,她的同学忘带铅笔盒子,怕老师批评,就向我孙女借。她就给了一支铅笔,用小刀将橡皮一切二,一半给同学,尺没办法折断,索性将尺给了同学。放学后,老师因她文具用品没带齐批评了她。老师了解后,肯定了她肯助人的品德。我虽然总鼓励她,人家行你也行,其实我是不太看重她的成绩的,只希望她能自己管好自己,自己安排学习,不要大人操心。但怎么可能,妈妈这么盯着成绩也没上来,不盯着怎么办?还有老师,现在有现代化工具——微信,每天来个群发,学生作业,学校通知。学生功课做好,家长检查对了,发微信给她,真会调动家长积极性。毕竟要管几十个学生,家长就管一个子女,你们抓不好,老师怎么行?逻辑缜密,天衣无缝。有人和我说,孙女四五年级的英语已经快赶上过去大学考四级的水平了,我很吃惊。

我们的基础教育确实是过硬,否则也夺不回那么多的少年奥数冠军。有的媒体不是介绍,我们的数学教学已在英国推广。曾经那个英国首相连小学生的乘法口诀都背不出,成为中国人的笑谈。但静下心来想想,背不出能反映什么?人家不是也做首相了,还不

12岁的孙女马婧宜在做功课

是靠机遇、环境加综合素质?

  大家都明了,我们的高中以下课程确实要求很高,但考进大学后大多松松垮垮,不是谈恋爱,就是外出兼职赚外快,哪有中学,甚至小学紧张?我儿子从英国留学回来,他就感慨,那里的教学和我们的大学教学差异太大了。细分的科目,深耕的课题,没有看很多相关的辅助材料,不经过深思熟虑,是难以完成教学任务的。导师仅在这个基础上给以点拨、辅导,起到"老师一席话,胜读十年书"的作用。西方国家教学正好和我们相反,小学宽松,大学紧张。德国等欧美的小学三四年级以前是不强调分数的,甚至不计分数,主要是社会素质教育、自我管理教育和学习方法的养成。小朋友太喜欢玩了,引导他们在玩中学习知识。英、美大学教育水平获得了世界公认。

  我不知道儿子对小时读书留下多少记忆,但肯定比我累,因为我要他学习一门技术,从小画画,缺少童年、少年的玩耍,这是我常感亏欠他的。但他还有小学语文老师教他写好文章的乐趣,致使现在善于写出会议纪要和工作总结;还有去西部的写生生活记忆,增加了见识,提高了画画水准,能胜任现在工作。当然我也发现他有不少潜力是难以发挥了,他在处理人际关系、个人涵养和组织活动能力上都比一般人强,但由于是外企的专业人员,就难以在更大的空间发展了。

  我想不出孙女那辈,以后对小时候读书会留下什么记忆,只能想象比我们优裕的生活条件,上学及回家的校车,中午学校自助餐的鸡腿,剩下的就是在漫无边际的作业题海中漂泊、沉浮。老师催促妈妈要她订正作业,没有玩耍的哭闹以及同学分数排名的忧郁,应该不会成为美好的记忆。这些记忆的碎片,随着时间的流逝,只是在空中飞舞,和那些半途而废的课外学习交织在一起,渐趋渐远,逐渐淡忘。学校每学期结束总举办的夏(冬)令营活动,家长陪伴飞往各地,留下的或许仅有家长陪伴的旅游印记,淡化了学校的印记。至于到新加坡等海外参加的夏(冬)令营,只有商业教官和家庭长辈陪伴的记忆,没有学校老师、同学的印记。我不知道怎样能给她留下孩提时美好的记忆。我只知道，教育改革了50多年，我们的孩子在题海中越来越辛苦，越来越没有孩提时代的欢乐。我们希望改变这种状况，谈何容易？美国故事片《狮子王》就给我们很好的启迪，成千上万的牛向你奔来，排山倒海的气势，狮子王也只能无奈地站在山头上观望，不敢越雷池半步。

很多事情确实很难分辨好坏，前些年，狠抓了教学分数、升学率，尤其是奥数，也培养了不少数学爱好者，现在才能顶上我国快速发展的芯片制造等行业发展的人才，致使有些世界级制造商想将企业移师到印度、越南，深感人才难以满足。这几年我们很重视汉语和古文的教育，或许在若干年后能培养出一大批文学大家。教育改革的呼声一直很高，我们的教育界领导和专家确实费了不少心血，发了不少减轻学生负担的文件，改革了公办、民办学校的招生方法；改变了小学升初中一考定学校的做法，取消升学考，采用摇号录取、看平时成绩等做法，但效果如何还待实践检验。

我不是教育界的人，按理没有资格多发议论，只是感到小孩子读书负担太重。有一次我去接孙女，看到她的书包比我出差时的背包还沉，里面还有电脑。她已习惯，不要我相帮，我倒心疼不已，怕她过早承担压力，娇嫩的肩膀吃不消。

我们的教学是否太注重起跑线上的成绩，否则也不会有对大学教育的忽视。如果是大学教师水平的下滑，那有待时间的提高。如果是商业气氛太浓，难以冲出包围，那倒是社会问题。我们这些过来之人，看到很多小时候读书成绩很好的人，成人后表现平平，甚至走向反方向。而那些读书平平或不怎么样的人，倒是做出了成绩，甚至成了某个家或发了财。这里牵涉综合素质、机遇、社会等诸多因素，太复杂了。一个孩子长大后会变成什么样子真难以预测。

有时想到底，读完书无非是找个好工作。何苦呢？适合你的工作总有，最多层次不是太高罢了，只要适合你的水平。各行各业总要有人去做。但讲是这么讲,谁愿在千军万马过独木桥中落后?除非你落伍,被淘汰。正如列宁所说,"千百万人的习惯势力是最可怕的势力。"

  我很理解教育界领导的苦衷,从我们这代开始教改,一直在为提高教育质量而探索、实践。我们这些唱着"我们是共产主义接班人"的一代,已经退休了,但还留有过去小时候读书时的美好记忆。美好的记忆总是那样带有童真,拥有童趣,我们也希望我们的后辈能在将来留有小时候更多童真的记忆。

草于2020年元月31日

骑马上佛母洞

我喜欢马,但怕骑马,那次去山西佛母洞,我竟然骑了高头大马上山、下山,实为艰难,不信有照片为证。

小时候看到徐悲鸿画的奔马图,会欣赏许久,赞叹不已。家里的玻璃柜里我也收集了不少马的艺术品,有咖啡瓷器的对马,有高大彩色的景泰蓝马,有从匈牙利买回来的紫色铜皮铸成的奔马群图,也有从波兰买回来的马蹄形的双马头铜制挂件。当然我那巴基斯坦产的铜件马,我更是把它作为我的微信头像。那铜马周身刻着花纹,竖着耳朵,一只马脚抬起,马尾甩起,很有动感味。大概自己姓马,特别喜欢。

但也奇怪,在实际生活中我却不敢骑马,甚至怕接近马,怕被它的马蹄撂着。小时候看到牵着马卖马奶的走进弄堂,后面跟着看热闹的小孩,大人都关照不要走得太近,当心马要尥蹶子的,长大了不知是否还有后怕?有时我耻笑自己,古代有"叶公好龙"的典故,自己真有点"马某好马"的意味。有好几次,我们参观养马场或到驯马基地,那些朋友都鼓励我骑马试试,有些马还是低矮、温驯的,但我都默然离去,或在围栏外看他们骑马或助威。但在山西五台山的那次确实是个例外,人生仅此一次。

那年儿子考进大学,我陪他到大西北去转了一圈,山西的五台山是个重头戏。那时我兼着全国行业协会的副秘书长,在山西是由同行公司总经理穆总陪同的,据说她是穆桂英的后代,而她的丈夫杨先生在工商局工作,也是杨家将的后代,给我带来很多有趣的遐想。虽然有些书里说穆桂英是后人章回说本里的人物,历史上并没这个人,但我肯定不信。

五台山，是中外闻名的佛教文化圣地。五台山的景点是很分散的，在那些天里，我们遥望五座山顶，山山相连，雄浑连天。在群山怀抱、云雾缭绕中，清泉细流、嘉木瑞草装点下，众多寺宇散布其间，殿堂楼塔优雅多姿，尽显汉唐遗风、宋元古韵、明清情致，一派瑰丽庄严的佛国风光。我们进的每一座寺庙，香案上烛光点点，清香袅袅，伴随着诵经声和偶尔的击钟声，给人一种特有的庄严肃穆的气氛。那里请香是不用付钱的，但仅需一炷香。捐香火钱也仅一元人民币，他们还会为此击缶示谢，和其他庙宇很不一样。

那天安排去佛母洞，穆总只是说这是一个主要景点。佛母洞坐落在五台山南部的南台东南支脉接近山顶的地方。我们的车子在山脚下停了下来。我下了车，仰头上望，看不到山顶，找不到山路。他们说南台东南支脉一座如屏风般的山崖上、岩壁间，有一石洞天然而生，我们要爬上那山才能到佛母洞。我有点诧异，穆总他们已给我们安排了两匹栗色鬃毛的马。

作者骑马上佛母洞（右旁前为山西穆总）

"骑马上山？"我望着那马，马齐我脖子高，我爬上它背，也是个难事。那马还算温驯，望着我，甩着马尾巴，似乎等着我骑上去。马头前一个人牵着缰绳，等我骑上马就出发。我可从来没骑过马啊，不要说这样的高头大马。我有点打退堂鼓，问穆总，能不能徒步上山？他们都笑了，山上没有路，要在山石上行走，那样上去不知要多长时间了，而且危险。我怕自己不会骑马，更怕儿子亮亮从马上摔下来，那就闯祸了，我有点后悔同意安排这个项目。穆总她们一直和我说，放心好了，很安全的。我看了下儿子，他已上了他骑的马，牵马人牵着他的马走了。我无奈将左脚踩进马镫，手拉着马鞍，终算爬上了马背。我紧张地抓住马背上的半圆形铁把手，尴尬地和穆总她们笑笑，穆总特意关照牵马人，让我的马走得慢点。

　　山上的路确实是难走，我骑在马上一直感到马是以近45度角度在行走。牵马人倒是机灵，牵着缰绳，有时在岩石上跳跃着行走，引路。我只能死死抓住马鞍上的抓手，僵硬着腰，随马前行。我抬头找我儿子亮亮，只见他骑马是很自然的姿势，随着马的颠簸，身体随着摇晃，还有点得意。后来我才知道，他在高中时，随华山美校到青海、西藏、新疆去写生画画时，就常常骑马，而且还要背着行李，骑马赶路。他的同学也有从马背上摔下来的，但也要骑上去赶路啊，否则怎么到下一个写生点！那时我们真不知道他们有这种经历，否则会给我们家长增加多少担忧和害怕？

　　我开始有点适应骑马了，腰不再僵硬，眼睛开始向周围张望，欣赏景色。山有点陡，沿途树木不多，但草丛不少，大多长在岩石旁。向远处望去，山峦重叠，隐隐约约，不知是迷雾未散尽还是已进云雾中，眼前只见马那长长的脖颈背上的鬃毛在飘动，还看到那牵马人轻盈的身影。半个多小时后，我们终于到了佛母洞前的平台，我从马背上爬下来，手心还有点湿漉漉的，但心情如释重负。

　　站在平台上看，佛母洞是个天然的石灰岩山洞。石洞分为外洞和内洞,大洞套着小洞,外洞阔大,洞口有石雕佛像。洞口敞开,高约3米,宽2米多,进深幽暗,由外而里渐渐收缩,在尽头的洞壁有一个扁圆形小孔通入内洞。内洞的构造非常奇特,小而幽,洞口距地面半米左右,扁圆狭窄,呈弯曲管状,斜向上延伸一米左右。乍看起来,佛母洞内洞口十分狭小,成年人是无法钻进钻出的。那天排在我前面进佛母洞的男子就遇到了点麻烦,不知是他的进洞姿势不对,还是他过于胖大,卡在洞口数秒钟,害得洞里的人拔他,洞外的人推他屁股,引来一片笑声。

　　我忽然想到,小时候我的一个同学的母亲,就是因为生育他而死亡,使他一直过着缺乏母爱的生活。我们也时常听到,有的小孩出生时胎位不正,而引起小孩和母亲的死亡。在古代,哪怕在皇宫里也常有类似的事情发生。好在我们后来医术提高,采用了剖宫产等,才挽救了不少产妇和孩子。我的妻子生育儿子时,也经历了那段艰辛、痛苦的时间。那天她说见红了,孩子大概要出生了,我连忙跑到老北门的摩托三轮车队叫来了车子,将她送到斜桥的红房子医院。她在医院里经历了24小时的"战斗",才产下7斤的儿子。后来她讲起,那24小时真不是人过的,浑身疼痛得只剩惨叫,病房中惨叫声此起彼伏。医生在旁边鼓励你握紧拳头拼命用力生。实在没有力气了,医生就给你喂饭,休息一会儿再来。医生会鼓励你,子门已开了几厘米,给你勇气。那时医院是不允许家属陪的。我还真懵懂,将妻子送进医院,似乎完全拜托医生了?竟去上班,还出去开会。待我下班赶到医院,晚上7点多钟儿子才出生。现在想来还有点后怕,如果那天妻子生育时有个三长两短,或有点意外,比如胎位不正什么的,要找家属签字,哪去找我?那时没有手机和微信,只有办公室电话,在外开会怎么找人?好在妻子福大命大。

　　轮到我进洞时,我看着其他顺利钻进洞的人的样子,试着双臂举直,紧贴头部两侧,身体半侧,头、手终于先进洞口,我连忙试着肩膀微斜,慢慢挤进去,随后蹬地的双腿发力,同时腰部竭力蠕动,当伸直的双臂双手够着入口边沿时，头、手先出，身体半侧，由于洞口是斜下的，靠腰腹部蠕动爬伸，就慢慢离开外洞。当胳膊肘抵着洞壁就往开撑，凭着身躯蠕动前伸，石孔刚刚能容一人通过，我们经过这些艰难的动作，便入得内洞。进入葫芦形状的洞腔，洞腔里可容纳五六人。内洞的洞壁上，山岩经水溶化，产生许多乳石及石笋，洞壁石色斑驳，夹有各种色质，形状凸凹，犹如人体五脏六腑形样，洞形又呈葫芦形状，特别是洞腔右侧乳白色条纹，和人体脊椎骨、肋骨一样形象逼真，后人便称之为母腹。正因为内洞天然巧成，示现为人体腹内形状，所以称为佛母洞。我们在洞里祭拜了佛母，仍取同样的姿势，从原洞口返出。

我到佛母洞，才知道这里是佛教圣地，佛经上有记载，也有很多传说。

佛母洞是一个天然山洞，天地造化，它的灵迹为佛法应化世所罕有，它有佛教经典关于释迦牟尼佛的诞生载记所印证。

按佛经说，释迦牟尼亦名千佛，佛母洞又被人们称为千佛洞，千佛洞是供奉释迦牟尼的洞。佛母，是指释迦牟尼的生身之母，叫摩耶夫人。她是古印度天臂国善觉王的女儿，迦毗罗卫国净饭王的第一夫人。一个春夜，摩耶夫人睡梦中见菩萨乘白象从空中向她走来，从右肋进入她的腹中，醒来发现自己怀孕了。摩耶夫人临分娩前，按照当时风俗，回娘家待产。她途经一座花园蓝毗尼园，安详徐步，处处观看，当手攀柔软低垂的无忧树枝时，随生太子。太子从她的右肋脱胎而出，太子就是后来的释迦牟尼佛。五台山佛母洞灵迹，与佛教经典所载佛诞生情形十分吻合。洞腔显示为人体母腹，右侧乳白色脊椎骨、肋骨形样石色，说明洞口恰好处于右肋部位，这与佛教故事中的菩萨乘白象从右肋下入胎，太子从右肋下诞生完全巧合。据说，佛母洞在中外佛教灵迹中是独一无二的。

据《清凉山志》载："嘉靖末，道方者，夜游至此，见神灯万点，既出旋入。方随入，见玉佛像，森列其中，穿窿深迥，进里许，飘然闻波涛，悚怖不能出。念观音名,愿造像,忽见一灯,寻光得出,乃造石佛于洞口。"后人又因石洞、石佛建殿堂,取名叫千佛洞。现存四尊明代石雕佛像,成为该寺起源和延续的佐证。建寺至今已有近500年的历史了。

　　世人将入洞称为"投胎佛母",受其恩育;出洞即为"佛母重生",脱胎换骨。按照佛家的说法,"佛母重生"能够洗掉以往所犯的"罪过",获得新生。人,肉身凡胎的出生只有一次。人生历程各个不同,命运有顺有乖。佛母洗世尘,重生逢运转。体验"投胎佛母"和"佛母重生",在佛母的甚深大愿加持下,便有圆满的果报。

　　"佛母洞"是佛教信徒,特别是蒙藏佛教信徒和海外佛教信徒朝拜五台山的必到之地。朝拜五台山的善信和游客,络绎不绝登临佛母洞,虔诚发心,把入洞、出洞示为大因缘,恳请佛母加持,获得重生,消除业障,福慧双增。

　　不少游人也到此赏玩。入洞、出洞是一种神圣的佛教仪式,也是一种充满妙趣的新生体验。

　　在返回山下的路上,我又一次尝到了上山容易下山难的滋味。我骑上那匹栗色的高头大马,沿原路下山,上山时刚刚觉得骑马已有一点适应的感觉,现在荡然无存。上山时的45度角度,我的身子和地球引力垂直,仅需要向前倾斜,和马的颈脖靠得还算近,还有点安全的感觉。下山时人骑在马上,人和地球垂直引力要向后倾了,手抓着那马鞍把手更是不敢松懈。有时下山的角度为五六十度,我真是惊吓得就差发出声音了。再加上下山时,牵马人走得比上山快,有时还向下跳跃着走,马就随着加快速度下行。我一路上一直惊魂不定,一直有种人要冲下去的感觉,根本失去居高临下欣赏大自然风景的乐趣。

　　返回到山下的出发地,穆总她们问我感觉如何。

　　我心神甫定,只是答道:"感叹,惊险。"她们都笑了。

　　其实感叹什么?母亲的生养不易,感叹佛母在佛教中的意义伟大。

　　惊险什么?骑马上山经历了惊险,到佛母洞才有了以上新的感叹、感悟。据说现在已有缆车可直达山顶,那就会缺乏骑马上、下山的惊险和进出佛母洞交织在一起的感叹了。当然这种惊险后的感悟,和孙悟空随唐僧去西天取经的惊险感叹相差十万八千里。

万物变迁,生而又灭,一切宝中,人命第一,生当感恩父母生养之恩,感恩所有帮扶之人。

有人说,女性没有结婚、生育过孩子,那一生是不完整的,不会体会母亲生育之痛、养育之苦,难以体会母亲之伟大。我的佛母洞之旅,不知会否增加这种感受。

佛母洞因有特殊的佛教意义,所以还是有必要前往的。尤其是男游客,一生都无法直接感受到女性生育的艰辛与痛苦,在努力完成了从"投胎"到"重生"这一过程后,也许就会有接近现实的体会,有了这种体会,也许就会感慨于生命的伟大及大自然的伟大。

草于2022年2月6日(春节)
改于2022年6月13日

此时无声胜有声

张森老师是书法界的大家,我们间曾经有一点交往,他年长我8岁,但那时不兴称呼"老师",时兴称呼"先生"。我们间直呼其名,没有拘束,公开场合称他"张先生"。

那是20世纪80年代末90年代初的事,我在市里一个有点特殊的涉外单位任总经理办公室主任。当时改革开放不久,我们公司联系着数千个海外公司在上海的机构。为了创造更好的投资环境和经商环境,我们除了从事很多商业活动外,也开展一些文化交流活动。总经理是个在商界和文化界都有点知名度的人,有很多海内外朋友,包括文化界的朋友。张森那时就被我们公司聘为艺术顾问,记得那时还有吴昌硕的孙子吴长邺,吴派当代大弟子曹简楼;还有师从胡问遂,擅长行楷书,70年代就已出名,和韩天衡出版《书法刻印》等书的张统良等。我们组织中外企业界联谊会,请上海市和主管部门的领导、世界500强公司的领导以及国内大企业单位的领导联谊活动,活动时请这些艺术顾问亮相,表演他们的书法和绘画。总经理亲自带队,在组织经贸代表团时,也组织一些艺术顾问到日本等海外作交流,不但进行经贸交流,还传播中华文化。艺术顾问出去并非商业性的,主要是以表演、展示、扩大影响为主,并没什么经济利益。当然公司也没有以盈利为目的,往往还贴点差旅费等。那时他们的名气虽然没有后来那么大,但已是上海滩同行里的名人了。记得张森那时已是上海书法家协会的副主席兼秘书长了(1985年开始任秘书长,1989年开始任副主席),1991年时,他不仅是中国美术家协会理事，还担任过中国书法家协会评审委委员，并任首届上海文学艺术奖美术、书法、摄影系列分评委副主任。他已荣获国家一级美术师职称，上海书店出版社为他出版了《张森隶书滕王阁序》，他的书法已被有关机构珍藏并入编《中南海珍藏书画集》。已是大名鼎鼎的他，谦虚待人，没一点架子，从没提个人利益问题，倒是无偿参与中外交流。公司的不少事情，因是我们办公室具体操办，我就和他们渐渐熟了。

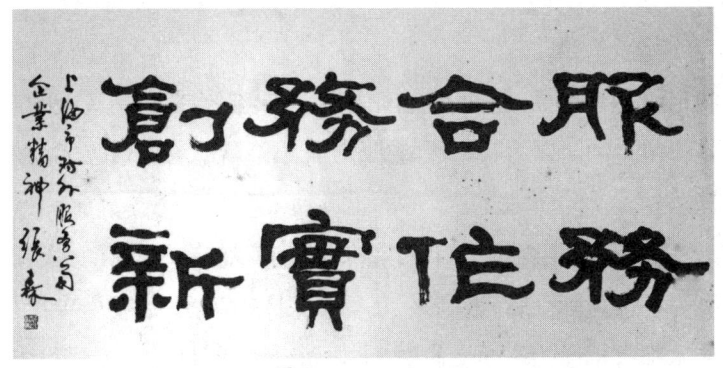

图1

记得我请张森先生到公司来题了一些字，包括公司的企业精神等不少条幅。他对自己要求很严格，"服务　合作　务实　创新"这幅企业精神的题字，可能字幅比较大，他写得不是太满意，就重写，先后撕了不少条幅，直到自己感到满意为止，他的认真精神给我留下很深的印象。

其实我是一个迂腐的人，有这么好的机会，何不向他们讨点墨宝？但我从来不会开口，看到下面同志向他们讨墨宝总感不好，似乎会为难他们。毕竟他们的墨宝是有商业价值的，当然那时没后来那么值钱。

一天，张森先生托人给我带来了一幅字"长乐"，后面还写上"志成先生惠存"。专为我写的，我很是喜欢。我连忙裱好，配好镜框挂在红木床头的墙上，每天能看到。一次我端详着这字，忽然想起，张森先

图2

生怎么不写成"常乐"呢,在我的脑子里,平时祝贺人家快乐,往往写成"常乐"的。但再深思下去,我就感到这真是一字之差,含义差别很大。常常快乐,就是有时有不快乐。但"长乐"就是一直快乐啊。我自己想想好笑,这就是文字内涵上的差别,文字功底上的差别,这真是一字之师。以后我每天醒来,睁开眼睛就能看到这幅字,增添了好心情。

有一次,我送张森先生回家,在车上还有我的儿子亮亮。张森老师知道亮亮在学习画画后,很高兴,用写字来比喻画画,启发引导我儿子,因为艺术都有相通的一面。他说,字要写得好,都是通过点画和结构来体现的。刚学写字的人,一点、一画要学会落在应该落的地方,不能偏差,就像我们先要临摹古代碑帖,在这基础上再去探索。我忽然想起,小时候为什么写字要先写描红簿?随心所欲是写不好字的。只有练好字了,才能去考虑自己的风格。他将话题一转,画画也是一样,素描、色彩都要研究落笔的地方、方向,运笔的轻重,只有不断研究、改进,才能真正将画画好。他深入浅出的教诲,是我和儿子难以忘怀的。

在后来的一段时间里,我的工作遇到了一些不顺,心里常有委屈,有点牢骚,情绪不太好。张森先生又托人给我送来他的题字"不管风吹浪打 胜似闲庭信步",下面也题着"志成同志属",也是专门为我写的。我从这幅字里看出他有点随意,似乎匆匆写就,不知是为我不平,还是要我正确对待,我甚为感动。我将这字裱好后,压在红木桌的玻璃板下,吃饭、写东西时都能看到,后来又配了镜框挂在厅里的墙上。那时，他的名气越来越响了，我们公司因领导的变更，已不注重中外文化交流这一块了，我们间联系甚少，他还关心着我，及时用毛主席著名的词句来激励我，鼓励我，我还有什么理由不正确应对困难，渡过工作难关呢？

过了一段时间，我面临升迁，去新的岗位了，张森先生又托人给我带来一横幅"澹泊明志"。这幅字下还有底纹，甚是漂亮。这是张森先生对我的新要求，看淡名利，有更高志向。在这世界上有多少人为追求名和利，演出过一出出人生丑陋的闹剧。张森先生先给我敲警钟，指方向，我十分感谢。你看那个"泊"字上的一撇，像个翘起的大拇指，似乎寓意，做到澹泊明志才是真正地好。我连忙裱好装框，挂在厅里最显眼的地方。在我刚裱好字，到装裱店去拿字幅时，店老板传话，隔壁小区有个遛狗的住家，看了张森这字很是喜欢，愿出两万元买这幅字，问我愿卖吗，当即给我一口回绝。

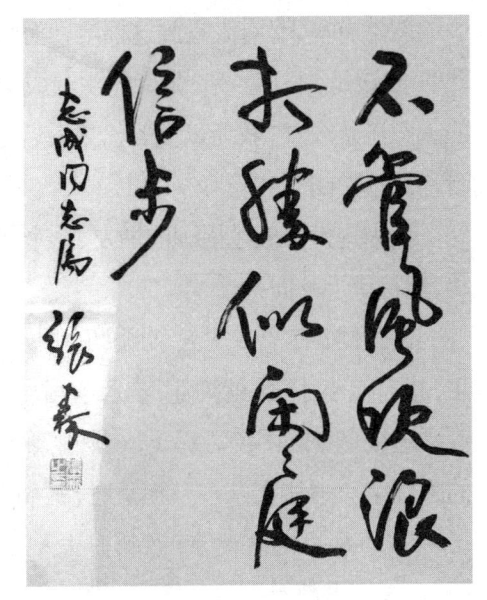

图3

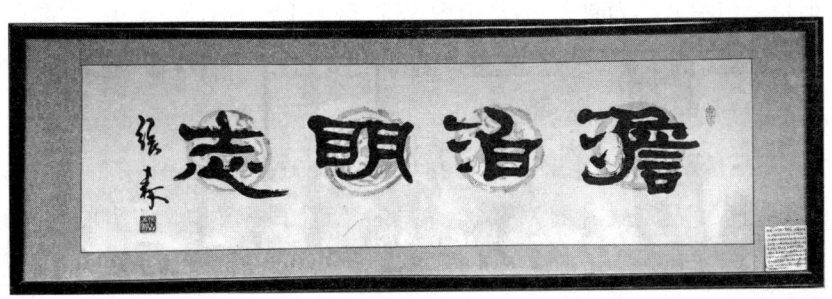

图4

忽然有一天,有人看到这幅字,问我怎么有个错别字。澹泊明志的"明"应该是"日"字旁,张森先生写成"目"字旁了。问我是张森先生的疏忽还是故意,我无以复答。事后,我也嘀咕过,会不会为了字形好看,写成这样的。

我为这事请教过周围的朋友,一个朋友给我讲过一则故事,不知真伪,现特录于下面:

古时候,有个书法大家到他的朋友家做客,他朋友自恃是个小财主,也有点小才气,就笑他,自己字写得这么好,怎么不去寻个途径,改变家里银毫少的困境。那天,小财主新家落成,就请书法大家为家门口的匾题字。书法大家在写横匾时,故将"明"字的左偏旁的"日"写成了"目"。那小财主大笑,讽刺书法大家写错别字。该大家回他,日月明,白天夜里都看得清才是明。你白天都看不清楚人与事,缺"目",所以我将"明"的"日"换成"目"。那小财主无语。

从此以后很多书法家纷纷效仿,有"目"真正看得"明"。后来我在唐伯虎写就的"澹泊明志"题字中也看到了将"明"字的"日"旁写成"目"的。

当然我也听说过另一种讲法,这两个字是通假字。

我不知道张先生是否有意要我看清周围的人与事,但我始终把他作为对我的要求。以后,在工作中起起伏伏,在官场里逆逆顺顺,我一直守着看淡名与利的思想境界,有时知道自己的调动会少去很多收入,但总以组织调动为原则,服从组织安排,努力工作,不计较得失,一直到退休。这不能不说,张森先生的题字,挂在墙上,天天看到不无作用。

我常站在张森先生的书法下凝神欣赏。张森先生擅长正、草、隶诸体,尤其是以隶书蜚声书坛。他多年来对隶书做过深入系统的研究,博临《张迁》《石门》《礼器》等风格各异的汉隶,同时又借鉴何绍基、伊秉绶笔墨技法和变法精神互为参照,融会变通,兼收并蓄,独辟蹊径,从而理性地寻求自己的笔墨去向和风格定位。张森运用美学理论探究书法艺术的审美规律,首次提出书法品评的三大标准:第一,点画要完美;第二,字形要变化;第三,通篇要贯气。

张森的字已形成他独特的风格,无论在什么场合,我都能很远就一眼认出他的书法。但我常常会发现自己的窘迫,词汇量的寒酸逼仄,不知用什么词汇来形容他的字,表达自己的感情。他的笔墨的内涵虽然不是我一介草民随意能理解和领悟的,但我每次欣赏他的字,身心就感到一种新的愉悦。有人说,张森让书法趋向于音乐,传递出更为丰富的节奏、韵律与情感的表达。我站在他的书法前,似乎看到他喝着咖啡,伴随着雄浑的交响乐,把他的意韵,经过他的手,从笔端流淌出音乐般节奏、韵律的"张体"书法,有激荡,似来风吹浪打;有舒缓,犹如闲庭信步;有起伏,有平和……我尽在享受之中,真是此时无声胜有声。

张森虽然不在我身边,但似天天在我身边,永远在我心中。

草于2019年8月5日

今天是年初二

"什么时候了,太阳都晒屁股了还不起床?"妻子唠叨,我知道她在讲我。

"今天下雨,哪来太阳?"儿子亮亮一面在桌子上素描,画着苹果、奶瓶、泡菜坛,一面笑她催人起床就这么一句话。

"下雨?"我心里一紧,不知今晚外宾又要少来多少。今天是年初二,晚上我们市外服公司和龙柏饭店将联合举办"外国友人蛇年晚会",招待在沪的外宾。多年的外事活动,使我养成一个习惯,每次活动前,我总睡不好觉,当天清晨总爱躺在床上沉思。我将已做的事又过了遍"电影":和龙柏饭店的领导一起筹划这一活动;起名字,定格调,谈构思,排节目,发请柬,物色节目主持人,落实新闻报道,好在同事们和龙柏饭店领导互相配合,落实了许多会务工作。我又开始考虑今晚还有什么要弥补的;节目安排上要否调整;还要和节目主持人关照点什么;公司总经理发言停顿的地方,英语翻译要配合好;演员、工作人员在瑞金大厦集合,哪个没落实。

我有时笑自己,大概是过去学写小说养成的习惯,现在工作起来竟然会考虑这么多的细节问题。

"爸爸你看,这张画得怎样?有进步吗?"儿子亮亮拿了刚画好的写生给我看。

我也无心多看,随口说:"整体布局的比例再看看,阴暗部层次够吗,你毛病往往在这里。"妻子见我这样漫不经心,似乎想起我今晚的活动,忙把儿子叫过去了。妻子为了我这活动,上午领儿子回娘家,下午到单位值班,让我静心半天多。当然我也免去了不少春节拜访,连到丈人、丈母处一年一次的拜年、吃饭,也改在年三十上午,仅礼节性拜访而已。

龙柏饭店枕流厅里终于坐了不少外宾,虽然比我预计得少,但是其中的原因我是知道一二的。本来外商就难请,外商不像领事馆里的政府官员,会顾及双方国家友好关系,而人们寄希望于他们做生意,希望他们投资、合资,平时请柬就特别多,对一些招待会就不那么认真了。这次春节,不少外商回国度假,日本的某个俱乐部还将在沪日商及家属组织到澳大利亚旅游,无怪乎,今天来的日本友人仅十多人。要知道,日商在沪事务所占全部外企上海办事处的48%还多哪。过去搞这类活动,日商及家属总占一半左右。今天欧美特征的来宾反而显得多了,这对上电视、出画面倒是有利的。我看了一眼坐在对面的电视台记者,还有点自鸣得意。

7点半钟,大厅里灯光逐渐暗下来,只有舞台上亮着八支蜡烛,随着一束聚光的移动,英语主持谢小姐上了场,几句开场白一讲,我舒了口气,效果良好,我为了物色主持人还费了不少力。我们这个拥有近800名为外商机构工作的人才公司,要挑选一名外语节目主持人,按理说是没有什么问题的,何况当初来报考者中,就有不少人自诩有这种光彩经历,但临到要用他们的这一专长时,不是说没空就是谦虚地推托水平不够。好不容易推荐了几个,试试又不满意,终于物色了谢小姐,她正在筹备主持电视台《我们大学生》中的一档节目。她倒爽气——愿意。我和她谈了构思安排,反应良好。但我担心她嗓音太文气,现在看来,我可以放心地坐下了。……舞台上的节目一个连着一个,二胡齐奏《春天来了》,古筝《战台风》,口技、舞蹈……当进行书画、剪纸、捏面人表演时,场内气氛更活跃了。我便在外宾中寻找新老朋友闲聊起来。

加拿大驻沪总领事梅尔霍特先生是第一次在中国过年,今天,他携夫人一起来了。他本来就很喜欢音乐,刚才的中国民乐演奏,他听得

公司聘请文化名人向外商传播中国文化
右2为吴昌硕的孙子吴长邺,左1为吴派著名画家曹简楼,右1为作者

很够味,连声说,今天的节目很好。当中国画家画了一幅梅花图送到他手里时,梅尔霍特先生太高兴了,因为他的中文名字中有个"梅"字,因此他特别偏爱梅花,当然他希望中加人民友谊像严寒中的梅花一样,经得起考验。来自日本的日商岩井上海事务所所长田中先生却不是第一次在上海过年,今年正好逢他弟弟自日本来沪探望他,他陪弟弟到苏州等地旅游了一圈,今晚他的弟弟看了节目后,悄声对田中先生讲,在中国的这几天,要数今晚最快乐。这一下,田中先生光彩了,弟弟到自己工作的地方玩得高兴,回家告诉父老亲友,那该多美啊!美国施乐公司的费伯思先生可是荷兰人,他对我讲,他在上海仅参加过自己公司组织的晚会,今天是第一次参加这类活动。他特别活跃,携了台摄像机,把晚会中的精彩节目摄下来。他要将这些节目带回寓所,让他的朋友共享今晚的欢乐。当费伯思先生看到捏面人的艺术家做出一个古代女子时,他分辨不清这是中国人还是日本人。当我们对他讲,这个问题就像我们中国人难以从形貌上分辨你们荷兰人和美国人一样,他听了哈哈

大笑。在大厅里最活跃的要数来自联邦德国的上海大众汽车公司德方总经理的两个儿子了,9岁的杰克逊和6岁的弟弟布朗。小杰克逊是两周前刚从联邦德国到上海来的,今天正巧又是他的生日,能在上海和这么多人一起过生日,太高兴了。而使他兴奋不已的是,一位画家为他画了幅肖像,他认为,这是最好的生日礼物,竟举着肖像在大厅里兜了一圈。大家为他用英语唱了《祝你生日快乐》。等到为6岁的弟弟小布朗画速写时,小布朗为了让画家画得更像他,睁大了眼睛一动也不动。但毕竟是6岁小孩,待不了几分钟,他就累了,连连打起呵欠,引得周围的中外朋友们哄堂大笑。晚会快结束时,不少外宾得到了艺术家们当场作的艺术品。日本三井物产上海办事处的国特先生得到一张书法家写的"活到老,学到老"的字样,他激动得拉住我公司总经理汪阳和书法家,一定要合影留念,还要电视台记者帮他摄下这镜头。有的外宾为没能得到艺术品而遗憾,有的还留下住址、电话,希望能得到艺术家的杰作,哪怕是花钱买也行。

作者和儿子在中山东一路33号办公室外草坪摄(1987)

回到家里已是11点半了，屋里的台灯还亮着，这肯定是妻子等我的灯火。我将台历翻过一张，在年初三那页上写上"上午陪亮亮到上海美术馆参观'中国人体油画展'"，我给儿子的时间太少了。"下午公司值班。写稿。"完成今天未做完的事。

     刊于《小说界》1989年第3期（照片为出版时新增）

友谊之曲奏响了

朋友,你可知道,每天,谁和来上海的外宾在一起的时间最长?和外宾单独在一起的机会最多?有人对我说是宾馆的服务员,又有人对我说是外贸单位的洽谈业务员……其实都不是。这里有一支崛起的新军———一群专向外国企业驻沪机构提供服务的人,他们受雇于外商办事机构,和外商朝夕相处,或代表外企在国内经商,或在外宾寓所当厨师、保姆,或担任外宾的家庭教师,教他们学习中文,学习中国书画……他们在上海代表中国人民向外商奏起了友好的乐曲。他们来自上海市对外服务公司。

这些乐曲是在中国用它最强音符向世界强调贯彻改革开放政策以后吹奏起来的。它使美国的花旗银行,丹麦的宝隆洋行,英国的怡和洋行,日本的三菱、三井商社等一批在20世纪初就曾在上海建立过洋行办事处的外企机构,现在又纷纷来到黄浦江畔,开动起新的运转机器,为历史掀开新的篇章。目前已有近二十个国家和地区的300多家外国企业、港澳企业在上海设立了常驻机构。这1 000多名外商和港澳企业人士,在上海寻求贸易的对象,谋求金融交往的伙伴,寻觅经济信息的渠道。上海市对外服务公司就是为适应这种形势应运而生的。他们知道自己的形象会成为外商来沪对中国人民的第一个印象,因而他们觉得自己所奏的曲子一定不能离开曲谱,更不能让它走调。

俞先生是个自学成才、年仅20多岁的青年,现受雇于某外企驻沪机构。他刚去商社时,外国所长曾嫌他开铁柜声音太急,太响;打电话嗓音太大,如果对方是位小姐,要昏过去了。俞先生原来在海港工作，空旷的野外作业养成了他讲话使用粗嗓门儿的习惯。现在他踏着紫绛红的厚实的地毯，是该适应新的环境了。不久，他说话节奏慢了，音量小了，办事更细心了，文字记录也做得更加清楚。所长对他开始有了好感，向他介绍业务，还要他管财务。一天，所长为缺600元钱而露出狐疑的神情，俞先生就拿出自己记录的开支单据给所长看。原来所长几天前要他付的几笔费用他自己都忘记了。所长心里很不安，拍着他肩胛，表示歉意，并夸他的工作做得好，特意请他上宾馆吃饭，但他婉言谢绝了。不久有人向所长推荐一名外籍雇员来工作，并称可给商社带来许多经济信息，所长却说："俞先生工作不错，毫无理由辞退他。"拒绝了对方的要求。信任从这里开始，友谊在这里产生……

让我们再来看一下丹麦宝隆洋行上海办事处吧。这里有23名上海雇员和6名外商一起工作。现代化的办公用具，把这里与宝隆的丹麦总部和遍布五大洲的扬子公司联结成一架高速运转的机器。这里的副经理由上海雇员担任。三年前，他从虹口区一家小厂应聘到宝隆办事处，一开始他只能跑腿，现在他已分管业务发展、出口、仪器、项目等四方面工作。不久前，有个丹麦客商首次来华开展贸易，这些上海雇员得知他过去只做中国香港和南朝鲜的贸易，对中国内地情况不了解，便及时牵线搭桥，介绍给服装进出口公司，结果很快成交50万美元的服装生意。这家办事处通过上海雇员的努力，一批批进口肉类加工设备、船用设备，武装了上海的工厂，大量的土特产、纺织品外销到世界各地。外国公司的董事长、经理们的眼光，从疑虑到信任，直到佩服，伸出大拇指连连称："OK！第一流的工作！"上海雇员就这样赢得声誉，为中国人的服务质量争得应有的地位。

不少外国人带家眷来上海，外国主妇中也有不善于料理家务的，他们需要有人帮助照顾孩子，而上海市对外服务公司却有为他们所需要的合格的保姆。陈宝妹原在一家工厂当工人，是一个有两个孩子的妈妈。当她第一次跨入日商岩井商社土屋先生的寓所时,他们一家对她毫无了解。陈宝妹却知道在土屋家里除了要帮他们做家务外,还要带才出生14个月的男孩。外商夫人只有26岁,常常为男孩这么大还不能站立而发愁。陈宝妹凭着自己带孩子的经验,知道他们住衡山宾馆高楼,孩子缺阳光,又少"土气",就向土屋夫人主动提出,每天带孩子到宾馆对面的三角花园晒太阳。没过几周,男孩就能站立了,而且很快会走路了。土屋一家可高兴了。当土屋夫人生第二个孩子后仅一周,她就将女孩交给陈宝妹带。女孩两周岁回日本时,学会用中、日两种语言讲话。土屋先生第一次回日本时,陈宝妹在打扫时拾到一枚戒指,她连忙通过有关途径通知土屋先生,怕他着急。又有一次,她为土屋先生洗衣服,洗衣机里竟飘出12张50元面值的外汇券,她将钱捞起晾干,当晚交给土屋先生。土屋任期满了,他主动将陈宝妹介绍给日本伊藤忠商社的古屋先生,请陈宝妹继续当保姆。

日本妇女尾崎幸子随丈夫来沪,觉得上海生活单调,她向丈夫提出想回日本去。当她得知上海市对外服务公司为外宾开设多种教学活动时,她一下子参加了中文、书法、中国菜烹饪、保健按摩四门课的学习。女儿青子还报名学绘中国画。经过一段时间的学习,她能熟练地讲中国话了,能单独到自由市场去买东西。她还学习楷书,练中国唐代大书法家柳公权的柳体。用学来的按摩手法给丈夫预防感冒,现在她还能烧一桌上海特色的菜肴来招待客人。尾崎幸子把中国老师当知心人,常来找她们聊天,她再也不提回东京的事了。曾在上海待过一年的日本日立制作所的日本妇女中村雅子,今年随丈夫到新加坡工作了,她用中文写信给上海市对外服务公司的高老师,讲她在上海学到了中文,在新加坡讲汉语多么受欢迎。她常常想起在上海的生活是那样有趣和令人神往,有时她大声唱歌:"上海,我喜欢上海,我希望再到上海。"

这些从事对外服务的人,他们在一个特殊的岗位上默默地工作,为努力改善上海的投资环境、经商环境、生活环境提供了条件。这好比在对外开放事业中提供了背景音乐,这音乐就是友谊之曲。中外经济交流的桥梁在这里架起,友谊之曲又汇集在对外开放进行曲中成为一个小小的章节,继而成为吸引更多外国朋友来华投资、经商,促进中外交往的迎宾曲。

刊于《散文世界》1988年第一期

白板

这里铺着红地毯,墙上贴着淡色花纹的墙布,人员进出的脚步声沉入地毯底层,只有空调机发出低低的声响。说话轻轻,没有大声喧哗,安宁,静谧。偶尔,桌上响起蜂鸣器样的电话铃声,接着是对着电话轻轻的说话声。墙上挂着一块用白色金属做成的留言、记事板,各种颜色的白板笔在板上写出五彩的文字,煞是好看,和现代化宾馆办公室组合成和谐的气氛。这是在联谊大厦里一个外国企业常驻上海代表机构办公室里的一个镜头。我不知道这种记事白板是不是为适应宾馆办公室而设计制作的。但我知道,随着宾馆办公楼的日益增多,这种白板的应用也逐步广泛起来。它虽然比黑板昂贵,但能写得更清晰,擦抹起来没有那令人讨厌的粉笔灰。它和红地毯、空调机同居一室,显得比黑板协调得多了。

白板上常常写着:"张先生,今晚机场接人由你去。""李先生,外贸来电,明天上午业务谈判继续进行。"……在这里,我要向你们介绍一些人,他们是和外商单独在一起工作的上海人,他们是向外国企业、港澳企业常驻机构提供各种服务的人,他们来自上海市对外服务公司。

实行对外开放标志着社会主义中国的发展进入了一个新时期。外国企业、港澳企业纷纷在上海设立了常驻代表机构,一个新兴的行业——对外服务业开始崛起,上海市对外服务公司就是适应这种新形势应运而生的。他们肩负起一项新的重要工作——向"洋行"提供中国雇员,做着促进中外经济交流的工作。让我们从那些中国雇员记事白板上看看他们的行踪吧。

狄先生，在一家经销电器产品的外国企业上海办事处工作。他原来在外贸公司工作，外贸业务上是个内行。来外企工作，他总认为凭自己本事，不会有什么问题。确实，狄先生的工作没有受到外商的挑剔，但是没有多久，他自己觉得写在白板上的字却越来越不踏实了。进出口贸易的进展太没有把握了。昨天记着这家工厂来谈判，今天来电话讲谈不下去了。前天外国总公司未定销售数额，今天电传上却还是个"0"字。生活并不是1+1=2那么简单，狄先生看到商社为经营产品奔波。而国内单位因资料不全，不知底细，有的贸然订货不配套，为几个配件申请外汇费力又费时，于中外双方都不利。狄先生感到自己光懂得贸易还是不够，一定要懂较深的技术知识，才能把工作做得更好。他向商社内其他先生学习，向来沪出差的总公司技术人员提问，利用自己的工作条件积累资料，碰到大的问题，干脆电传海外的总公司要求释疑。很快，他掌握了一定的技术，能回答许多疑难问题，使用户减少周折，放心购买，与外商做成生意。

这些中国雇员在洋行中工作，也不是像彩色笔在白板上写字那样，样样都是色彩缤纷、令人炫耀的。这些日子，吴先生在白板上接连几天写着"今天到外贸分公司联系"的字样，又碰到什么棘手事情了？吴先生所在的外国公司是个贸易行，他们将中国货转卖到第三国去。吴先生到外贸分公司联系出口货物，外贸公司的外销员知道吴先生是中国雇员，似开玩笑非开玩笑地"引导教育"他，"你是中国人，要先帮国家多创汇，价格出口要开得高一点"……有的还真不真、假不假地冷淡或给他脸色看。唉，价格是吴先生一个人能决定的吗？真是开玩笑。商社掌有国际市场价格，销售价格高了，反而影响中国货的出口，外商无利可图，会来吗？价格要合理、公道，外贸才会对双方都有利。吴先生连着几次去外贸分公司解释联系，将国内价格报于外商，将外商意见转达给外贸公司。他不计较私人恩怨，积极穿针引线，终于做成一笔笔生意，在白板记事栏里记下新的章节。

白板上字迹的色彩不是单一的，上海对外服务公司的服务项目也不是单一的，我们再来看看长期受雇于外商的汽车司机的生活吧。张先生，近30岁的青年，在欧洲某洋行上海办事处工作。每天，他到办公室，总要先看一下那块挂在墙上的白板，这里记载着一天要出车的任务。这儿有20多个中国雇员和数个外商在一起工作。他们为节省时间，外出需要坐轿车。张先生知道自己的责任，竟顶半个调度员，做统筹安排。哪几个先生可合用一辆车，哪位先生先送到目的地，再按时间路途顺序依次接回来。张先生每天要去接外商上班，他总会提前五分钟等在约定的地方，宁愿自己车子等人，不让外商等他。他怕误事啊。他驾驶着这辆从欧洲总公司带来上海的小轿车，可爱护了，一有空就擦拭车身、车玻璃，车身始终保持铮亮。一次总公司老板来上海视察工作，看到张先生的汽车保养得这么好，竖起大拇指直夸奖，并讲要让其他地方分行的司机都要向张先生学习，有机会要让他们来上海实地取经……

　　这里的白板要算利用率最高的了。这是雁荡大厦二楼的办公室，这里有十多位教师，主要承担在沪外商及其家属的教育活动，白板总是记载着他们一天的教学内容，如"高老师，曾野先生来电，要求今天上课提前一小时""黄老师，今天烹饪课要倾听外商夫人要求"……

　　来沪外商有的中文口语很差，于经商、生活不便，他们要学习中文。有的外商夫人觉得住在上海太空闲，要学习具有中国特色的技艺。上海市对外服务公司为满足他们的要求，开设了中文、书法、中国画、烹饪、少林拳、保健按摩等十多种课目，根据外宾的不同基础水平、业余时间的安排，因人施教，因时施教，没条件开大课就单独教学，有的还上外宾寓所单独上课。就拿那个31岁的徐老师来讲，他教日本人学中文，每天都要拎个很沉的包。原来他的学生基础差别很大，有的还在学拼音，有的已在学习中文语法了，不同的水平，他怎能不多备几套课本呢？这样，他的拎包就胀得鼓囊囊的。那个刚收的学生是个商人，由于没有一点中文基础,一连换了几本书都学不下去,只好学汉语拼音字母。可他对拼音的四声又念不准,徐老师教第二声,他却念第三声,有时还会念出除四声、去声以外的第六声。他知道自己念错了,想要纠正过来,但又念不像,额上直冒汗,不断地摇头:"中国的四声太难念了。"徐老师不厌其烦地教他,直教到嗓子嘶哑……数月后,我碰到徐老师,又问起那个不会念四声的日本朋友,他笑着告诉我,那人现在已会用中文进行简单会话,可以经商,外出买东西了。是啊,种瓜得瓜,种豆得豆,老师们的精力没白花,他们的心血换来了外宾在上海工作、生活的方便。

对外开放,在我们的社会主义发展史上掀开了崭新的一页,这也像一块白板,需要我们去书写,去描绘。上海市对外服务公司的人们,就是用自己的聪明才智勤奋工作,在对外服务中,架起了一座座中外经济交流的桥梁,唱起了一曲曲中外友谊之歌。他们用自己的行动在对外开放这块"白板"上记下新的篇章。

刊于《建设者》1987年第六期

来自基层的温暖

有居委会主任,那是我上小学前后才懂的,我们的居委会主任姓楼,兼着党支部书记,大家都叫她楼大姐,和蔼可亲,见人笑呵呵,说话慢条斯理。我有点敬畏,不知是受母亲影响,还是没见过大官,总觉得她能解决里弄里的一切问题,或许是我孤闻寡见。你看,哪家人家生活困苦,她会来看看,使状况得以缓解;哪家人家住房特困时,她会帮助到房管所去协调,当时住房困难户太多了,但有的竟能解困。她虽然和我们住在一个地块,除了日常的进出,不太到里弄各家走走,因为她对各家太了解。有时她到哪条弄堂去,总会有居民小组长陪着,我们就知道,这里肯定有难以解决的问题,要搬出她来解决,要么请她来裁决。在20世纪50年代末到60年代初的几年里,地区里有一些人,因单位解散或其他原因失去工作,回到地区,我们看到,楼大姐就帮助联系单位工作,或允许他们在弄堂里摆个剃头摊、皮匠摊,摆个修自行车摊,甚至给他们砌个七星炉灶去营生,养活自己。虽然力量单薄,但让我们感受到了党的温暖。

动乱的年代,党的基层组织受到了冲击,我倒没看到楼大姐受到多大冲击,倒是常常在周四的里弄清洁卫生大扫除时看到她的身影,她带领居委干部和卫生站人员清洁街道。那时如果入团、入党到地区里来了解表现,都是找到居委会主任给予安排,把所属的居民小组长或党员、积极分子叫来了解,不像现在依靠高科技手段来解决。我虽然和楼大姐没有过交往,印象中似乎连招呼也没和她打过,可能和她的年龄相差太大的关系,但我一直保持着对她的敬重,无论是她代表一级组织还是她的人品。

我有机会和市委组织部原副部长周鹤龄交谈,听过他曾经在市委领导下,对新形势下如何加强社区管理,开展调研和制定措施。后来他专门出了本书《我所参与的改革》赠予我,里面就有社区党建改革的章节。我看后才知道,党内在1995年底就改革开放面临的新问题开始酝酿,如何加强社会基层建设改革的事,已经将它作为执政党的基础,基层政权建设的"细胞"来看待,最后形成文件,在全国推广,赋予了社区工作新含义,解决了新形势下社区面临的人员选拔、经费来源等新问题,实行了"党的领导""行政的管理和支持""居民群众自治"的新模式,比过去依靠居委会主任、支部书记单枪匹马工作强得多,大大加强了国家政权的基层建设。

这两年,我们基层组织的战斗力越发显现。新冠病毒肆虐世界,我国能很快控制病情。除了党的正确领导,医务人员的努力救治,就是我们的社区发挥了前所未有的作用。

在社区管理中,他们也逐渐转向社区服务。现在社区工作,问题最突出的,除了就业问题,就是养老问题了。上海已进入老年社会,这批60岁以上的老人,子女都是独生子女,要工作,要顾及自己子女等小家庭生活,难以多来照顾年老的父母。老人的吃饭、就医甚至使用手机,都困扰着老人,更不要说失独老人了。"如何安度晚年?"往往成了这些老人聚在一起经常聊的话题。无数种方法,最后都以无解结束,犹如小时候碰到数学题无解一样无奈。养老院的缺德、不专业;在家养老,保姆的偷窃、虐待、不道德,使老人不得安生;再有钱,到失独痴呆后,被推着轮椅去银行取款,到房交所房子过户签字,都由不得自己的故事,在这些老人中传播,甚至会在梦中惊醒、出汗。

但我们的社区工作者已经开始行动。我所在的社区已开设社区食堂,卖平价的食堂饭菜,解决老人买菜烧饭难题。最近我还收到社区发出的为家有失独老人开展"老吾老"活动,组织专业人员上门,为失独老人提供日常康复和照顾指导，课程累计不少于10小时。在很多社区都有上门照顾老人的服务项目，只要是高龄，或生活难以自理的，都可以申请社区专业人员上门来助浴、护理等，只要社区批准，费用非常低，大部分费用国家贴补。前不久，上海各大媒体都报道了长宁区发布首个居家护理服务规范，长护险居家服务队标"团体标准"，准备逐步形成"按需申请、按规评估、按质服务"的发展模式。这些喜人的事情，都表明社区已向深层次服务发展，体现了社区的温暖。但靠着这样的温度，解决社会的养老问题，还是远远不够。11月2日，《国务院办公厅转发〈国家发改委关于推动生活性服务业补短板上水平提高人民生活品质的若干意见〉的通知》（即"生活性服务业30条"），支持养老等服务领域高水平发展；大力发展社区服务；推动大城市加快发展老年助餐、居家照护服务，力争五年内逐步覆盖80%以上社区，条条是干货。11月9日，上海市民政局接着出台养老服务机构综合监管办法，并明确12月1日开始实行。我相信，党和国家有关部门已经在研究和完善养老问题，解决这个新的难题。国家在逐步完善顶层设计，必然需要我们的社区基层去具体落实。

　　社区是国家的细胞，如果我们每个细胞都是健康的，那我们的国家一定是强大的。社区是党和政府联系人民的终端，人民从这个终端体验党的温暖。我们希望社区能为百姓送来更多温暖，也相信一定能在这个终端体现更多党的温暖。

写于2021年9月4日夜
改于2021年11月10日

呵呵，老人的"贱"

人贱会被人鄙视，但很多人却常常犯贱。年轻人为了自己喜欢的人，会做一些讨好对方、降低自己人格的傻事，"犯贱"。电视剧《欢乐颂》里小蚯蚓为了讨好单位里的渣男，任其差遣，做了不少傻事，上当后才醒。当然她的姐妹为她报了仇。但现在犯贱的已不单是年轻人了，老年人犯贱的更多、更普遍，真应验了一句古话"千金难买自愿"。

子女上大学了，父母总牵挂着孩子在学校里的生活，吃得好不好，营养够不够，时不时会主动给他们零花钱。有的经济条件不太好，自己省吃俭用给孩子花，虽然有时会嘀咕，但当子女不来花他钱时，又会觉得不是个滋味。

孩子工作了，很愿意开车去接送，不管花掉多少油，花掉多少时间，耗掉多少精力，都会有种讲不清的快感。但有时也会有另外的感觉，当车子按时到达接人地方而不见子女时，会有种莫名的焦虑。这里不好停车呀，时间长了探头会记录下来罚款的。有时心里会怨孩子不懂事，这么不守时。但谁不会突然有事呢？而当子女不要接送时，父母会有种空落落的感觉。腾讯新闻就刊过一则新闻："大年初一白发老人独自到湖边打一小时电话，问子女何时归。"电话接通时满是欢喜，打完后却是叹息——"犯贱"。

孩子成家了，一星期没看见，就会问休息天什么时候来吃饭。听到来吃饭，就会忙两天。有时身体不好，累了，还会嘀咕几句。但是听到不来吃饭，又要思念，唠叨，"忙得来吃饭的时间也没有"。有时还会不停打电话，问他身体好不，又"犯贱"。

子女有孩子了,第三代是带还是不带?权利在子女处。要你带,很高兴,只要自己身体好,带孩子的乐趣讲不完。但时间长了,也有怨气,套牢了,自己什么事也做不了。微信里不是教老年人少管或不管第三代享享清福吗?你不又犯贱了吗?但子女不要你管第三代,又会觉得有失落感,除了工作实在走不出。常常嘀咕"不带小孩,小朋友会不亲的"。自己会隔三岔五去看他们,会买很多吃的、用的送过去,主动贴钱,不管子女的经济条件好坏。只有这样,心里才会爽点。真"犯贱"啊!

　　我也是常"犯贱"的人,而且最高兴的还是做那些最"犯贱"的事。孙女上小学一年级,按理她每天校车接送没我的事。忽然学校说她要上晚自修,校车不能送回家的,吃了晚饭各家长自己来接。那里虽有公交车,但要转好几辆车。儿子来和我商量,要我晚上帮助接一下。可以,没话,任劳任怨。

　　从我上班的地方到接孙女的地方至少半小时,而且晚高峰。更糟糕的是,接孩子的车多,没有停车场,又要提前半小时去抢马路边的停车位,去晚了还真没处停。但我每次停好车,总感觉要小便,不知是上班爱喝茶引起的反应,还是心理作用。终于在300米开外找到厕所,反正时间倒来得及。

　　但有一天,忽然发现警察来贴抄报了,不敢去方便了。还好,那警察通人情,贴了两三张违停单子,还在我旁边停了下来,我正准备将车开走,已来不及了。我和他开玩笑,六七十岁的人接六七岁的小孩,希望理解。好在他没为难我。

　　唉,贴一张纸200元啊,还不知道是否扣分。这以后,我不敢去小便了,只好一个下午不敢多喝水,省得麻烦。有时在车上等着就像煎熬。但时间一到,我就像变了个人,很快走到学校门口,等她排着队出来,把孙女领走。第一次时竟然连孙女也找不到,人真不少,一样的校服,差不多的脸庞,差不多高矮。"公公",孙女忽然在我面前叫我,才放下心来。我拿着她沉重的书包,牵着她那小手,心里不知有多高兴。一面走,一面弯下腰问她晚饭吃什么,功课做完了没有,最近测验了没有,是几分?真怕听不清楚。

车开了,两人还会说说话。为了怕她晚饭吃得少,每次总要买一点小点心给她带上。一个水果或一段新疆的雪莲果,一个核桃剥出来的肉,几块咸饼干或麦当劳的香蕉派或苹果派什么的,孙女最喜欢吃巧克力,每次总有一两粒。孙女一面吃,一面会和我聊天,问我一些她不懂的事,"你们过去也和我们一样读书,吃饭吗?""哪有,我们读书都是自己来去,哪有车子接送。哪有吃自助餐,鸡腿任吃,饭也吃不饱。"我答。有时她还会讲她班级里的有趣事。有一次她竟和我说,她省了块美国贺喜巧克力给她班的大队长,人家说很好吃的。我很高兴,她这么小的人,还会主动和我聊天,还会把我给她吃的东西送同学,搞好关系。但有时我也发现,在垃圾袋里有给她吃的东西,她不是说好吃的嘛,怎么扔了?这小家伙很鬼,还照顾我情绪,不肯讲我给她吃的东西不合口味。我一面开车,一面听她吃零食的声音,一面和她聊天,但不敢往后看,只有在红灯停车时才敢回头看她吃东西,真希望在车上时间长点。

后来她不需要上晚自修,不用我去接了,有段时间我总像有件事没做,总回忆那段难熬而快乐的日子。想想也是,儿子一家每周日来吃午饭,我总喜欢买很多海鲜或他们喜欢吃的东西,饭桌上总夹给他们吃,大家都吃了我才肯吃,常常想起很像我父亲,常给我母亲骂"鬼卡喉咙——吃不下"。我们那时是钱少,东西匮乏,现在各方面条件好了,买得到东西也不肯吃,这毛病似乎有点传代,竟然"贱"也传代。

年轻人的犯贱和年老人的"犯贱"似乎相差十万八千里,但细细想来倒有相通一字"情"。年轻人没有情,他(她)哪会犯贱?只会犯精。老年人的"犯贱"完全是情在"做怪"。骨肉情,亲情,对子女的情,对子孙后代的情,这真不是一两句话所能讲得清的。虽然时有听到不肖子孙的例子,但老人们仍相信自己的儿孙是好的,不会做出不孝事情，真应了"癞痢头儿子自己好"的俗话。不是嘛，有的老人为了子女，把一生积蓄，甚至卖掉家乡房子，全给子女出国留学，或在上海买套房，求得一席更好的生存之地。父母们真是不顾自己，舍身顾后啊！这就是中国的传统。这在国外是很少，甚至没有这种习惯做法的。这种"贱"在中国不是被人鄙视，而是受人尊敬的。

愿中国的年轻人能真正理解老人的"贱"，尊敬我们的长辈。

草于2018年2月18日
改于2018年3月3日

远方的美丽

十多年前,由于组织展会,我有幸多次到过利比亚的首都的黎波里,经历和了解了一些利比亚的情况,不少已经淡忘,但有些事情却常常在我脑子里翻滚,撞击着我的心灵,催生着让人们知晓。那地方在遥远的北非,在我脑海中是个美丽的地方。

背　景

那是2004年,当时我兼任着一个拥有组织中国企业出国展览业务的公司董事长。忽然有一天,有朋友找我,要我组织中国企业到利比亚展览,该朋友是某银行原上海分行的襄理,我原来公司曾为买车买房解决外商三难问题向该银行贷款,该银行的代表就是他——徐先生。现在他在中东专门组织中国人去那儿。故人相见,倒还投机。

那些年,由于利比亚制造了"洛克比"空难事件,被美国认为是恐怖国家,美国不但制裁利比亚,而且将利比亚总统卡扎菲视为眼中钉。中国与利比亚经济上交往不多,政治上宣传很少,人员交往更少。据大使馆有关人员介绍,后来由于伊拉克总统萨达姆反美,被美国颠覆了,美国大兵占领了伊拉克,绞死了萨达姆。萨达姆家族的垮台,据说对卡扎菲家族有很大刺激。卡扎菲的四个孩子就劝他不要和美国作对,承认"洛克比"空难事件,处死两名空难制造者,并赔偿200多个空难者,每人200多万美元,还承诺不发展核武器和大规模杀伤性武器。卡扎

利比亚首都的黎波里街景

菲变软了,美国就解除了对利比亚的制裁。我是解除制裁后最早进入利比亚、开展商务展览的中国人。

中国人先行

我第一次去利比亚的目的是考察利比亚市场,了解的黎波里最大的国家展会"Triply Fair"(相当于中国的广交会)。当然我首先要去拜访中国驻利比亚大使馆,汇报我们意图,争得商务参赞的同意(出国展览的批文是要所在国的中国大使馆出同意函的)。我在徐先生陪同下,乘迪拜航空公司去的利比亚。下了飞机,排队等待办入境手续。大概是美国制裁尚未消除影响,来利比亚的人不多,机场不大,简陋。但由于入关通道不多,飞机集中到达,还是排起了长长的队伍。我在队尾静静地等待。忽然一个海关关员在远远的柜台上指指我,向我招手。我扭头看看周围,不解地指着自己疑问着,他微笑着点点头。不知为什么要我过去,我连忙快步走过去。这么一大群人里就我们是中国人,他给我特例,优先办入境手续。他看了我护照,马上盖了入境章,放行。我傻傻地看着他,还以微笑,说了声"Thank you"以示谢意。过了关,我问徐先生,今天运气好,正好碰上增加通道,以我为先。他笑了说,利比亚人对中国人特别友好,这是他们对你友好的表示,中国人先行。我有点吃惊,不知什么原因,但心里挺舒服。

这些年,我们组织过很多批中国企业到海外去展览,经历过无数个入关、出关。易难程度相差太多了,当然出入关的易难,反映了这个国家对我们中国的态度。最初时,国内都喜欢组团到美国去,我也曾多次组团带队到美国,但给我印象最差的是,几乎每次入关时,海关人员都要我们全团在旁边站许久,说是去核实邀请单位是否可靠,邀请信是否真实,有没有人滞留美国有移民倾向,等等;有时还要叫一两个人进小房间去问问,看回答是否一致。我们虽然有外办(政府)批文,但又不能拿给他们看(政府批文不对外)。无奈,只得等待。一般要个把小时全团才能入关。几次下来我就很不愿去美国。虽然那里很诱人,展商可以达成很多交易,我们可以买到很多好的、便宜的商品,可以增长很多见识,但我讨厌美国的出入海关,除非百人的大展团,或有政府的领导带队要陪,我才会去。因此,这次利比亚入关给我印象很深,这是一个友好的地方。

司机会说 Chairman Mao

我们从机场出来,徐先生叫了辆出租车,司机对我们很友好,问我们哪里来,我们刚答:China(中国)。他马上竖起大拇指微笑着大声说:"Chairman Mao(毛主席)。"我们都笑起来。在利比亚的日子里,我们碰到好几次出租车司机向我们竖大拇指叫"Chairman Mao"的事情。

在的黎波里,利比亚的首都,城市是干净的,城市建设也是漂亮的,那里没有太多的高楼,而高楼大多是涉外酒店。马路虽然有名字,但是没有门牌号,据说是怕给美国的飞机轰炸创造地址条件。利比亚凭借石油、天然气资源带来了丰厚收入,人民的生活条件是好的,它是北非著名的产油国,产量虽然不如沙特,但也是世界主要产油国,而且它的油质高,含硫量很低,世界第二。当地使用的货币是第纳尔。当时一个第纳尔和一英镑一样大。1981年,利比亚人均国民收入已达到1.1万美元。国民享受义务教育和完善的医疗制度,国家对粮食等生活必需品实行价格补贴,很多居民住上了新盖的楼房和砖房,大多数家庭都有小汽车。在非洲,这个约600万人口的国家率先摆脱了贫困,成为非洲最富裕的国家。

利比亚人在吃的方面不是很讲究,在酒店里,他们最好吃的是烤鱼。利比亚位于北非,首都的黎波里临海,鱼是很多的,但就是烤得太干,我们中国人实在吃不惯。几天下来,泡一筒速泡面倒是种美味享受了。当然在的黎波里也有中餐馆,但仅此一家,是个温州人开的店,当中国使馆工作人员陪我们去时,觉得菜很贵,味道倒还可以,就是量少。毕竟原料、佐料大多是中国运过来的,有的是从邻国买了运过来的,成本高啊,我们去吃了两回,再没去那儿吃饭了。

到处悬挂卡扎菲的像

在利比亚的机场和马路边,都竖着巨幅的卡扎菲头像,就像我们20世纪五六十年代到处悬挂毛主席像一样。我听使馆和当地的人介绍,卡扎菲是逊尼派穆斯林,1969年发动"绿色革命"推翻伊德里斯王朝,1970年实行石油国有化,收回美国占领的惠勒斯军事基地(当时是美国在国外最大的空军基地之一),并声称美国是阿拉伯国家的头号敌人。卡扎菲有效地平息了各个部落的矛盾,建立了绝对的权威。20世纪80年代,他还担任过非洲统一组织主席。他曾主张所有阿拉伯国家的统一，先后尝试过和埃及、叙利亚、突尼斯等国合并。他主动改善和南部非洲国家的关系，还援助一些国家的发展，在非洲和阿拉伯世界是个很有影响的人物。

卡扎菲对毛泽东特别崇拜，他佩服毛泽东把一个贫穷落后的旧中国发展起来，成为第三世界的领袖，他还自称是毛泽东的学生。当然，卡扎菲建立的利比亚政权，实质和中国的社会主义相差甚远，根本不是一码事。但中国发展模式在利比亚是迷人的，人民受了领袖的影响，对中国也有特殊感情。

卡扎菲不断叫板欧美，但他也怕美国飞机找他的麻烦，生活极没规律，神出鬼没，喜欢住在沙漠的蒙古包里，方便移动驻地。据说中国领导人访问利比亚，飞机在来利比亚途中时，卡扎菲忽然临时换了会见地点，到沙漠蒙古包里会见，使我们的大使馆措手不及，十分被动。

世人都知道卡扎菲有一队精锐的美女保镖，个个身怀绝技。据说西方某国对他施美人计，派美女刺客来暗杀他，结果美女刺客不但没杀卡扎菲，反而爱上了他，成为当时的笑谈。

总理来参观我们的展馆

我们和展馆领导谈得很顺利，我们是中国第一个组团参加利比亚展会的机构。展馆共有五六万平方米的面积，分得很散，有十几个展厅，大小不等，不是很规则。但除了发达国家，这种场馆已是很不错了。馆方随我挑选要什么馆，不是说这展会摊位很紧缺吗，怎能任我挑选呢？友好。我挑了个一千多平方米、能放50多个摊位的单独展馆，而且和中央展馆很近，我怕他们说这展馆不行，老客户已定。没想到，他们连忙说"OK"，摊位费还打了折。虽然不多，总算是优惠吧。摊位签约定调。接下来他们还主动问我，展会的搭建需要帮助吗？因为我们是独立展馆，门口肯定要门头的。那当然需要帮助，我不可

我们第一次参展展馆

能做了门头海运过来。"只要图纸过来,我们没问题。"他们如是说。我答应会将设计好的图纸传过来。以后我又看了展团的住地,以及伙食。

回到国内招展,办一切手续,都很顺利,就是和利比亚方面联系起来比较累,不仅是时差问题,更是由于他们的通信不发达,给经办人员带来很大困难。

我们终于参加了的黎波里展会,开幕式场面恢宏,不比我们广交会开幕式的排场差,他们总理带队,许多部长都在开幕式主席台上。

开幕式后,那些领导进行了巡馆。他们的总理带了大队人马,从主席台上下来后,径直走进我们的展馆。不知是他们重视还是我们展馆离主席台近,我们并没接到任何要来我们展馆参观的通知,把我们展团团长——上海市外经贸委俞秘书长弄得措手不及。他们仔细地参观了我们的展品,当时我们是以日用消费产品居多,工业、电子产品很少,产

开幕式主席台景

品亮点不多。他们的总理很耐心地听我们介绍,还和我们一些展商亲切握手。我们的人员寒暄、陪同、介绍,很是忙了一阵子,他们才离开我们的展馆,去其他国家的展馆。展会期间,我们处处感受到利比亚人民对我们的友好气氛。

展馆里参观的人很多,总展馆还是大的,展馆内道路弯弯曲曲,因受各分展馆大小不一、面积不规则影响,一次我到其他展馆去办事,回来时竟迷了路,只得问在路边摆摊卖饮料和食品的小贩。没想到该小伙子看到我是中国人,竟然不顾自己的摊位,领我走了不少路,直到我们展馆才回去,使我感动不已。我还担心他离开摊位后东西会少掉。

第二年,我们在利比亚又组织上海企业参加过一次展会,规模比上次大了一倍。

左前一披格子围巾的为利比亚总理；后戴眼镜的为上海市外经贸委俞秘书长

古老美丽的利比亚

我在利比亚时，也曾经去一些地方参观，加深了对它的历史的了解。利比亚位于非洲的北部，地中海的南岸，地理位置重要，自古就是战略要地。公元前3世纪，利比亚人在反抗迦太基帝国统治的斗争中，曾建立统一的努米底亚王国。公元7世纪阿拉伯人打败拜占庭人，征服当地柏柏尔人，带来了阿拉伯文化和伊斯兰教。16世纪，奥斯曼帝国攻占的黎波里塔尼亚和昔兰尼加控制了沿海地区。

到了近代，1912年，利比亚在意土战争后成为意大利殖民地。二战后，由联合国对利比亚全部领土行使管辖权，直到1951年12月24日，利比亚宣告独立。

我有机会去莱波蒂斯·麦格纳（Leptis Magna），那里曾是罗马帝国的宏伟都市,从公元前146年罗马人占领迦太基城,到公元439年易手于汪达尔人,前后共500多年,被认为是地中海地区最为壮观的、保存得最为完好的古罗马城市遗址之一。它的遗址位于首都的黎波里以东123公里的利比亚科姆斯(Al Khums)地区的莱卜达河出海口。莱波蒂斯是由塞普蒂斯乌斯·塞韦罗设计装饰并扩建的,他出生在那里,曾是该市的臣民,后来成为罗马皇帝的塞普蒂米厄斯·塞洛维,在该城大兴土木,将其变成罗马帝国在世界中最漂亮的城市之一。

作者在莱博蒂斯圆形大剧场内留影

现在莱波蒂斯的公共纪念碑、人工港、市场、仓库、商店、居住区等已有300多处古迹被发掘出来,非常壮丽,包括公共浴池、占地一公顷的学术论坛、港口、神庙、集市以及大剧场等。这些古迹大都得到了很好的修复,其中能容纳15 000人的圆形大剧场的修复工作已基本完成。我难以想象,一个和我们万体馆一样大的剧场,而且是个露天剧场,没有音响设备,就靠建筑结构,在舞台中间讲话、唱歌,坐在圆形顶上后排的观众竟能听清,实为惊叹!大剧场、竞技场和赛马场是古罗马人最喜欢去的娱乐场所，因而这些建筑也最具有代表性。我有幸在那大剧场留影。莱波蒂斯剧场建于公元1—2世纪，主要由半圆形的看台和舞台组成。中间由乐池连接，形成完美的整体。大剧场临海而立，坐在看台上可以看到舞台和高大的背景墙，起身站立则可眺望美丽的地中海。那深色的海和蓝色的天，在一望无际的远方形成一条线，偶尔飘过几片云，令人神往。大剧场是一座石灰石和大理石结合的建筑，据说石灰石采自大莱波蒂斯以南5公里的地方，大理石的来源一说是从罗马开出的船上的压舱物，一说是采自地中海沿岸。大剧场内原有许多精美的大理石雕像，可惜完整保存至今的为数不多，只在舞台的两侧各有一尊立像，另有一些据说被保存在的黎波里的古堡博物馆中。

莱波蒂斯得益于海洋交通的发达，成为北非一大港口，它的橄榄油市场是非洲最重要的橄榄油产品集散中心之一，同时也是最大的小麦贸易市场。

公元363—367年，城市遭到奥斯图里部落的洗劫，公元365年地中海沿岸发生了一次大地震，使莱波蒂斯遭到严重破坏。莱波蒂斯从此一蹶不振。后来，莱波蒂斯引起西方世界的极大兴趣，法国在17世纪、英国在18世纪将这里的大理石柱和浮雕运往本土，据说现在英国和马耳他一些著名建筑上还能看到莱波蒂斯运去的材料。

1982年根据文化遗产遴选标准，莱波蒂斯遗址因其是古罗马帝国最美丽的城市之一，被联合国科教文组织世界遗产委员会批准作为文化遗产列入《世界遗产名录》，成为利比亚最热门的旅游胜地。

利比亚还有不少吸引人的景点，如位于利比亚东北部的昔普兰尼古城遗址和位于利比亚西北部的塞卜拉泰古城遗址，都沿地中海，美丽而富有深厚的历史底蕴。我曾安排其他人去东北部的班加西，顺访昔兰尼古城遗址，他们回来和我说那里也很漂亮。但我那天因处理急事，错过了机会。我还遗憾错过了欣赏塔德拉尔特·阿卡库斯岩画的机会，那段时间太忙。那岩画在利比亚中部的阿卡库斯山脉的山崖上及洞穴中,是被世界最大的沙漠和岩石隐藏了上千年,反映古代辉煌文明的优美壁画,最早的已经存在12 000多年,向人们展示从公元前12000年至公元1世纪的生活演变。我虽没能去欣赏那壁画,但它总静待世人去欣赏,丝毫不影响利比亚的美丽。

在远方的利比亚,我一直感到地中海边是那样美丽,那些古城堡神秘的故事太引诱人去探究。那里人民的生活是富裕的,国家是稳定的,对中国人是友好的。这些美好的印象深深记忆在我的脑海中。

期盼远方的美好

我离开了展览界,已没有机会去利比亚了。

2011年美国为首的盟军推翻了卡扎菲领导了42年的利比亚。据说是卡扎菲试图用阿拉伯货币结算原油,挑战了美元的霸权地位;而他尝试建立非洲的金融组织,又使法国在非洲的金融大受打击。当时的法国总统萨科奇,利用联合国通过的禁飞令,抢先用飞机把卡扎菲的精锐航空部队、坦克部队消灭了,为西方国家立了头功。就是这个萨科奇,在竞选总统时,卡扎菲还给了他大笔资金的支持,卡扎菲是他的座上宾,他却把卡扎菲视为头号敌人。卡扎菲以为用他的经济实力,就可以混迹于欧洲列强"俱乐部",万万没有想到,成为法国萨科奇、英国布莱尔、意大利贝卢斯科尼的亲密朋友后,西方这些朋友竟会来剿灭他和他的国家。他既感到这些朋友的背叛,在世界的孤立,也感到自己国家无力抵抗外来侵略,才想起要求他国相助。这都为时已晚,实为可悲。

我不知道在那时,卡扎菲是否后悔,由于和美国示软,以致还手乏力,政权崩溃,国家遭难,向西方世界投降也是没有用的。

卡扎菲政权被推翻后,他就成为争议人物,我们暂且不去评论。他自1969年上台以来,与西方国家交恶数十载。但不管是他的支持者还是反对者,都不得不承认,卡扎菲成功领导了这个拥有约600万人口的国家在非洲率先摆脱贫困,帮助非洲人国民大会反对种族歧视斗争。

　　我时常关心远方的利比亚局势,国家动乱,战争不断,最苦的是百姓。那里的稳定生活已荡然无存。第纳尔贬值,买不到东西。我有时还会想起战乱中莱波蒂斯遗址、昔兰尼古城、阿卡库斯山脉的山崖上及洞穴中优美的壁画,肯定不会有国际游客了。那些世界考古学家不知什么时候再会去那里,我更关心那些出租车司机还在开车谋生吗,那个在展馆摆小摊的小伙子还有生意做吗。展馆空空,已没展会,他在哪谋生?

　　过去利比亚的美好,虽然离我们很远,但离他们很近,他们就在其中,但现在已经成为他们远方的美好、期盼的明天。他们所期盼的远方的美好,不知什么时候才能回到他们身边……

写于2020年9月20日

改于2022年5月17日

我在印尼办展会

在20世纪末和21世纪初的十几年里,我一直是个展览人。我所在的国际展览公司拥有组织海外企业在沪展览以及拥有组织国内企业到海外去展览的经营权,尤其是后一个经营权,是原国家外经贸部特批,上海仅有三四家企业拥有。我兼着这公司的法人代表、总经理,改制后任董事长。

那些日子,国家改革开放走了一段"引进来"的路程,已到"走出去"的阶段。我们先后组织国内一些企业参加世界上的一些知名展会。一次王处长来找我,希望我们公司开拓印度尼西亚(以下简称印尼)市场。他是市外经贸委贸发处长,代表政府管理上海市的展览工作。我们对印尼了解甚少,20世纪60年代反华排华后,我国对他们的报道很少,但听说印尼经济的百分之七八十掌握在华人手里,这燃起我们的兴趣。我们和政府几个委办组成考察团,去印尼做展会前期考察工作。

从雅加达一出机舱,我们的眼睛一亮,看到的是全部用木结构制成的机场候机厅,宽敞、豪华、漂亮,比我们当时国内的机场亮眼。

接待我们的是林先生,一个剃着平头的印尼华人,穿着印尼蜡染的橘黄色花纹的衬衫,他是旅游公司的老板,和蔼而热情。他到海关来接我们,将我们的护照收走,领我们从海关旁边的专门通道走出来,免于我们到海关柜台前去排队、验照。他和海关人员很熟,互相打招呼,有的还拍拍肩膀。他走进办公室,办了入关盖章。我们像外交豁免人员,有点受宠若惊。不比去美国,进关时,他们拿了我们的邀请函去核实,将我们的团队扔在旁边站队等候,有时候会等半小时或一小时,有时还会抽一两个人到小房间去问讯赴美目的,看看和邀请信上是否相符,给人感觉特差。那时去美国的人还很少,很多人很向往,但我始终没这感觉。

我们和林先生熟了,他是个随意而有趣的人,有七个孩子,最大的已在念大学。他将家里人的照片给我们看,真算是个大家庭,多子多福,他太太还很年轻。我们夸他太太漂亮、年轻,他只是得意地笑笑,故作谦虚地说:"没有,没有,现在已经老多了。"不知道那照片是否近期照的。

他的旅游公司虽然不大,但业务红火,主要是组织印尼人到中国旅游的,客户多是高官的太太,常常组织夫人们到北京、西安、洛阳、广州等,甚至有到少林寺去的。到上海来的倒不多,那时上海旅游资源少。他和她们混得很熟,如鱼得水。他有时会从中国代买不少东西带给这些官太太,因为他办事信得过,她们喜欢委托他。当然他很少接待中国去的团组,除了我们这种政府团组。我们也从中得益,他能通过这些官太太为我们展会请来政府的高级官员。

林先生信佛,开了家素菜餐馆,几乎每天早上他都要去素餐馆烧炷香。我们小团活动时,他常常会领我们到素餐馆吃顿饭,有一次我们一个同志和他讲了唐诗"锄禾日当午,汗滴禾下土。谁知盘中餐,粒粒皆辛苦"。他大概第一次听到,微笑着重复念了好几回说"很对,很对"。以后和我在一起吃饭时,他总会念念有词:"粒粒皆辛苦,不能浪费啊!"常常把我们逗笑。他对我们的接待很是到位,不会和我们在生意场上讨价还价,哪怕业务不给他做,他都无所谓。有时我们新加出来的行程或住地的调整,他都OK,照办,而且不加价,弄得我很不好意思,一般情况下不会轻易要他改变行程和安排。

从机场出来,道路宽阔,树和鲜花永远点缀在路旁。这里永远是夏天,哪怕是5—8月份,南半球吹来的冷风,气温最低也是31摄氏度。他们开玩笑说,当地人一年四季有一个裤衩和一根棍子(打野果吃)就能生活。

车子驶进市区,雅加达高楼大厦的繁华和狭小道路平房的窘况共存,偶尔可见铁皮做顶的屋子。每次航班进城都是在傍晚上下班高峰时间,雅加达交通也显拥挤。我们初去的年份,马路上还能看到吊在公交车外乘车的,过去只是在印度电影里看到的那样。破旧的公交大巴上吊着赤膊穿短裤和拖鞋的男孩,任凭车子晃动,一手拉着车把,一手在外摇晃,嘴里吃喝着,似乎很欢快。在特别拥堵的路段,由于转弯车辆的困扰,往往会出现两三个小伙子出来维持交通,不知是否当地的志愿者。他们有序地指挥着车子放行和缓行,大家都接受他们的指挥,尤其是指挥转弯车辆行驶后,驾驶员都会伸出手,给他一个500元卢比硬币(相当人民币5分不到),不知是不是当地的潜规则。后几年,他们的交通有很大改观,再也没看到赤膊在马路上指挥交通的小伙子。公交车也换成双层的,车门设在上层,人要上坡走去候车,车站很突显,很好辨认。繁华路段还有公交专用道,有栏杆,半封闭的,一般车辆不能驶入。马路上基本看不到警察,哪怕是最拥堵的年代,除非出了车祸。但在我去那的近十年间,似乎记不得哪年看到有警察在维持交通的,也没看到警察在处理交通事故的,或许是由于去的次数还少,住的时间还短。

每年,我们的展团从机场到驻地酒店,总是困扰于上下班高峰时的交通拥堵。有一年,当地的接待单位竟能请到总统警卫车队为我们的大巴引路,总统当时正好出国访问去了。虽然增加了一些费用,但我窃喜。总统卫队开路,肯定要交通管制呀,警车拉着警笛,第一辆引导车还会时不时拿起喇叭,命令车辆让道。我们的四五辆豪华大巴紧随其后,呼啸而过,既威风又节省时间。但大大出乎我意料,在那天,没有交通管制,没有马路封禁和不许社会车辆行驶。我们的几辆豪华大巴紧随两辆摩托警车行驶,进入市区拥堵路段,只见摩托车闪着红灯,一左一右走起S形,当地叫开启摩托dance(舞蹈)模式。摩托的闪灯,一左一右,S形亦显清晰,没有警笛,没有喇叭,没有声息,只有闪灯的画面,煞是好看。前面的车辆慢慢地向两边借道,逐渐让出一点车道,够我们大巴过去。没有兴师动众,没有围观和好奇,习以为常。我们展团的同志坐在大巴上,看到这景象感慨万千,赞不绝口。事后,那个警卫队的负责人对我说,平时总统出来,他们引导车也是这样。

我们拜访中国驻印尼大使馆,和公使级商务梁参赞(后几年为房参赞)汇报办展情况,征得他们认可和支持。梁参赞是一个1965年返回大陆的印尼华侨,前几年才被从北京派来任公使级商务参赞。他对印尼情况了如指掌,给了我们很多指导和帮助,并将他太太(大使馆二秘)介绍给我们,要我们有什么问题随时可以和他太太联系。每次展会的开幕式,他都会代表大使馆在开幕式上致辞。除了大使出来参加我们的开幕式,梁参赞给我印象最深的是一次展会。我们除了组织上海商品外,还组织了印刷包装展和文具展两个专业展,展会一下子扩展到三个馆,展会名称也打出中国国际展字头。梁参赞巡好馆,握着我的手,表示祝贺,认可我们展会用中国字头,并希望我们用中国资源继续做好做大展会规模,把更多中国商品卖到印尼。卢大使还专门走到我身边,伸出大拇指称赞我们的展会(见本书彩页)。

拜访印尼商务部等政府部门和有关商会、协会,是我们每年打前站团队的必修课——通报上海展会的情况。印尼驻上海办事处的负责人给我们很大帮助。我已记不得他名片上的名字,大家都叫他阿弟,我也不知道他是否比我年长。既然年轻人也叫他阿弟,他也应得很快,我当然叫他阿弟,不知是否显示我们的亲热。他近一米八的个头,大眼,天庭饱满,两颊丰满,皮肤没有一般男人的粗糙,说起话来脸上总带着微笑,有点美男的味道。他的普通话一点也听不出是海外人士,若走在大街上,没有人会认为他和我们有什么差别。他太太原是联合国某个专业委员会的专员,后在苏西洛政府出任商务部长。中文已不是她交流

梁公参(左3)会见先遣团(右1作者)

印尼商务部长(左4)会见先遣团,阿弟(左3),上海综合党委任副书记(右3),上海商务委马副主任(左2),王处长(右2),作者(右1)

的渠道,她往往讲英文。每次我们陪上海领导去商务部拜访,她都会非常热情地接待,仔细倾听我们展会的商品,以及我们的要求,使我们得到满意的回答。有时她临时有事情,就叫秘书在会议室招待我们品尝印尼小点,点心品种较多,有用米粉、木薯粉、豆粉加椰蓉等制作的各种糕点,也有香蕉干、炸香蕉片。她很快就会出现,用英文连说抱歉。这种热情或许是阿弟的关系,也可能是由于我们代表上海市政府在此办展,或两者皆有。我印象中最深的那次,是她陪总统苏西洛私人访问上海,那时上海世博会还在招展阶段,印度尼西亚还没在确定参展的名单里。我们和她提到这件事,虽然我们公司没有招展任务。她马上和总统汇报了,在晚上的招待酒会上,她代表印尼政府发言,感谢了我们公司这些年为中国、印尼经济交流给予的帮助,还宣布:印尼决定参加上海世博会。我们十分感谢她。

当然阿弟在上海也做了不少促进两国关系的事情。上海旅游节花车的事,也是我们和他提出来的,希望看到印尼花车出现在上海街头,扩大印尼在上海的影响。他去争取费用,后来印尼花车得以在旅游节开幕式队伍中。他们办事处的不少人和在上海的一些印尼人也参加了花车巡游,很是高兴,但和我说也很累。在后来的旅游节上,印尼花车每年得以延续。每年在上海的印尼国庆招待会,我们都是他们的座上宾,有时我们也会送上花篮以示祝贺。在招待会空余时间,阿弟会给我们介绍些印尼经济发展的近况,使我们在第二年办展时可有针对性地招展。

在印尼市场考察后,我就想试着在雅加达单独举办"上海技术设备和商品展"。在这之前的日子里,我也试着自办过"加拿大上海商品展""美国上海商品展"以及"越南上海商品展"等,虽然展会取得一些成绩,达成一些交易,但办不长,往往办两三届就难以为继。主要是我们的展品杂,自己组织专业观众难度大,所耗精力多。

我们组织到海外展览,绝大多数是选择参加当地的一个展会,我们的展团只是人家展会的一个组成部分,也叫展中展。当然人家的展会永远不是你的展会,你办了几十年展览,永远没有你自己的展会。展会(项目)可是展览公司的命根子,大家都懂:有了展会,没有公司可以成立公司;没了展会,好端端的公司立马就垮了。谁不想有自己的展会?

自己办展,最难的是专业买家的邀请,这是一个展会成功的关键。如果一个展会很少有买家来展会和展商来洽谈,明年企业就不愿来参加展会了。除了中国贸促会敢在国外举办单独的中国商品展(代表我们国家办展),但也很少有延续几年的。地方上的展览公司几乎没有在海外自办展会的,更没有延续十年以上在一个地方自办中国展会的。我当时就是看重印尼能和国际主流社会进行经济交流,华商掌控着印尼的经济命脉。上海市政府,尤其是主管的市外经贸委(现为市商务委)的支持和鼓励,是我坚定自己办展的勇气和底气。外经贸委的主管处贸管处王庆江处长对业务的精通和为人的谦和,使我们没有做不好的理由。他联合了市有关委办共同支持、参与办展,配合非常密切。在他分管上海出国展览时期,各个公司开拓海外市场,分工清楚,目标明确,可说是最有序最活跃拓展海外市场时期了。当然,市外经贸委的许多领导都十分支持印尼展,有的还用自己的资源为我们招展,其中市外经贸委的马主任就凭着和宁波市政府的特别友好关系,邀请到了他们组团和我们共同开发印尼市场,一直延续了不少年份,令人难忘。

在我们展团中,常出现一个熟悉的面孔,市侨联的杨主席。她是1965年印尼反华、排华时,无奈从印尼返回上海生活的。她是展团的特殊人物,我们偶尔问起当年的事,她总是淡淡地说"那时很惨啊",没有再多说的。她为人谦和、稳健,办事认真而热心,身上仍有印尼华侨的美好印记。她在印尼老板心目中有很高的地位,有时和一些华人协会见面,当地协会在墙上会挂出欢迎她的横幅。许多印尼老板以见到她为荣,拍集体照时喜欢挤在她的旁边。有时一些老板会围着她,讲着

开幕式剪彩（右2市政协徐逸波副主席，右4卢大使）

前排右2：杨玉环主席

她熟悉的一些企业的经营情况,以及商会的变动和发展情况。有的还讲着在上海她帮助牵线搭桥,进行投资和贸易的现状,怕耽误了和她交流的机会。我们都知道,许多印尼商人来上海投资,都得到她的帮助得以成功,尤其是在东南亚金融危机时,有的印尼老板资金链吃紧,面临夭折,是杨主席四处奔波,为他们找到合作伙伴,有的还得到上海市政府的支持,使他们得以发展。现在的金顶威斯汀大酒店、金光大厦等项目,都有她帮助的痕迹。一些老板讲起杨主席,都会流露出十分尊敬的神情,有的更是赞不绝口。她纯朴、和善、无私,赢得了大家的敬重,也是我们很敬重的人。虽然她是正局级干部,但丝毫没有架子,多次随我们展团到印尼,为我们印尼展做了许多份外工作,而丝毫不计较个人得失。有一次在印尼,不知什么原因,有人建议,杨主席的单间住房和翻译小姑娘对换,她毫无怨言,使我们看到了她的胸襟和气度。不知道是否经历过印尼的那种动乱后人的精神会有升华。由她邀请那些印尼大老板来我们展会洽谈业务,他们乐意来,乐于和我们的展商达成交易,达成经贸合作。

  印尼展览公司的白先生是我们在印尼举办展会合作比较深的人。他始终西装笔挺,连头发也一丝不苟。他有一米七五的个头,说话慢条斯理,有点儒雅风度,但他修理得很整齐的八字胡子挂在唇上,完全是当地印尼人的模样。他和我们说话,还有我国南方人讲普通话的口音。他有多辆轿车,和我们一起出去,常用奔驰500型车,还配有专职司机,司机是当地印尼人。老白对我们很和气,但对下属很是严厉。一次我们和他外出看场地,正逢下雨,我们赶到车子旁时,看到他的司机站在车外淋雨。我们问他,司机为什么没有坐在车子里面等我们?他淡淡地说:"我们这里都是这个规矩,主人不在时,司机不能待在车子里面,无论是太阳底下还是下雨。"我们很是诧异,和国内人的想法差异很大。白先生已融入印尼主流社会,已看不出他是华人后代的模样。

  白先生在雅加达有自己的展览公司,在雅加达和泗水都有自己举

展会现场

办的展会,在当地最大的展会是印尼纺织机械展。他当然懂得如何组织专业观众,如何把展会做好。他除了根据我们展商的产品,帮我们正常地组织专业买家外,还在我们的印刷包装设备展中为我们招展了数家印尼的印刷包装设备企业。我也曾经和他探讨在雅加达举办以中国企业为基础,有世界各国企业参展的国际展会或专业展会,类似于德国的汉诺威在中国办的展会。后来虽经努力,实感条件尚不成熟,无法实现我的愿望。我一直期待着这些条件的成熟,一直到我离开这个公司都未能如愿。

我们刚去办展时,还是苏哈托刚下台,瓦西德执政时期。30多年的仇华、排华,禁止华文学习,流通,没有华文报纸,30岁以下年轻人基本不识中文,不会讲中文,即使会讲点中文的,也是家庭用语而已。不知是否瓦西德外婆是华人,还是经历了这么长时间的排华,当局和人民都有和中国友好交往的愿望,两国关系解冻很快,我们的展会摊位楣板上

印尼中文报纸报道1

印尼中文报纸报道2

很快就出现了公司的中文名字,看到了当地报道我们展会的中文报纸。

不曾想到,"第一届上海技术设备和商品展"举办下来比我想象的效果好。中日合资的三菱电梯公司不但拿到了订单,还连忙着手在印尼开工厂。我们的大小发电机卖得更火,印尼是个千岛之国(实际是由一万七千多岛屿组成),发电设施的布局很难解决。岛国供电始终是个问题,断电家常便饭,自己家里或一个岛上有单独发电机很是必要。印尼华人老板这么多,在自己的别墅里有个发电机,也很自然。

后来美国"9·11"事件后,印尼由于是世界上穆斯林人口最多的国家,也受到影响,西方不少企业撤走在印尼的投资,这在客观上给中国和印尼两国友好发展提供了条件。再加上中国通过20多年的发展,经济和科技上已比印尼高了一个台阶,而且价格合理,中国的产品在那特别好销,很受当地欢迎,不少印尼商人成为我们产品在印尼的代理。华人老板在印尼经济中占有举足轻重的地位,他们和我们又没有语言沟通上的困难,双方信任度比较高,每次展会都有不少成交和投资合作意向的,使展会得以延续。哪怕印尼发生地震、海啸,遭遇雅加达、巴厘岛针对西方人的恐怖袭击,都没有影响到我们展会的开展。反而是印尼在地震海啸后,要加快国家建设,使我们的水泥厂有机会搬迁到印尼,得以发展,加速了两国间的经济合作。

展商在介绍产品(前排右1徐副主席,右2卢大使,右3作者,左1印尼中华总商会陈会长)

当然在这些年中，我们的展会也经历过曲折。有些年，专业买家少了，每年来展总会有疲劳感。我们就研究采取新的措施，其中一个很重要的动作是，在展会开展前三个月，派公司出国展览部的小余，一个20多岁的男青年，到印尼常驻三个月，根据展商产品，宣传展品，寻找买家。我让他在当地雇用两个临时员工配合他，和展览公司的白先生一起商量，走访厂家，尤其是印尼的一些中小企业，扩大我们的买家范围，请他们来展会洽谈业务；走访新的宣传媒体，扩大展会的宣传范围，收到很好的效果。那几次展会前的新闻发布会上记者更多了，展会上专业买家明显增多。小余在外独立工作能力得到很好锻炼，有了明显体现。平时在我面前不声不响，不知是否有上下级的隔阂，但在印尼，我看到他在记者面前和买家面前介绍起产品来头头是道，我很是看重，以后我很快提拔他为部门副经理。在当今展览人才奇缺的时代，他倒是个栋梁之材。可惜在我离开公司后不久，我就听说他因继承父业，离开展览界了。那是后话。

我们在办展过程中也遇到过惊险，那件事真把我吓得不轻。当时我们的出国审查很严，关口不少，需要好多个工作日。我们严格按工作时间节点，设置最后限期。做过展览的人都有强烈的时间观念，但不少企业这种意识淡薄，常常有单位误事。市外经贸委的出国批件，市外办签证处的审核，统一送北京印尼大使馆出签证（后来才改为落地签和免签），有时候时间太紧，我只好自己坐到市外经贸委外事处甚至主任室催批件。如果展团里有市领导参加，那手续更多，急起来，我会坐到市政府办公厅催材料，到市外办签证处打招呼，甚至和印尼使馆疏通关系。真是年年难，年年都这样急急地过了，大家也习以为常。但有一年出事了，大使馆出签证已是大团出发的前一天下午，按规定是由外办签证处统一拿回上海给我们，已是来不及了，疏通好后，我们派人到印尼驻华大使馆直取，乘晚上飞机回上海。但那天碰到大雾天，我们工作人员小吴等到晚上10点，机场才宣布飞上海航班全部取消。如果早点讲还可改乘火车,现在已没希望,怎么办?一两百号人明天要飞雅加达的护照都在他手里啊!我们的小吴本来是个没有主意的人,这次却特有主意,他也没请示,就在机场拉了个出租车,从北京开回上海。等我知道,他的车子已开出北京城上高架了。大雾天高速公路会封闭吗?一个晚上能到吗?一个司机能行吗?如果遇到坏人,那怎么办?连护照在哪儿都难以寻找。万一晚上疲劳驾驶出车祸怎么办?和他商量或批评他,都没有意义了。我只好要他每个小时给我来个电话,报告到什么地方,司机精神状态如何。后来得知司机是个年轻的复员军人,我情绪稍有缓和。整整一夜没有好好合眼,心一直是悬着的。有人说,搞展览的人,没有心脏病,干几年都会被逼出心脏病的。到凌晨4点钟时,他说手机快没电了,我只好要他进上海后给我发个信息。那晚我们有的同事还在办公室度过不平凡的一夜。上午8点钟,车子终于赶到办公室,大家才将紧绷的心弦松弛下来。我批评他瞎子不怕枪,瞎闯,用了三四千元出租车费,两年内不能报销了。其实我对他的责任心还是赞赏的。

  在印尼办展的那些年里,我一直在观察印尼国家的稳定性,当地人和印尼华侨的关系,印尼人对我们中国人的看法,这都会影响到我们展会的开展。但我始终感到印尼社会是平稳的,老百姓间关系是平和的,一般看不到吵架、斗殴和暴力,除了那两次恐怖袭击。

  2004年,印尼两亿人口用全民投票直选,竞争选举的方式来选举总统,开创了世界选举总统的先河,引起世界关注。两亿多人口,分散居住在数百个岛屿上的投票,选举过程无疑是难度很大的。但是选举结果,没有政党不服,没有社会力量闹事捣乱。一切顺利,社会稳定。一个来自印尼民主党,这个小党的领袖,军人出身的苏西洛当上了总统。当时在位三年,拥有最大政党印尼民主斗争党支持的苏加诺女儿梅加瓦蒂落选,多少有点意外。苏西洛总统上台后,在印尼的外交、内政上做出了成绩,使经济上了一个台阶。苏西洛虽然不很强势,但很受印尼人民拥护，在五年连选一任后，根据宪法不能再任总统的情况下，在印尼统治了十年。现在平民总统佐科上台，国家发展更是驶入快车道。

在印尼无国教，但规定一定要信仰宗教（印度尼西亚建国五项基本原则，第一条），虽然印尼宪法明定宗教自由，但政府仅承认六种宗教，伊斯兰教、基督新教、天主教、印度教、佛教及儒教。印尼是世界上穆斯林人口最多的国家，80%多的人信奉伊斯兰教，但不是伊斯兰国家。在印尼，一般较少注重宗教正统性，而更具有本土化。在雅加达马路上看不到蒙面的伊斯兰教女子，听不到高音喇叭播放伊斯兰诵经的声音，在衣服穿着上很难辨别个人的信仰，只有印尼特色衣服或印尼国服。

在那里，男人最多可娶四个老婆，这是伊斯兰教的规定。但娶后一个老婆时，要征得前面老婆的同意，前面老婆一般不会反对。当然男人在家里也要一视同仁，对几个老婆一碗水端平，买东西给妻子时，要买一样的四份分给各位。在那里，这些家庭一般都能相处融洽。这种家庭大多男人赚得动钱，但也有男人收入不高的，那就往往靠四个老婆赚钱来养家庭，那男人活得倒也潇洒。大家都习以为常。想想小时候看过长篇小说《上海的早晨》里男主角娶了三房太太，家里已常常摆不平，演绎了很多故事。在印尼稍微富点的人家都会雇用四个佣人，整理花园和带孩子都要单独算一个。平时带小孩外出度假、旅游，哪怕是坐飞机，佣人也是随行人员。因为小孩连穿衣、穿袜子都要佣人帮助，大大出乎我们的想象。国内一些商人在那儿站住脚后，喜欢把家属接过去生活，有的甚至接妻子到那里生孩子，也是雇用几个佣人。那里雇用人很便宜，包吃住，一个人仅每月几百元人民币。

无论在雅加达、巴厘岛还是泗水等繁华的城市，五星级酒店到处都是。而酒店里最豪华的餐厅是中餐厅，而且有不同口味的中餐厅，用餐的绝大多数是华人,他们也没有那种高人一等的感觉,只是吃顿中餐而已。酒店里也有法国餐厅、意大利餐厅,但很少有印尼餐厅,要想吃印尼餐只能到街边较小的餐馆。我们看到当地人在餐馆里津津有味地吃着他们的手抓饭,幸福指数还不低。

我们在印尼接触到的印尼人给我们留下纯朴的印象。无论是在展馆的租馆、展会搭建还是运输,他们都是那么认真、勤恳,互相配合都是那么友好,我丝毫感觉不出他们对华人的憎恨。我在展会中认识的泗水最大的华人老板林文光,就听说了在20世纪90年代的后一场反华排华风波中,由于他平时善待员工,当地工人没有反华的,自觉出来保卫他的工厂,不许有人冲击,保全了企业。

我们在印尼的旅游景点更是碰到一些趣事。一次,一个印尼女孩主动用英语和我们的一个男士搭话。后来她父母和我们说,她女儿刚从英国留学回来,很看中我们的那位男士,他的脸型是她最喜欢的,她很想嫁给他。我们大笑,说我们的男士已有家室,已经没有这个可能。更有其事,我们在山上看火山口景色时,小店里走出一个女士,不知是否这店的女主人,她和我们闲聊后,竟然提出愿为我们中的一个男士生孩子,说话还是那样认真,我们愕然。这些事,我们虽然都一笑了之,但我深感印尼人对中国人是不厌恶的,犹如我们周围的一些女孩想嫁给欧美人一样。

和雅加达较快的生活节奏相比,巴厘岛舒缓得多。许多院子里都有发呆台——三四米见方,齐腰高的平台,上面有亭顶,男人喜欢午后盘腿坐在上面静思。那里的居民信奉印度教,但不同于印度,他们带有强烈的本土化色彩,并融合了部分佛教教义,被称为巴厘印度教。在那狭窄的马路旁,我们总能看到,几乎每户人家门口都有个高高的木架子,上面放了以椰叶编织的供品小盒。供品有红、绿、白三种颜色,分别代表他们信奉的印度教三主神:梵天(Brahma)、毗湿奴(Wisnu)和湿婆神(Siwa)。巴厘岛人相信神灵,相信因果报应以及生命轮回说,所以绝大部分人都乐天知命守本分地在做这辈子该做的事。这也是这里被称为天堂的一部分原因。这里的五星级宾馆星罗棋布，在海滩边一个连着一个，没有围墙，走在海滩旁，不知已走到哪家宾馆，这里不用防贼、防杀、防强盗。

金巴兰海滩（Jimbaran Beach）是我们常安排去的地方，是巴厘岛最令人感到亲切的海滩。原来这里是一个小渔村，以看海上日落著称。村民们用他们特有的热情和朴实使得整个海滩极具亲和力。在这里看着落日，听着歌手们演唱各国歌谣，享用烛光晚餐、海鲜烧烤，别有情趣。印尼民歌《宝贝》永远是这里点唱不衰的歌曲，人们渴望和平永远是这里的主题。当然点歌是要付钱的，但大家愿意。2015年由美国著名旅游杂志《旅游+休闲》的一项调查结果显示，印尼巴厘岛是世界上最佳的岛屿之一。

印尼的万隆是著名的"万隆精神"发源地。以和平共处五项原则为基础的国与国之间友好合作的准则，就是在1954年第一次亚非会议上提出写进会议公报的，它所反映的亚非人民团结反帝、反殖，争取和维护民族独立，增强了各国人民之间友谊的精神。由周恩来总理率领的中国政府代表团为会议的成功做出了杰出的贡献。我们有幸参观了万隆会议旧址，是一座三层楼的乳黄色建筑，始建于1895年，原是荷兰殖民者的高级俱乐部。为了纪念历史性的万隆会议在此召开，1980年，印尼政府将会议旧址辟为"亚非会议纪念博物馆"，并将市内最繁华的街道命名为"亚非大街"。

印尼的三宝垄流传着郑和下西洋的许多故事。三宝垄保存有许多和郑和下西洋有关的文物。现在在那里还建有三宝公庙，已成为游览胜地，终日香火不绝。相传中国农历六月三十日为郑和在三宝垄登陆的日期，每年是日，该城的人民必倾城而出，组织盛大的纪念活动。市民抬着三宝公圣像上街游行祭拜，以示郑和重游故地，并伴以舞龙、舞狮、演戏等活动。朝拜者往往逾数万人，争相簇拥，锣鼓喧天，热闹非凡。

现在印尼的领导是全民选出来的,和中国建立了全面合作关系,参与了我们"一带一路"建设。最近我还看到中国企业在印尼的苏门答腊岛投资建设燃煤电站的报道(《环球时报》2019年11月23日),在丛林中建起地标,为千岛之国输送电力。世道太平,国际经贸才能进行,展会才会继续。

我们原来的印尼展会还在延续。现在的公司领导对我说,他们更是乘着"一带一路"的东风,会将展会做得更好。

刊于《上海纪实》2020年第一期(照片和文字均有删改)

来自对外服务第一线的报告

当中国打开关闭了近三十年的国门,向世界宣布对外开放后,外国企业蜂拥而入。这些外商大多是1949年前就在上海设有洋行的外国公司,他们想凭借过去熟门熟路的长处发展自己的生意。但是,20世纪80年代和40年代相比,中国毕竟发生了翻天覆地的变化。他们要寻找新的业务领域,寻觅新的贸易伙伴,寻求新的朋友,于是,一个新的服务业应运而生。

1982年4月,经上海市人民政府批准成立上海市外国企业常驻代表机构服务部(上海市对外服务公司前身),承担了向外商常驻代表机构派遣中国雇员的任务,开始揭开对外服务的篇章。1984年,随着来沪外商机构的增加,他们需要更多的服务,为适应开放形势的需要,上海市对外服务公司诞生了,对外服务业开启了崭新的天地。

对外服务,在世界各国是个极普通的行业,而在中国却是放在人们面前的新课题。如何结合中国的实际开展对外服务?他们的宗旨是:时刻想着外商,一切方便外商。上海市对外服务公司的经理们从转变人们的观念入手,来适应对外开放的需要,做好对外服务。让我们翻开他们的史册,来看看其中的记载吧。

一

雇员,他们来自各条战线,有的来自工矿企业,有的来自机关,有的来自科研所,有的来自学校……他们受过不同教育,有着不同经历,来到外商常驻代表机构工作，首先碰的是他们自己思想观念的转变。这些外国企业来自资本主义国家，新中国成立前在这类洋行中工作的中国人都被称为"买办"。"文化大革命"中，这些被称为洋奴买办的人挨了不少批斗，吃了不少苦头。现在，外国企业又在上海设立了常驻机构，我们这些在新社会出生、在红旗下长大的青年人要到私有制企业工作，他们不无顾虑！这就需要思想观念上的转变。

　　让我们来看看在一家美国公司工作的M先生，他就经历过这种思想顾虑。他是新中国的同龄人，读过书，务过农，当过工人，是个既懂化工机械，又有外语专长的业务人员。1982年，他经考试，由上海市对外服务公司安排，受雇于这家美国公司。想来也好笑，一个曾经高唱着"我们是共产主义接班人"的青年，现在要为一个外国资本家公司工作，这多么需要更新思想观念啊！M先生开始认识到，他到外国企业工作只是一种新的社会分工，是经过组织安排在做促进中美经济发展的工作。他学的是化工专业，外商分配他推销塑料。推销员，这是个多么熟悉的字眼，又是多么生疏的业务。在私营企业，推销员是非常重要的职业，他对企业的存在和发展有着重要的作用。美国三大汽车大王之一克莱斯勒汽车公司的董事长兼总裁李·艾柯卡就是从推销员起家而闻名世界的。M先生开始干起了新工作。一个来到新环境的人，往往会把新的工作、新岗位上的人员和印象中的旧环境、人员做比较，找出差异点，以求适应工作。M先生很快发现外商和国内单位领导的工作作风有区别。外商代表要求雇员独立处理业务；而国内单位的领导是手把手教，每件工作要多次指导帮助，每个环节要汇报，重视工作的全过程。他感到，在这里自己要担负的责任更重。思想观念的转变，促使他努力学习，勤奋工作。他总是提前上班，吸尘泡水，赶在9点钟用电话的高峰前将急办的事联系好，始终掌握着快半拍的生活节奏。他这枚中国的齿轮，安装在美国公司这部机器上转动起来，而且不断快速旋转。一次他听说某地要生产一种当前世界流行的宾馆节能灯用于出口。这种节能灯要求透明、耐火,又不易破碎。而用国内的塑料制成的节能灯,不是不耐火,就是易破碎,有的甚至透明度很差。M先生为了把握塑料的成分,就到现场配制聚碳酸酯。那个外地小厂条件较差,有人劝他别去了:"在上海调配好,或试验好再给他们。"但他考虑到模具等设备都在现场,而且今后也要在那里生产,"应该到现场去",M先生就这样定下来了。他说:"我在农村和工厂都待过,工厂的条件是能适应的。"他一连数次到现场帮助调制苯乙烯,帮他们修改模具。很快,一只适应世界市场需要的宾馆节能灯在那里生产出来了。一家美国公司一下子就订每年300万美元的货!一个小厂生产的一只小小的节能灯,一年出口创汇300万美元,真是太鼓舞人了。而M先生所在的美国公司的塑料不仅扩大了影响,而且也有了定期销售的对象,打开了新的销售渠道,由于他的出色工作,多次受到这家美国公司的嘉奖。这些中国雇员在思想观念转变后,产生了强大的动力,在外商机构努力工作,创下信誉。当人们问起这些老雇员时,他们深有感触地说:"上海市对外服务公司的领导为我们扫除思想顾虑、转变思想观念起了决定性作用。外服公司派我们到外商办事处工作,要我们献身对外服务业,我们毫无怨言"

二

确实,上海市对外服务公司的经理们,为适应开放形势,不断接受新事物,研究新情况,大胆尝试,为对外服务的发展写下一页页新的篇章。外商聘用女雇员就是一个突破。外商常驻机构的工作有其独立性,一间办公室里几个老外、几个雇员,有的甚至一间办公室里一个老外、一个雇员,能提供女雇员吗? 在一起工作的女雇员和外商产生了感情怎么办? 外商若有不检点,那太麻烦了,还是统一率省事,你要业务员,给男的;你要秘书,给男的;你要保姆,给男的。不过也有点难办,外商请保姆无非是陪夫人在家,料理家务,或领孩子,派男的去,那怎么行? 不行就不派,那外商的合理要求又得不到满足。终于保姆破例,派女雇员了。他们挑选成过家的、有一定生活经历的。实践证明是行的。她叫陈阿姨,是个有两个孩子的妈妈,在日本土屋夫人家里当保姆。刚去时,日本夫人要她领两个孩子,一个孩子仅十个月,胃口特别差。她凭着自己带孩子的经验,知道这日本孩子得的是奶痨。她就带孩子去看中医,服中药,很快使这孩子胃口好了。后来她又发现这孩子脚力不好,就和日本夫人提出,这孩子常年在宾馆生活,缺土气。她每天领孩子从衡山宾馆出来到附近花园里游玩,试着在地上站立、走路,很快,这个孩子能走路了,健康成长了。土屋夫人非常高兴,她在离沪时,又将陈阿姨介绍给另一个日本夫人带孩子。其实这是个观念问题,为什么要把女雇员看得这么危险? 把外商看得这么糟? 上海市对外服务公司试着在大公司、大商社中选派女雇员搞业务,当秘书。这回真有想不到的效应,二三十名男雇员在一起工作,本来是较沉闷的,现在掺进了一两名女雇员,沉闷的空气被打破,气氛比过去活跃多了,工作效率无形中提高了。外商满意了,又雇了一些女雇员。但就在派遣女雇员后发生了外商和女雇员关系不正常,给宾馆保卫部门发现的事。处理此事完毕,派女雇员的事又重新提到议事日程。上海市对外服务公司的经理们反复考虑,并做了分析,这类事毕竟是极少数,不能因噎废食,对外开放中烂掉个把人,你就能讲对外开放错了? 观念转变是不容动摇的,关键是我们女雇员的素质。他们加强了对女雇员自尊、自爱、自强的教育。现在他们向驻沪外商机构派员1400多人中30%为女雇员,她们平均年龄为30岁,分别担任了业务员、秘书、事务员、翻译、接待员、保姆等职务。几年的实践证明,她们和男雇员一样能干,让我翻到记载女雇员姚彬那一页吧。

姚彬是个26岁的姑娘,现在法国巴黎国民银行上海办事处工作,她有段曲折的经历。1987年7月,她从工业大学电机系毕业,由于学的是发动机专业,她很想到科研所工作。由于外语好,学校推荐她到市对外服务公司参加录用竞争。经过数百人三轮考试的激烈竞争,她竟然被录用了。她第一次到外商机构工作颇具戏剧性。她学的是英语,却到一家著名的日本公司上海办事处面试。这家公司上海办事处从没录用过女雇员,据说因为老板怕坏风水。不少男雇员给她算命,老板肯定不要。但这次破例,老板竟然录用,而在这以后不久,老板觉得女雇员一样能干,竟然又新增加一个女秘书。这是后话。

姚彬到商社后第一件事就是学会自己找事做。自己的工作要从同行中很快看懂、学会,外商是不会给你上课的。连接待来客,也只是扔一张纸片,上面写着航班、时间、姓名,送到下榻处,一切要你自己去办。每天夜里,电传稿就有五六十页,堆得满地都是。她要学会处理,要按部门将电传稿分好、卷好,上面盖章,表示由谁处理的。老板上班等着看电传稿,确定今天工作。她很快能独立工作了,做成了不少纺织生意,老板很满意。一年前,她在日本公司工作的合同期满了,她有机会转到法国巴黎国民银行当雇员。原来那家日本公司挽留她,真有点舍不得。欧洲公司和日本公司,银行业和贸易商毕竟有许多差别,姚小姐感到一切似乎都要重新适应,重新学习。她第一天到银行上班,老板就将八个柜子的钥匙拿给她,只说业务情况都在里面,真没头没脑。她只好慢慢寻找,逐渐熟悉银行业务,连简单的电传稿,她也要重新做起。日本公司的电传稿是不要标点符号的,就像古文一样。但法国的老板却要标点符号,而且要求严格,不许有任何差错。姚彬只得在绿色荧屏上一遍又一遍地校对电传稿,看得眼睛发花,头发昏,她终于坚持下来了,受到外商的好评。现在她的老板是个法国女人,喜欢和姚彬讲英文,这对姚小姐的英文长进大有裨益,她很快能用英文写出差报告了。一年下来,姚小姐从对银行业务一窍不通到基本入门。法国总行客户来沪,翻译人手不够,小姚顶上去。九个月,法国老板又为她请了私人老师教她学习法语,现在她连听带猜能知道法语的意思了,她也能打法文电传了,下学期可用法语学习专业了。姚小姐的业余时间总是排得满满的,连谈恋爱也难以排号,过去大学同学间的来往也疏远了,但她觉得生活得很踏实。单是学习法语,一周就要三次,还有不少功课要做,一对一上课来不得半点马虎。她和父母住在一起,但共进晚餐的时间很少。每周日她上午做作业,下午上课,4点半后,她还到徐汇网球场打网球。当然她不是想当运动员,而是为了健身,她深深懂得要适应外国企业高节奏的工作,健康的身体是基础。这些中国女雇员用她们聪明的才智、勤奋的工作,赢得了社会的承认,使人们信服。男同志能做到的,女同志一样能做到,在对外服务史册上写下了光彩的一页。

三

随着外商业务的发展,外商要的中国雇员不仅要懂外语,还要懂专业,人员层次日趋提高。有些外商在和国内单位接触时,发现了他们要的人员,就向市对外服务公司点名要聘到外商机构工作。允不允许外商点聘?这在过去完全是不允许的。外商需要雇员,只有我们派给你,你不满意,中方可换人给你挑。如果允许点聘,那还要上海市对外服务公司干什么,市对外服务公司不成了只办理手续的机构了?上海市对外服务公司的老总们经过反复讨论,觉得外商点聘雇员,虽然打破了传统的做法,但是有其合理的一面。外商帮我们找到人才,我们为什么不认可呢。他们开始试着和外商联合招聘。1988年3月23日《解放日报》在其醒目的"报眼"位置刊登了一则启事,联邦德国西门子股份有限公司和上海市对外服务公司联合聘请高级雇员,启事竟然全篇英文。尽管是外文广告,尽管招聘条件近乎苛刻,名额又十分有限,却依然有大批的应聘者涌向上海市对外服务公司,争先恐后,接连三天门庭若市。在负责招聘的人事部下狠心"截流"时,登记人已超过250人。通过中外双方联合考试,西门子公司终于找到了满意的电脑专业人员。

这扇门越开越大，上海市对外服务公司允外商将考试满意的人推荐来复核审办手续，以后又允许外商对高层次人员点名雇用，经过市对外服务公司社会调查、素质调查、业务调查后向国内单位"挖人"。这个做法实现了原有用人观念的转变，是个大胆的尝试，外商用人得到了很大程度的满足。但问题也随之接踵而至，有的外商不知是情面难却，还是其他原因，将亲戚或朋友介绍来的人，将朋友的朋友介绍来的人，甚至在马路上偶然搭识的人都视为人才，点名要求录用。上海市对外服务公司对这些点聘人员进行摸底考试后，将这些人的情况如实告诉外商，有的不懂外语，外贸水平远远低于外商机构所需要求。这本身只是为外商负责，别无他意。有的外商听后作罢，不点聘了。但有的仍固执己见，点聘之后也有就此吃了苦头。

某外国公司上海办事处首席代表K先生，因朋友介绍，向上海市对外服务公司点聘张某。上海市对外服务公司经过摸底考试和了解，张某外语、外贸水平较低，其他方面素质较差。但逆反心理驱使K先生表示，他了解张某，是适合在其公司工作的。K先生雇用张某半年后，开始感到管不住张某了。但张某是自己点聘的，K先生拍落牙齿往肚里咽。一年后，K先生发现张某大肆挥霍办事处费用，当他批评张某时，张某竟从吵架发展到实施非礼。K先生再也忍不住了，到市对外服务公司要求辞退张某，他终于想起上海市对外服务公司和他提过中肯的意见。当然，在外商点聘的人员中大多数人是好的，据有关人士统计，在外商点聘录用的200多人中，90%的人文化程度为大专以上，大多数人是适应外商机构工作的。不过，允许外商在专业人才中点名聘用人，是个新情况，还需要从制度上给以完善，从管理上给以加强，这才能确保雇员素质的提高，保证对外服务的正常开展。

外商点名雇用人员，只是暴露了外商用人的供需矛盾。上海市对外服务公司是向驻沪外商机构提供中国雇员的唯一机构，并未因为独家经营而滋生官商作风，而是不断端正对外服务态度，面对用人矛盾，主动征求外商用人要求,及时培养输送合格人才,掌握用人主动权。1989年底,上海市对外服务公司正式挂牌建立培训中心,为外商用人需要设置人才库,高级涉外人员培训班就是人才库中的一个宝。这个班开办后,每年培训50名学员,而这些学员是经过8:1的角逐淘汰才进这个班的,基础水平比较整齐。在当今业余教育日趋萧条的情况下,这些班级为什么会具有这么大的吸引力?这不仅因为这些培训班课程扎实,能学到真正本领,而且在这些班内学习,成绩优秀,可向外商常驻机构推荐录用。有的虽然没能到外商机构工作,但到三资企业工作或自费出国留学还是很顶用。这些学员90%以上具有大专以上学历,包括博士生、硕士生,他们来自上海各大学,有上海交大、复旦、华师大、纺院、一医、二医、科大、同济大学等,这些学员所学专业有外贸、电子计算机、自动化控制、化学、纺织、医学、服装等,可以满足外商对各方面专业人才的需要。在开设课程上,他们安排了外语口语、听力、写作、外贸函电、进出口实务、国际金融、国际营销学、国际贸易、涉外经济法和西方礼仪等,旨在加强学生在外商机构和三资企业中的工作能力。培训班聘请了交大、外贸学院、外语学院等大学一批有丰富教学经验的教师、教授上课,还聘请了一批具有长期从事实际工作经验的外语优秀人才讲课,使教学质量得到保证。确实,这批学员的学习够自觉,他们每周要上五个晚上的课,不少学员离学校较远,白天工作,下班后只得啃着面包走进教室。有的课是用中文授课,学生在征得教师同意情况下用英语答卷,深得任课老师好评。一段时间交通不便,培训班的同学只得都步行来校学习,最远的同学竟步行三小时来上课。毕竟是自己争取来的学习机会,学费自掏腰包,不能报销,他们当然珍惜。这些学员经过一年的强化学习,学到了真才实学,60%的人员被推荐到外商机构工作,不少人到三资企业工作,有的自费出国留学去了,使后来的工作、生活等受益不少。上海市对外服务公司就这样培训了不少人才,通过培训派到外商机构中工作的人,普遍反映大不一样。

上海市对外服务公司对1 800多名雇员抓紧日常教育,每个月要召开职工大会,传达国家的方针政策,进行外事教育等,还定期组织雇员培训,提高雇员素质,他们还和外商联合考评雇员,使中外双方对雇员评价取得较为接近的结果。上海市对外服务公司还用经济杠杆来调动职工积极性,在发放外事津贴、劳务提成时,每月考评,一个季度公布,得分最高的和得分最低的,经济收入都有很大差别。他们对违纪现象给予批评、教育、通报,直至辞退,极大地维护了外商的利益,保持了法规严肃性。一次,日本著名的S公司上海事务所所长来到上海市对外服务公司,反映商社中有人私打国际长途电话,仅一个多月时间费用达一万多元。电话是打到澳大利亚的,而这家公司和澳大利亚某小城并无业务关系。从打出电话的时间看,都是在上班前和下班后。是谁干的?外商很气愤。这家上海办事处共有40多个中国雇员,要在这40多个雇员中找到这个私打电话的,有一定难度,当时有许多人要自费留学澳大利亚,他们从有计划自费留学到澳大利亚去的人中排队入手查找,但没成功。当邮电公安局公布了打到澳大利亚的电话号码后,这个雇员终于来承认了。原来他在马路上搭识了一名女青年,这个女青年为自费留学澳大利亚,多次来找他打国际长途电话,而他则认为这么大公司,这么多业务,每天打到世界各地的长途电话不知多少,混几个电话算啥。现在东窗事发,难堪。根据邮电公安局的规定,偷打电话属侵权行为,补缴电话费再加罚款共计一万五千元。他因为严重违反外事纪律,受到公司通报批评,并被辞退了。他悔恨不已,但为时晚矣。

四

买卖总要赚钱的,蚀本的买卖是没人愿干的。亏本的服务,对于一个自负盈亏的企业来说是不可思议的。但是,上海市对外服务公司从大局考虑,只要外商需要,有利无利都要服务,有的服务项目还真亏本。

雁荡大厦居住着不少外商,这里紧挨具有80年历史的复兴公园,环境幽雅,设备齐全,住着190多户来自美国、联邦德国、波兰、比利时等9个国家的500多位海外宾客。但是美中不足的是附近缺少外宾购物商场,要买日用商品,哪怕是小孩吃的糖果,也要驱车到锦江饭店去购买,日常生活不方便。上海市对外服务公司将日租金500多元的一套三房一厅让出来开设商场,向外宾提供日常生活用品和各国特色商品。外商无须走出这幢大楼,就能买到洋烟、洋酒及美国的番茄酱、意大利通心面、法式面包等,商场工作人员还用手推车送货上门并开设预约服务,外宾需要自己国家的食品,只要预约登记就可代为进口。外宾的生活是方便了,但是上海市对外服务公司的商场所得的利润和房租、人工支出等相比差远了。

向外国人施教,又是上海市对外服务公司注重社会效益的大实绩。外商来自各个国家,当他们奔忙于中外经济交流时,往往会遇上许多有阻于工作开展和感情交流的难题,包括语言、民俗习惯的隔阂等;他们随同来沪的家属,不习惯于东方古国朴实淡泊的生活色彩,却又时时盼着能够揭开东方这层神秘陌生的环境面纱。上海市对外服务公司专门成立了对外教育部,根据外商及家属的需要,开设各类课目。但是向这批洋学生施教并非易事。他们年龄相差悬殊,最大的近60岁,最小的仅6岁。他们的水准不一,空暇时间不一,加上这些外商都是各个公司(商社)的头头脑脑,强烈的自尊心驱使他们不愿在他人面前显丑。因此要开大班,上大课,他们就不愿来了。上海市对外服务公司根据这一特点,给外商吃"小灶"。你想学什么,他们就开什么课;你有什么程度,他们就提供同等程度的教材;你什么时候有空,他们就安排什么时候上课;你在哪里上课方便,他们就在哪里施教。他们先后开设了中文、书法、中国绘画、保健按摩、中国菜烹饪、少林拳、太极拳等20多种课目,不少老外在这里学到了中国民族文化,沟通了思想感情,寻到了生活乐趣。57岁的G先生,现在是一家日商上海事务所所长,他曾有过多年外交官的生涯,但教他中文的却是一个年龄仅他一半的姑娘。这位在外交场合神态自若、谈锋甚健的G先生,在一对一学习中文时却常常因为不懂或音念不准而发窘,自尊心受挫使他几乎有问难提,答非所问。小黄老师觉出后,便尽量轻松地一个单句、一个句型地教他,并时常主动提问题,再主动作答。过了一段时间,G先生终于适应了这种轻松的教学方式,逐渐变被动为主动,学业上大有长进,很快能用中文进行对话,方便了工作、生活。日本妇女尾崎幸子随丈夫来沪,因感生活单调,多次提出要回国。当她知道上海市对外服务公司开设了多种文化教育课后,一下子报了中文、书法、烹饪、保健按摩四门课,女儿菁子也参加了中国画学习。功夫不负有心人,经过一段时间的努力,幸子竟能熟练地用中文叫出租汽车,能单独上自由市场买东西了。感冒流行季节,她用学到的按摩方法,为丈夫按摩,预防感冒。客人来了,她烧出一桌中国菜肴热情款待。充实的生活、无限的情趣使她乐不思"蜀"了。来自德国的莫尼卡随丈夫来上海时哭了三天,她不懂中文,在上海又没有朋友,连她想吃意大利空心面也不知道哪里去买。丈夫白天上班,她在龙柏公寓枯燥极了。上海市对外服务公司的老师上门拜访她,请她挑选上课内容。她想学中文,可是方块形的汉字,在她眼里不像是文字,倒更像一幅幅扑朔迷离的"图画"。她"画"不会,也讲不来,焦急之余想打退堂鼓了。老师劝她不妨先学学中国画。中国画讲究艺术意境,寥寥几笔,就能勾画出栩栩如生的物景,表现出丰富的内容。莫尼卡感到很了不起,学习上劲儿了,没多久就能"像模像样"地画上了,再进一步考虑"形神兼备"的构图方式,待达到一定境地,在老师的诱导下,忽然品出一些中国汉字的构造方式,其中和绘画构思不是很有相似之处?她再次鼓起勇气叩响神秘复杂的汉字之门,果然很快入了门。一次,国际广播电台和上海人民广播电台联合举办"新年文艺表演赛",参赛的中外人士有400多人,莫尼卡熟练的中文会话水平获得了外国人讲中国话比赛二等奖。意外的收获,使她高兴得流下了眼泪,后来她随丈夫回国前,专门在龙柏寓所举行了告别舞会,她一次次邀请中国老师跳舞,并将这两位老师介绍给她的朋友,舞会接近尾声时,她振臂高呼:"上海,上海,我爱您!"不少外宾离开上海后还写信给中国老师,一个叫中村雅子的这样写道:

"……我们到新加坡来了,新加坡人人会英语和华语,我买东西或者坐汽车的时候,我讲中文,他们对我说,说中文的日本人很少,他们听我说中文很高兴,我也高兴,我希望不忘中文,我尽量用中文。

"我常常想起你,有时候我大声唱歌:大海,我的故乡……我喜欢大海,我喜欢上海,我希望再到上海。"

上海市对外服务公司在外国人教育中取得了丰硕的成果,但在经济效益上却是微乎其微的。一份资料表明,10个专职教师,年扣除各项成本盈利仅1 000元,但他们却赢得了友谊和理解,在对外服务史上记载下有声有色的篇章。

主动为外商提供配套服务,一直是上海市对外服务公司的老总们追求的事情。他们先后开设了用车、用房、报关运输、汽车维修等,1988年开始,他们将服务的触角伸到了未在上海开设办事处的海外企业,为他们提供商务代理。不少海外企业由于对华贸易、投资不熟悉,因此对来华经营无把握。但他们又不愿放弃在华投资、经商的机会,因而对在沪设立常驻代表机构举棋不定。有的外商就索性不向政府机构登记,办理合法手续,请在沪的亲戚、朋友帮助其在国内试着开展业务。上海市对外服务公司针对外商这种心态和外商地下经商的形式,积极开展商务代理业务,使外商不来上海也能在沪投资,寻找贸易机会,开展"三来一补"项目,先后有来自美国、日本、意大利、阿联酋等国家近二十家外国企业委托其作为商务代理,促成了一批项目。他们派出的"三来一补"驻厂代表也为提高国内产品技术,促进出口创汇起到一定作用。崇明电扇厂由于质量赶不上世界水平,产品只创汇不创利。上海市对外服务公司派出的驻厂代表,将电扇关键部件技术问题请教美商帮助该厂改进操作技术。风扇质量有了明显提高,使之又创汇又创利,中外双方都满意。

五

上海市对外服务公司的老总们也有苦恼的事。他们的对外服务工作要被人理解,并非易事。首先是这些服务对象——外商及家属,他们来自资本主义国家,在观念上和我们存在着差异。他们希望自己直接雇用中国人,不要经过任何组织,不要受任何约束,他们要直接支付给中国雇员劳务费,不要经过任何单位。他们不希望雇员参加国内的学习,怕雇员将他们的商务情报透露出去。但是碰到雇员发生了问题,又希望由上海市对外服务公司全包处理,不要牵制他们的精力。这几年,每年都有外国企业驻沪机构出面和上海市对外服务公司对话或恳谈,外商要了解雇员的经济分配、学习内容等。上海市对外服务公司的总经理们就在这类对话中宣传国家的规定,宣传按照当地政府法规办事这一世界惯例,向外商介绍一个企业承担的税收、人员经济收入分配,以及雇员的学习内容等,加强和外商沟通,使外商懂得上海市对外服务公司派出的人员是可靠的,他们的经济收入是根据地方政府规定办的。其次,上海市对外服务公司的老总们还要面对各有关管理部门,做许多解释工作,取得他们理解。对外服务业确实是个新兴的行业,在税收、企业承包、待遇、分配、管理、人才流动等方面都会面临新的问题,而这些项目在市内又没什么单位可参照、借鉴,上海在管理上又特别严格。有些部门的有关同志也总是认为这个特殊行业似乎比国内一般单位待遇好,因此碰到有些做法,没有现条文,就不愿"担肩胛",不肯拍板决定,有时一个小小的问题也要书面报告几年,这真令人苦恼。他们太盼望这些管他们的人能转变观念,适应实际工作需要。

观念,这太缥缈了,但它又那么实在。由于它的存在,决定了多少人们的行为,上海市对外服务公司的人们就是这样不断更新观念,适应对外开放的需要,在对外服务征途中谱写出新的篇章。

1993年6月刊于当代中国企业家丛书(10)《阔步走向世界》

"新市民"轶事

为人口膨胀拥挤而烦恼的上海人,近年来却以极大的兴趣和热忱,欢迎着一批批来自异国他乡的投资经商者光顾"落户"。

一个在事业上有成就的投资者,必然要尽力适应他的事业所插足"中标"的任何一块国土的特殊环境。远道而来的投资经商者们,当他们雄心勃勃地投身于上海的事业中时,却往往会遇上许多有阻于工作开展和感情交流的难题,包括语言隔阂、民俗习惯的隔阂等。他们随身来沪的家属,不习惯于东方古国朴实淡雅的生活色彩却又时时渴盼着能够揭开这层神秘陌生的环境面纱。

一个真正欢迎引进开放的民族,应该为叩门而来的异国"新市民"适应这种新的环境而做出真诚的努力。

在上海,在为此而做出努力的各种机构中,有一个值得称道的部门——上海对外服务公司对外教育部。

孜 孜 求 学

对于在上海大众汽车有限公司工作的宽子来说,今天是一个令人难忘的"收获日",八个月来的上课没有白费,几百页的描摹没有白费。那绚烂艳丽的杜鹃花,在她的笔端栩栩如生、充满了盎然的诗情春意。她的老师,40多岁的任老师真诚地称赞说:"这画,画出意思了!"来自老师的这句普通评语,委实叫她心花怒放了好一阵子。她随丈夫来中国之前,就对中国传统的绘画艺术充满了仰慕之情,她想一睹东方艺术典雅清丽的风采。今天,她非但能够欣赏中国的国画,而且自己能在洁白的宣纸上纵情挥洒了。这种艺术效应的滋生是不是太突然了。

她对任老师说:"我要画两幅杜鹃花画,一幅赠给我亲爱的妈妈,让她分享我的喜悦;另一幅呢,赠给我和丈夫的证婚人,以表示我的感谢!"

任老师点头微笑,表示赞许。八个月前的一天,任老师接受了一对上门求学的"学生夫妇"——宽子和M先生。在工业技术领域里出类拔萃的M先生,在艺术领域里却相形见"拙",时隔不久,学业便明显落伍。于是,这位有着强烈自尊的男子汉不愿意在这种与夫人的"竞争"中明显败阵,便主动先期退学。现在,宽子不准备把自己的喜悦首先赠送给心爱的人,也是委婉地表示一种对丈夫的尊重,但又巧妙地通过赠给证婚人来表示对丈夫的深情。多有意思啊!

中国,古老而充满着朝气。上海,又是中国的经济、文化中心。在这片东方"新大陆"上,远道而来的一些外商及其家属渴望获得各种发现,获得新的知识。1986年7月,上海市对外服务公司在总结了原有的中文、书法两种课目的经验后,根据外商的要求先后增设了中国绘画、健康按摩、气功、太极拳、烹饪、围棋、游泳、网球、足球、日语、英语口语和交谊舞等十多种课目。来自日本、联邦德国、南斯拉夫、阿根廷、菲律宾和香港地区的近50家商社的100多名学生刻苦求学,既掌握了手艺,又从中得到了生活乐趣。

在第二期烹饪学习班上,11名日商夫人和小姐从基本的配菜、刀工学起。又重又厚的长方形中国菜刀,在习惯使用又窄又薄的日本菜刀的夫人、小姐手里,怎么也弄不顺手,甚至连执刀的手势也不对。于是,她们课堂上学,回家后练。日本长期信用银行加来先生的夫人每次课后还要把课堂上的笔记重新整理一遍。功夫不负有心人,终于,她们通过了切丝剥肉第一道手艺课。

烹饪操作手艺是一门学问。做京菜"糟鱼片",上海师傅一手执勺,一手端起热气腾腾的铁锅,突然凌空一个抛线动作,把滚烫的鱼片甩到离锅三尺高的空间,齐齐翻了个身,稳稳地又落回到锅中央。这个高难度动作,把几位日本学员都惊呆了。轮到她们操作时,起先谁也不敢把鱼片甩离锅子,后来在师傅的鼓励指导下,才鼓劲壮胆,一个个先后练了十几遍,手臂出奇地酸痛,却终于抛出个"基本样"来了。至于中国冷盆菜中的精雕细镂、五彩缤纷,更是令夫人、小姐们眼界大开。一片黄瓜经过刀划手刻,就变成一棵浅绿盈盈的水草;几块红肠,切成了菱形一拼,就成了一朵鲜艳的荷花;一根胡萝卜可以雕成各种形状的动植物,食品简直成了工艺品。日本夫人和小姐对学这些食品制作觉得特别有趣和轻松,仿佛置身于童年时代,和伙伴们一起玩"扮小人家家"那样欢快!

实用性很强的烹调手艺,给初学者最强烈的愿望,就是在亲朋好友面前显一番身手。日本太平洋投资公司芳贺先生的夫人,有一天烧了几个刚学会的中国菜招待先生的朋友,满心希望受到客人们的称赞,但在饭桌上没有一个人夸奖。事后先生笑着告诉她:"你可能是忘了放盐!"她一听,才恍然大悟,于是,要先生再次请客,以挽回这次"声誉"。

对她(他)们来说,这是生活的乐趣———一种新的收获和发现。

辛 勤 播 种

市对外服务公司现有的几十名教员,被录用或借用于上海的各条战线。在这个当今令人羡慕的对外领域中工作,他们遇到的困难和挑战是多方面的。他们为克服这些困难所做的努力也是令人敬佩的。

那是一个大雨滂沱的晚上。晚7点26分,一辆71路公交汽车停靠在延安东路外滩终点站。G老师一下车，立即甩开两腿，顶风冒雨地朝联谊大厦跑去。饥渴、疲惫，这时全顾不上了。当她一口气跑进大厦，乘电梯到外商房间后，时针恰好指向7点30分——规定的上课时间。她的学生，日本某商社的三位西装革履的先生已在静坐等候了。被雨水淋湿的衣衫紧贴在身上，阴冷阴冷的。可最叫她难受的是室外餐厅飘来的阵阵香味，诱的她本已辘辘的饥肠一阵紧一阵地咕咕乱叫。

是的，三位正襟危坐的学生从老师神态自若的讲课语调中怎么也不会想到她从早上7点30分出门，8点到联谊大厦上课，11点30分下课后又挤了个把小时的公共汽车到锦江宾馆施教，三小时以后又奔赴静安宾馆，6点30分从静安宾馆出来，又急着赶赴到这儿……早、中、晚三餐全是啃干面包。她的胃病就是这样犯上的。三位外商学生也不会想到，为了教他们学中文，这位43岁的体弱妇女，因丈夫出差，不得不把10多岁的女儿孤零零地抛在家里。由于得不到母亲的督促和指教，女儿的作业簿上已多次出现"红灯警告"！

严格的时效观念，对于外商来说，已经习以为常。而对于中国教员来说，却要付出很大的代价去适应。上海的外商分住在几十个地方，上海拥挤的交通又是最没有时效观念的。但毕竟，准点守时是学生对老师的基本要求。于是，老师们就来个"堤外损失堤（体）内补"，省出吃饭时间，省出休息时间，甚至省出教育子女的时间，从而保证无一例外地准时上课……

市对外服务公司的教员中，有不少是二十出头的年轻人。对他（她）们来说，"忍痛割爱"几乎已成了家常便饭。不少外商白天工作，学习的时间均安排在晚上。晚上，宁静街头的并肩徐行，花前月下的窃窃私语，等等，这一切年轻人生活中最可宝贵的精彩内容，须得自觉地服从自己的崇高职业。一些姑娘、小伙子为此几次"损失"掉了自己已全心倾爱的人，又一次次苦于抽不出身而婉言谢绝了热心人的牵线搭桥。当然，8点30分教完课以后，时尚早，夜更静，或许正是恋爱约会的大好时光，但谁又能保证一定可以准时下课呢？小z有一次与男友约好8点45分在电影院门口见面。谁知8点30分下课以后，她竟被一帮"娃娃学生"缠住了。学生流水般的好奇提问，使得她始终下不了"抽刀断水"的决心。9点15分，终于，当她心急火燎地赶到电影院门口，焦灼的目光已寻觅不到"他"的身影……于是，翌日打电话道歉，说明缘由；于是取得谅解、和解；于是，索性谈妥为防止误会，今后一律取消"课后约会"……

　　为准时上课必须付出代价，要上好每一堂课同样必须付出代价。没有现成的教材课本，没有可以借鉴的教学经验。教员们自己动手编制教材，再因材施教，在实践中摸索。多次受到外宾称赞的小陈老师为了正确翻译烹饪班的专用名词，每次上课前总是先向厨师个别听取上课内容，做出书面准备，并翻译成外文发给每位外宾，从而大大加快了学员对课堂教学内容的理解进度。

　　同中国电大、业大中年龄参差不齐的学生相比，这些外来学生中的年龄、知识差异，更有天壤之别。他们中最小的是刚脱胎气的6到7岁"娃娃学生"，最大的是65岁的"爷爷学生"。因材施教的同时，还得因人施教。这因人施教的学问可大着呢！教学的内容、方式，甚至讲课语调都有着明显的不同。对娃娃学生可以来几下诱导式的逗乐声，移用到那些"成年学生"或"爷爷学生"身上，却易有不尊重之嫌啦！不少教员一年中常常要教上几批年龄层次不同的学生，于是教学内容方式也必须灵活地"转换效应"。有的老师甚至同时身兼几课，身临几"境"。专教日本生活用语的黄老师曾教过一位57岁的外商。这位曾有过多年外交官经历的K先生在外交场合神态自若，谈锋甚健，可是在一对一地学习中文时却常常因为不懂、学不会而紧张得发窘，自尊心受挫使他几乎有问难提，答非所问。比他小三分之一世纪年龄的黄老师觉出了奥妙，便尽量轻松地一个单句、一个句型地教他并时常主动提问,再主动作答。这样,过了一段时间,K先生终于适应了这种轻松型的教学方式,逐渐变被动为主动,学业上很快大有长进。

学生眼里的老师似乎是无所不晓、无所不懂的。为了适应学生对老师的这种特殊"需求",中国教员得钻研一些专业以外的学问,以便随时能够恰如其分地应答学生们的各种提问,诸如什么叫"精神文明""党政分开""中国农村的井,是什么东西"等。学生们一次次突发奇想的提问,得到的是一次次从容自如的回答。他们在露出满意微笑之余,是否会想到为了"对付"随时而来的问题"袭击",他们的教员是如何放弃业余时间,博览群书,在灯下认真地做笔记,甚或一边抱着将要入眠的婴儿,一边在辛勤地笔耕呢?

友 谊 之 果

现任对外教育部经理的高老师从1984年起就到市对外服务公司对外教育部担任中文教员,现在已是"桃李满天下"了。他经常收到来自世界各地的学生们的来信。他笑盈盈地看着信,更加深了对自己所从事的工作的热爱。

高老师:

您好!……六月二十七号(我们)到新加坡来了。新加坡人人会英文和普通话(他们叫华语),我买东西或者坐汽车的时候,我说中文。他们对我说,说中文的日本人很少。他们听我说中文很高兴,我也高兴。我希望不忘中文。我尽量用中文。

我常常想起你。有时候我大声唱歌:"大海……"我喜欢上海,我希望再到上海。

> 再见!
>
> 中村雅子　8.1

　　老师给予学生的是学业上的收获,同样自己也从中得到许多收获,包括理解、信任和友谊。

　　W先生想学会中文,是出于对商业谈判的需要,通过翻译转达意思,毕竟提升了一个层次,有时甚至因为译义不准而闹出小误会。于是他忙里偷闲,坚持每周两次向高老师学标准发音,学中文单词。学出味儿了,他还去买了本巴金的《家》,慢慢地咀嚼、品味;能听懂普通话了,他又要求学说苏北话、上海话。两年多时间的坚持不懈,使他的一口中国话很快地道了。现在,在商务谈判中,他居然能够抛开翻译,直接与对方对话……这时候,W先生说,他会想起高礼彬老师,会从心底滋生出感谢之意,甚至会安排出一个下午,来看望老师——给他学业帮助的人。

　　12岁的日本姑娘商田真由美小姐跟着中国老师学弹钢琴。半年以后,上海电台的"一衣带水"节目里,播出了她弹奏的钢琴曲,她乐坏了,蹦跳起来。高兴之余,她也没忘记老师的培养,特地找到老师表示谢意。

　　中国的文字,原是中国绘画的变种。通过对物象的外形描摹,产生了象形文字。随着文字的演绎和发展,又逐渐有了比形象原意更为丰富复杂的内容。而绘画,却始终是线条和色彩的艺术。同民族传统习俗性很强的文字相比,绘画更富有视觉感,而较少有区域性的局限,因而绘画有时会成为向文字进阶的一块跳板。谁能想到,这一纯属理论研究的问题,竟会在联邦德国人莫尼卡身上得到印证。莫尼卡想学中文,可是方块形的汉字在她眼里不像是文字,倒更像一幅幅扑朔迷离的"图画"。她"画"不会,也讲不来,焦急之余,想打退堂鼓了。这时,老师劝她不妨先学学中国画。中国画讲究艺术意境，寥寥几笔，就能勾画出栩栩如生的物景，表现出丰富的内容。莫尼卡感到很了不起，学习上劲儿了，没多久就能"像模像样"地画上了。再进一步考虑"形神兼备"的构图方式，待达到一定的境地，在老师的诱导下，忽然品出一些中国汉字的构造方式，其两者间绘色构思不是很有些相似之处吗？于是，她再次鼓足勇气叩响神秘复杂的汉字之门，果然很快掌握了不少的中文技巧。去年12月，北京国际广播电台和上海人民广播电台等联合举办"新年文艺表演赛"，参赛中外人士有400多人。莫尼卡以熟练的中文会话水平获得了比赛二等奖。她的儿子为母亲的进步感到高兴。而莫尼卡呢，却感谢中国老师"先画后文"的循循善诱。中国老师对教学方式的探索，在她身上发现了价值，而她却从中发现了中国老师的一片热情和真诚！

送走了一批批学生，又迎来了一批批新生，工作又出现新的起点。送走的却并未走远，一颗颗心与心的理解，装在信笺里，由遥远的海外飞到中国老师的桌上。

"中国的文字，没有走进去，仿佛是一座迷宫。走进去了，才会发现是一座五彩缤纷、充满各种丰富含义的殿堂。"

"我为学会中文而感到骄傲，它使我更理解中国，更热爱中国。"

"中国的绘画艺术是人类的瑰宝，不会忘记在上海的日日夜夜，我会永远在心里记着你们，记着中国的上海……"

这是友谊，是理解。

这既是对老师个人的理解和友谊，也是对上海、对中国的理解和友谊。

谁能否认对外教育是扩大对外交流的一部分呢？也许这种不出国境的对外交流的意义并不局限于现在！

为了改革开放，为了理解友谊，这，也许可以说明上海有关部门为改善投资环境，为来自异国的投资"新市民"适应环境而做出的努力，所具有的一片真诚和热忱!

　　当然,这仅仅是一个缩影……

（本文和尹明华　联合署名）
1988年7月刊于《角逐世界商战》

（以此文怀念老友尹明华。他曾是电台记者、台长；市委宣传部秘书长；解放日报报业集团党委书记、社长、总编辑；还担任过中国记者协会副主席；复旦新闻学院院长、党委书记。2021年3月22日因病医治无效逝世,享年66岁。）

父子两地书(节选)

开头语：作者的儿子马思亮在东华大学环境艺术设计专业大学本科毕业后，于2003年9月赴英伦读书。他用半年时间，考出了雅思成绩，以后进入艺术类专用英语进修，并顺利进入英国肯特艺术大学，学习室内设计专业的研究生课程，于2005年毕业，取得硕士学位。回国后，又考取中国的高级室内设计师职称。现在上海工作。

初到英伦时，作者和儿子时有通信来往。以后通讯发达，多改为电话联系。由于时间久远，有些信件多遗失，现借此机会，将留存信件精选11封，刊登于下，以飨读者。

2003年9月21日　星期日　天气晴　（写给父母）

已经在英国的brighton睡了两天了，感觉已经开始习惯这里的生活了，好像时差也开始调整过来。在中国现在是2:36，但在这里却是早上7:36。这两天不论是进海关还是去town买一些以为遗失的东西、报失，都是全新的体验。毕竟每件事都需要用自己的能力去尽量做，也不是很容易的，虽然自己买了些已经多余的东西，因为遗失的suitcase已经被送回来了（有些心痛的，20多镑呢）。不过既然能被维珍的office送回，毕竟是件很愉快的事。何况现在有了联系家里的电话和手机会方便很多。昨天打了电话给母亲和乔莉，好像她们都很惊喜。我想她们能够放心些了。当然和孙震也开始有了联系。

不过随着这两天发生的事和遇到的各种人，的确我开始体会到自己独立地生活在一个不同国度是非常不容易的。我必须去多学习

马思亮在大英博物馆前摄

这种生活方式。我的 roommate 是一个哥伦比亚人,而房东是一对英国夫妇和他的儿子,感觉还是比较能相处的。

英国的确很多地方与中国有很大的不同,不论是城市布局还是生活方式。昨天,让我非常惊奇的是,原以为 brighton 是一个乡村城市,不会有太多的人,没想到在 town 的 eastern road 和 western road 竟然能够有那么多人,英国年轻人的开放和前卫的确也是有目共睹的……OK,先写到此处。

2003年9月27日　星期六　晴　(写给父母)

一周快要过去,在学校也已经上了五天的课了,虽然课不是很紧张,但是毕竟在 UK 会有很大的压力。总的来说,我的寄宿家庭还是可以,至少吃的我还是能够习惯。当然他们会有很多规矩,但我想这是能够去尽量注意的。

原来这个周末,学校有去伦敦游览,但好像要20多镑。我觉得实在不是很合算,并且自己要在这里待九个月,有的是机会自己去玩,所以这周依然在家里背书。UK 的生活水平的确很高,只有在这里亲自体验过,才能深刻地体会到。因此我想尽量能够避免去花钱的还是尽量避免了……这里最让我不满的就是无法上网……更气人的是学校的网络没有中文编码就算了……竟然连USB接口都没有……它还装了XP，真不知道英国人脑子在想什么……

在UK晚上夜生活盛行PUB，我去过一次后就不想再去了，虽然这可能是一个交流的好地方，不过这样杂的环境，实在让我觉得没有安全感。况且这种地方也实在不适合我。我的roommate好像很喜欢这种活动，可能这就是中国人和西方人的不同吧……

在最近，我想尽量多学一些词汇和补一些以前不足的语法。在学校，我的起步还是不错的，考完后是从中级开始，这样我估计还有两个等级就可以到高级了，会节省我不少时间。我希望能够尽量早些过掉这个语言关……

2003年10月10日晚（记祖父的去世）（写给父母）

今晚9:45，父亲打了很多次手机给我，我都只响了一次，不知道出了什么问题。但我知道一定有什么重要的事。一会儿后，父亲给我的房东打来了电话，电话的那头父亲的声音低沉而疲惫，问了几句我的情况后，他就把祖父昨天去世的消息带给我，虽然在挂电话之前我依然很平静，但回到楼上房间，就觉得好像有什么东西堵在胸口……很多时候都觉得自己把生死看得很淡，但对于祖父的死，我现在才觉得我依然没有任何准备，眼泪顺着眼眶掉下来，好像很难控制。很多很多往事掠过心头。小时候和祖父一起嬉戏……午后坐在祖父的腿上坐公交车看风景……以及最后每次去病床看衰弱的祖父，忍住自己的眼泪……好像每件事都是昨天发生一样。不晓得自己能如何对待老人的去世。可我一直将祖父对我的关心作为自己的一笔财富……很难想象他就这样走了。

前两天我还幼稚地想自己赶快学完，明年早些回去让他老人家放心。记得在我临行前，他躺在病床上，我低下头告诉他，我要走了。虽然他已经睁不开眼睛，可是他的嘴不停地在动，眼泪顺着他干涩的眼旁掉落下来。我知道,或许祖父是最不希望我去留学的人,也可能是最不放心我的人……

祖父走了那么长的路,或许的确他是太累了,太累了……是应该好好休息了。我祝福我爱的、爱我的祖父在天国一切平安快乐,能一直看到我今后的成就和生活!为我高兴……

2003年10月12日　晴转阴　(写给父母)

经过两天,今天的心情开始平静下来,不过祖父的房间和笑容依然回荡在我昨天的梦里。有时候真的觉得很好笑:人为什么只有当他失去了,才知道它的珍贵。昨天为了不要多想,去了图书馆。后来又被朋友拉去tour了市中心,买了些纸头。中午因为朋友听我说这里有中国家常饭卖,就一定要我带去。于是就在那个上海人的小饭店买了红烧蹄髈饭吃了,味道相当地可口。中国人的米饭味道的确和英国人做的差得太多了。下午母亲的电话好像对我的银行卡很不放心。的确,因为我是cash card,刷卡是不用密码的,万一掉了……嘿嘿,是蛮讨厌的,所以我觉得一般时候我的卡和我同学一样不带出去,锁在我的箱子里。现在我一般皮夹中没有重要东西,cass最多20镑。母亲对我的手机接电话不要钱也不是很相信,但在这里的确这是事实,一般的手机接电话都是free,是不会有秋后算账的情况的。

这段时间,朋友们和同学们换house family的很多,可能都有这个和那个不满意,总的来说,我都觉得很好,到现在为止,我还是很习惯这个家庭的食物,并且有空的时候,吃晚饭的时候,还早下去,一边和他们聊天,一边等着微波炉转我的晚饭。一般比较多的有fash and chips,小的肉排、肉饼、土豆泥、土豆饼、蔬菜沙拉、熏肉、肉肠,等等很多。当然也会有他们所谓的米饭、面条,但是做法一般为烤,比较奇怪。不过,我还是比较喜欢异国口味的食物,而且这里还有大量从没见过的沙斯,

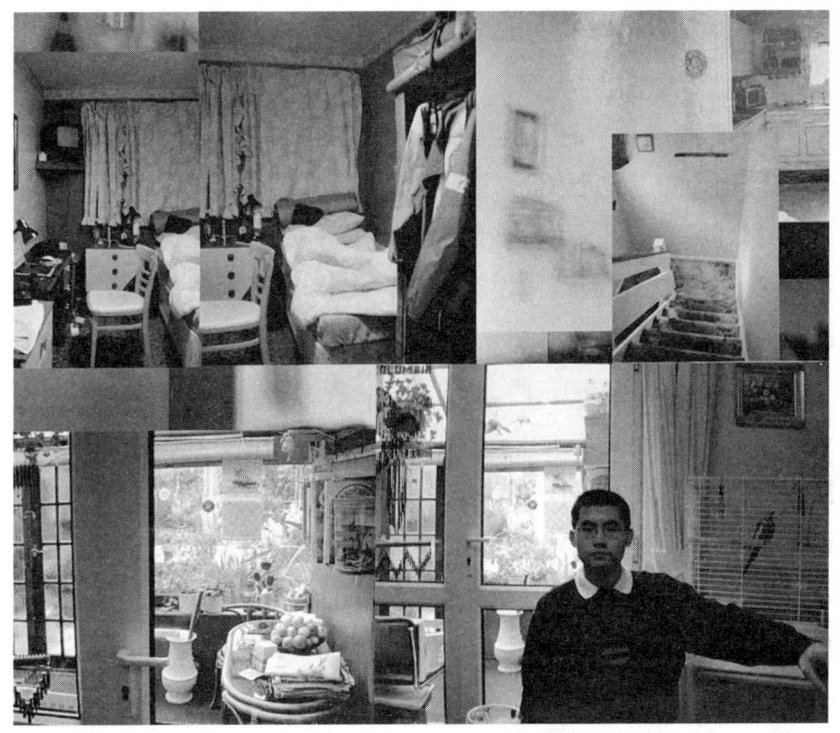

马思亮在英居于英国人家中（house family）

不同的用法，不同的口味，不同的颜色，我也是见一个试一个。而住也还好，一般两个月家里就会给换一次床单、被套、枕套，晚上也会开一会儿暖气，所以最近我的睡袋基本没用上。而我一般是10:30睡觉，早上6:00起来，还是比较准时的。因为房间有一个小写字台，这可能要比我的一些朋友幸福。晚上我会比较容易看书。而我的roommate，因为作为一个南美人，他们喜欢pub、club，所以一般房间都是我在用。晚上他很少在的，而take shower的时间，我和他也正好错开。他们喜欢早上7:00洗澡，我喜欢晚上7:30后洗澡，所以基本上我觉得都很如意。再加上图书馆就在家对面，看书，上网，借cd都很方便，去学校也不用坐车，我想估计是不大会换的……

OK，今天也到这里，over。

2003年10月15日　天气晴　（写给父亲）

父亲：

　　您的信我已收到，甚是想念您和母亲大人，并很是关心您和母亲的身体，因为知道最近你们为祖父的事非常劳累，本身您又很忙，而母亲的身体也一直不是很好。对于祖父的不幸去世，我非常难过，但觉得祖父有很美好的晚年，故希望父亲不要过度悲伤……不晓得祖母最近好吗？

　　谢谢你们为我买的东西，请放心我会善加运用。而您体贴入微的观察是完全正确的，的确我觉得在故乡有很多留恋，难免会在临走前出现不是很愉快的表情。但请放心，我是很明白您对我的期望，也知道父母的一片苦心……能给予我这样一个绝佳的机会留洋，去学习，去看看，并不是每个家庭能有的条件，我会好好珍惜的。我经常会回想您的话"英国的两年，会成为你以后最美好的回忆"，我想的确是这样的。只有真正在这里生活过，体验过，才能够真正地了解西方人的很多思想和观念。这里有太多的想法观念和我自己热爱的国家有区别了，对我来说可能很多不是去改变，而是去了解和懂得。而一开始考试后我被分在intermediate（中级），要高于其他同去的中国人，他们一般都在(per-intermediate)或更低。这样也就避免班中有太多的中国人。现在班中有法国、德国、西班牙、丹麦、瑞典、日本以及中国香港人。学校每月会有升级考试（大考试），如果考试成绩很好，且老师觉得你不错的话，可以直接跳到上面一个等级（我上面的是upper-intermediate）。一个月里一般还会有一次小考试。唯有一点不是很满意就是上课节奏觉得较为缓慢……每周我除了主课以外，还有两节雅思课和一节lecture（一般是谈英国的文化等）。这就是我上课的情况。一般平时没课时，我会去楼下语音室自修，如果图书馆开的话会去社区图书馆（比较喜欢那里）免费看报看书上网。周末有时会徒步去市中心或有安排地去伦敦附近看看。这都要看情况而定。晚上一般我不出去，第一，我觉得我没有此习惯,第二,我也不是很喜欢pub或club,第三,太晚觉得也不是很安全。

对于银行卡的确如他们所说是这样,卡是cash card。现在已经全部办妥,我的银行是Narwest,3 000镑全部存入账号,密码也已经知道,并自己去取款机拉过的确有。关于今后要汇钱的问题能否考虑旅行支票(支票必须要有我的名字),这样我就可以存入我的银行,你可以信件或别的把支票寄过来。不知道可行否,因为这里有同学是这样办的。

对于我的英语speaking其实我一直有一定的自信,在刚踏上英伦过海关、体检、丢包、投诉等都得到了证明,当然包括后来的去警察局、火车站,去银行办卡,等等,都是自己一个人很好地应付的,并且还经常要帮助国内的一些朋友,做他们的翻译和陪他们买东西,以及咨询一些事。只是自己在词汇量和语法上还很欠火候,要是在这方面有所突破,我想足以应付将来的硕士课程。所以请不要担心我的这些事……

附上我写的一些随笔:

我先谈谈布莱顿,也就是我住的城市。布莱顿在英国可是相当有名的,来了之后我才知道。可能是因为它的海、建筑还是历史有关。我很巧住在WHITEHAWK这条路上,相传这个社区是布莱顿最老的地区了。整个城市建造在HILLSIDE上,所以路不是平坦的,是高低起伏的。有时候我去上课步行虽然就12分钟,但是觉得很累就是这个原因。一般在住宅区平时感觉人很少,路人行人较少,一般不是公交车站旁有人逗留,就是超市前有人逗留。除此以外,就只有午后太阳很好的时候,有老妈妈和老爷爷们坐在外面聊天。英国的确是个真正老年化的国家,但是如果去市中心CHURCHILL SQUARE那里,就会吓一跳,好像走在淮海路的感觉,商店林立。特别是周六、日,人多得吃不消……关于这里的海,实在是非常美,可能是需要用fantistic来形容最为贴切。长长的海岸线洁净,蓝蓝的海面,有些冷冷的海风。每天早晨都能听到海鸥的声音。在有太阳的下午，躺在原石铺成的beach上想心事的确很舒服。可惜我也仅有一次机会，可能是太忙了吧！布莱顿的皇家会馆是这里最有名的建筑，我亲眼看到了这个奇怪又惊人的古建筑，royal pavilion的外观完全就是印度风格或中东风格的，竟然在这个宏伟的建筑中，全是仿中国的室内陈设，真不知道这个GeorgeIV皇帝怎么想的……布莱顿其实不是很大，所以有时候我去shopping center和市中心都是用走的，这里的公交车可以说很方便，但是我觉得很贵也很慢。它的票价是这样的，一天（all day）为2.4镑，也就是这一天里可以随便坐任何一辆bus，当然还有三天、五天、一周、一个月、三个月一买的。我的那些同学一般因为家离开学校远，一般都买三个月的学生优惠月票，大概在90镑。但对我这个走去学校只要12分钟的人来说，无疑是不合算的。您也看到照片上这个城市的火车站是非常漂亮（应该已经寄给您）的，对我这个很喜欢火车的人来讲，我是很兴奋的。很多设施虽然简单，但无不体现出人性化。城市中有大量old fashion的建筑，并且有各种不同颜色，很有意思……有机会我会拍一些传过来！

今天下午，我在社区图书馆泡了很久，非常喜欢这里的氛围，它还提供小孩子的活动区，甚至还可以借玩具回家，很有意思。最近我对historic方面的书很感兴趣，所以发完E-mail后，一直坐在那里看。对了，有件有趣的事，你记得我们学校的机器很不便吧，那天我去看了才明白，他们说的不能用的原因，其实根本就不是，是学校把机器winxp的权限设置得很低，阻止了外来设备的插入和新程序的装入。当然他们也隐藏了d、e、f盘符，并且我还怀疑在主机上装了还原卡。那天我火有些大，最后我花了半小时把那台机器给破了，把隐藏的盘全找出来了，也发现了管理员密码，解恨啊！不过每次都要破并且上机人多也杂，只能玩玩罢了hoho……学校每天晚上好像都有pub，实在吃不消，那种地方我是不可能去的，so boring，所以通常晚上看书或写些东西。当然学校每周周末还会有国内游，这次去的好像是剑桥，当然是要自己出钱的。我有个朋友这次去了,我准备过一段时间自己去或和他们一起去,但这几个月可能不去,只可能有机会自己去london!现在我感觉英国已经开始步入冬季了,早上和晚上比较冷了。天气变得很快,就像英国人一样,一会儿对你热情,一会儿对你冷淡,hoho……搞不懂。

以上是上次给家里写信后写的随笔。我想,我托女友给家里寄的信,您一定收到了。好了,先写到这里,很晚了,有空我会继续写的!

祝父亲、母亲大人一切平安、健康!

儿:亮

2003年10月20日　天气　阴转晴有大风　(写给父亲)

父母双亲,我这里的天开始变得越来越冷了,不过不用担心,我会照顾好自己。带来的衣服已经足够。不知道你们最近身体可好?上海也开始转冷了吧?

去伦敦后的第二天才执笔写随记,其实是有原因的。因为对我来说感觉收获颇为丰富,故很难描述,不知如何开始。但有一点我可以非常肯定地和父亲大人说,来英伦学习是完全值得的。我也越来越能理解父亲为什么会极力主张我来大不列颠学习了。因为……我终于开始了解什么才是艺术,如何才能算是推广艺术。当然还有什么才是完美的建筑艺术发展史,无不从雾都伦敦的旅行中慢慢体会到。您一定会觉得我说得很过分,很夸大,但其实丝毫没有任何夸大的口气。在这里无论是古罗马的穹顶建筑、巴洛克风格、大量的教堂的哥特式建筑,还是现代主义、后现代主义建筑都能尽收眼底。在内伦敦到处都有艺术展览、风格派展览、街头艺术家,真是让人叹为观止,对于白金汉宫、大本钟、议会大楼、威斯敏斯特大教堂很难用言语来形容,无论从中透出的英国皇家气质,还是这些几百年到处斑驳的冲云霄的哥特式建筑,都很难让人忘怀。我想这些建筑会给我一辈子都留下极其深刻的印象。而在泰晤士河边更多的私人艺术展览真是让我更为吃惊，大量的超现实主义和这里原有的古老大英帝国的建筑成了鲜明的对比。漫步在圣詹姆斯公园看着那些肥硕的鸭子、鸽子，才知道女王的威慑力……因为听说这里一切都是女王的，当然包括这些鸭子、鹅，等等，是绝对不可能有人敢于伤害它们的。嘿嘿，这或许也算是个英国幽默吧。对于这里，我想一个设计师、一个艺术家，甚至是一个热爱艺术的人都是完全需要来这里好好进行熏陶的，他们一定不会感觉遗憾的。

关于伦敦塔、伦敦塔桥、大英博物馆，其实我觉得都是这上百年来英伦历史血的写照，让人总有一种说不出的感觉。大英博物馆之大，参观物品之全，真的让人很难想象。当然我在亚洲馆看到了大量从中国掠夺的物品，甚至于刘墉的真迹……但很让我感到欣慰的是在这里有着大量参观的人，更有大量临摹、描绘、学习的人，这是其他馆所没有的，甚至于埃及木乃伊都没有如此多的人。当然从侧面也反映了西方人对于东方文化的渴望和探求，所以有时候我在想，在我学习一个异国文化的同时，发展自身的文化是非常非常重要了，如果丢弃或遗忘，我想这不是一种进步而是倒退，也是一种悲哀。

伦敦的地铁可以算得上世界上最古老的地铁了，因为内部都被挖成管道状，所以有个很有趣的名字叫"tube"，你绝难看到上海的地铁那样干净整洁，伦敦地铁可能太旧，给人黑黑脏脏的感觉，并且等车的地方很是狭小，不时还能看到大老鼠在车轨下转来转去，不过给人的感觉主要是这里的地铁交通线发达到难以置信的地步。你要去伦敦任何一个地方，它好像都能有站头，并且它的地铁一般有2到3层，可以供不同的line互相换车，很是方便。不过这次还给我一个感觉就是好像地铁不是太安全，因为今天我看到报纸说昨天northern line出现地铁出轨，并且有人伤亡，还刊登了伤者的大幅照片，很是恐怖。要知道我前一天刚坐过northern line这个线路的地铁，有些后怕。但愿少一些这类事才好。

我的最后一站是CHINA TOWN，其实我是不喜欢去那里的，要不是有便宜的电话卡卖，我想我是不会去的，别以为CHINA TOWN有多好，其实我一直觉得这种地方是既没有英伦特色，也没有真正中国风俗的荒芜之地，有的只是商人和为了CHINA而CHINA的那些商品。不过说实话，人还是很多的，因为它毕竟临着最繁华的皮卡迪利广场。

此就是我去伦敦的随记，希望父母能喜欢，对于这里的所有生活和文化风俗我会尽量去习惯，请不用为我担心。父亲担心我过于省钱，其实大可不必，因为这是我用钱的习惯，我会在觉得值得花钱的地方用的。我喜欢用钱用在刀刃上。母亲大人也可放心：每天的善存片，我都会按时在晚上吃，带来的食品，我也慢慢在吃，我会看保质期的。一般我会每月花5镑叫房东帮我洗衣服，估计下周就会洗（来了之后的第二次）了，也请放心我和房东的关系，至少到现在一直很好。我也经常和他们聊天，顺便学习学习他们的想法、习惯和文化。

信写到了这里……明天还要起早等图书馆开门，好发E-mail。

祝双亲安康！

亮

2003年11月3日　天气　多云　（写给父亲）

父母双亲：

儿子已经在英国生活一个多月了，在此地生活觉得没什么不习惯，唯一觉得自己身在国外，走在路上总觉得不像在上海时候那样大模大样，安全可靠！说实在的，对于双亲是非常挂念。不过觉得我能在现在如此年轻的时候体会到亲情的重要。我认为此次留学还是相当地值……我想，在今后我会比父亲您更有孝心吧！

我先谈谈最近的学习和相关的一些事。今天学校进行了第二次小考（学校会有每个月的小考和大考），这次总分为180分（这里考试分数总是非常奇怪），我得了157分，是全班第二名。老师觉得很不错，可我不这样认为,因为这种考试对我来说没有什么意义。班里有个中国人,对于课程比较急,和老师说了后,最后老师让他升上去了,可我觉得不太有意义。因为下个月结束后,到第二个学期,我也将升到 upper intermediate,第一,我希望学扎实些,第二,我主要的目的是考雅思。可能我会采纳您的建议,这个月会去报名,然后下个月在布莱顿考一次雅思,看看现在的水平。不过现在还没有决定好。昨天其实我打来电话的时候,身体不是很好,觉得人非常乏,喉咙也不是很好!今天要好很多,只是咳嗽好像还没好。现在一般我周末的一天会和住在邻近的日本、韩国和国内的朋友,去社区体育场打网球,或和一些朋友去远足旅游,一天用来温习功课,估计偶尔在周五晚上也会去pub。这就是我最近生活的安排。只是这段时间英国的天气变化无常得厉害,使人觉得有点害怕。我现在出门都不敢不带伞,可能是因为天气关系,当地生病的人也相当多。不过请父母放心,再有什么不适,我的一日三餐还是吃得很正常的,没有什么吃不下的状况。估计再有两天咳嗽也会好的!

这两天我有点想换一个手机公司,想换成VODAFONE公司的 pay monthly,也就是要签合同,每月会从银行账户扣15镑,不过有每天晚上和周末的3 000分钟免费时间,它还会送你一部手机(其实羊毛出在羊身上),但对于中国人要收取100镑的一年押金,一年后会还。在英国的大多数中国人一般都是用这种电话,特别是适合在英国久居的人(当然这种形式平时打本地电话,也会比现在这个便宜,同样收电话免费不要钱。英国收电话都不要钱的,请妈放心)。我不晓得我是不是需要这样,请你们帮我做一下参谋。这样的缺点是可能会额外多出一笔开销,并且账户上划钱也不太符合我们中国人的习惯,可能会使你们和我都有些担心。好处是我增加对家里打电话的次数,以及也可以不需要用房东的电话!父母双亲你们帮我看看,我是不是有必要换!

关于妈用的IP卡,我今天问了女友,因为我觉得她的卡通话质量很好,她说是上海电信的,不知道妈用的哪种？

好了,今天写到此！祝父母

健康顺利！

亮

2003年11月5日（写给亮亮）

亮儿：

你好！远在上海的爸爸在夜灯下给你写信,寄以思念之情。

你已离家一个半月了。在这段时间里,我已经历了许多事。9月19日你离沪赴英国,我虽然是强烈支持者（或许也是唯一的强烈支持者）,但我是在权衡男儿今后发展利弊后的无奈选择。要使你今后得以发展,而且顺利发展,这是最好的途径。可是从我心里讲总不是滋味,毕竟生离死别是最难受的。儿子远离上海总要牵肠挂肚,正如阿婆所讲,好比一块肉甩在外面,冷热疼痛都会有感觉的,至今你睡的那间房,你妈和我都没去好好收拾,几乎放着你在住时的模样。晚上我们总将房门关起来,免得夜里上厕所看到空荡荡的房,产生思念。似乎你亦在里面睡觉,过去都是这样罢了。

10月10日,公公走了,走得我亦觉得有点突然,因为10月9日（前一天）公公身体已有恢复趋势,我还特别高兴。但就是小护士一个疏忽,使他致命,使我特别难受,否则他也不会走得这么快。而现在他已离我们近四周了,明天又要做四七了,过去他的音容笑貌,他对我,唯一的儿子的希望、期待,使我常感内疚和心痛。他对你特别疼爱,你出生第56天,你妈上班后,就由公公抱你、领你,直到晚上下班后,才交给我们。冬天,每天下午,你的午觉是在他怀抱中度过的。他用自己的体温,使你温暖,不致挨冻。直到这次他在病床上还表示,如果身体好,他要到机场去送你。你走后,遇到一个姓沈的医生,老看错,说是否阿亮来了。当姑姑们说阿亮已去英国了，这是医生呀，他才说："哦对，阿亮9月19日到英国去了。"现在公公走了，阿婆又特孤单，大概为公公做完七七后，她很想住到我们这里来。虽然三姑和小姑都表示愿她去住，这些日子还隔三岔五去陪阿婆住，但她硬讲，有儿子就要靠儿子，要住到儿子那里去。我心里也很矛盾，这关系也很难处理。据很多老人经验，丧偶后老人特孤独，因没人说话、伤心、思念，很快会跟着走。这是我很害怕的，因此要尽快安排阿婆住过来。但是阿婆住过来，我又担心是否能处理好和你妈的矛盾，这种关系处理不好，亦会使阿婆心情更不好，因此还要做你妈工作。另外，家里要收拾，厕所间那一踏步，高低相差太多，如果阿婆抬脚踏空，哪摔了，骨折了，那就更糟了。反正先安排住过来，让阿婆度过孤独期再说了。阿婆住过来，可能就住你现在那间房，因为朝南，冬天有太阳。好在上海大花园那里房子造的进度很快（我们还是一两周去看一次），外面的脚手架已拆除，现在已在内装修了。据说快的四五月份就可交房，最晚也是明年夏天即可交房。不知明年你四五月份返沪时，会否和大家挤在一套房间里了。亮儿，按理爸爸不该把这些家里琐事讲给你听，使你徒增些儿女情长，但是我想，你现在成熟了，应该多知道点家里事和社会人情世故，会增长你的阅历。当然，我也不希望你了解这些事后，冲淡你的学习进程，或太多地左右你的情绪。因为你现在需要的是稳定的情绪，努力的学习，适应的生活，尽快渡过语言关。

　　亮儿，爸的好儿子，你爸这么多年虽然没有太大的挫折，但这一生也是艰辛、苦苦奋斗过来的。事实上家里的发展，你完全能感知，确实是很不易的。但是要再发展下去，毕竟原来基础难以达到。不能熟练地用外语单独处理事情，这次即使有出访英国机会（现在尚未定），我也很犹豫，团内没翻译，我带团就很累。虽然到英国、奥地利，出了海关就有中文导游，但是在飞机上，或在海关，如果团内有什么事要和老外交涉了，那就比较棘手。因此，我亦很拿不定主意，更不要说因为外语不好,对我形象损失,对我工作损失。一生中错过了许多可发展机遇。我总结自己一生的经验,一定要送你到世界最好的地方留学,这将让你受用一辈子,会给你一生留下深刻烙印。我相信只要你刻苦学习,定会苦尽甘来。上次你来信,知道你已感到在外学习的必要,我很高兴,在我年轻时,我的姨父,他在我学习创作时曾说:"一个没有看过世界上真正好作品的人,怎么能写出好作品来呢!"现在我将它赠给你,一个没看过世界上真正好建筑的人,怎么能设计出好的建筑、好的装潢呢?现在你仅看到英国的各种代表建筑,以后有机会你还可去法国、德国、意大利、奥地利,甚至俄罗斯的圣彼得堡(沙俄帝国时的杰作),都会给你带来艺术灵感。文学、戏剧、绘画、设计,凡是艺术的东西,规律都有相同的一面,都是相通的。因此,爸爸要你多思考,要真正学会观察、分析、归纳、提炼。如果你有语言关的基础,又具有设计家的慧眼和独特见解,再加上你今后在社会上的活动能力,那潜力一定可观。过去一些有志青年给自己定的标准是,要有政治家的脑袋、哲学家的思维、外交家的口才、运动员的身材。我觉得这些要求太高,但是斯大林曾讲过:一个人努力的目标越高,他的进步就越快。因此我时时希望你对自己有一定高度的要求,那才会使自己不断进步,尤其是年轻时,一定要这样。爸爸也相信你一定会努力的。

　　亮亮,爸爸给你写这些,并不是要给你增加压力,我们只是两个男人在讲悄悄话而已。爸爸相信,只要你努力了,尽力了,再做不到了,那也无奈。因为努力到成功是由许多因素组成的,缺一不可,只有天时、地利、人和等均具备了,才能确保成功。人生的站点和努力成功,往往也像下棋一样,这盘棋输了,不要紧,再来一盘,只要赢了,那你就会有进步,会有成功和成就。因此要发扬"再来一盘"的精神,不怕失败,重新再来,那胜利一定会属于你。

　　这几次,看了你的信我很高兴,你的写作(写信),语句上很通顺,而且文字节奏上掌握得亦很好,尤其是语句中常用的转折的意思和语辞,显得文字上亦有一定功力。但是也要特别注意,有时错别字还不少,不知是打字时音同字不同打错,没查出,还是真的出错。请要注意。另外,这几次信和照片,都是你发EMAL给小周,让她再印出来寄给我们,麻烦了她不少。我们对她印象亦不错。但我要提醒你的是,在传给我们的照片中,尽量少,甚至不要有和其他女孩子在一起的照片,以免引起不必要的误会。女孩子会比较仔细,有时想法会比男孩子多,因此有时拍了照片或什么的,没必要通过她转给我们,以免会引起她的不快。你妈也很想小周有机会陪她,尤其是我出差、出国的时候,让她们增加点接触,今后会对你有利,不知你如何考虑。我想只有在你想和她好下去的前提下。

上周六,我和吴超通过电话,谈了肯特预科外语直升读硕士的事,他表示问好后告我。但我周二打电话到其办公室,他的同事讲他出差英国了,我只得等他回来再讲了。我想,如果你有时间,自己亦可到肯特去了解一下,顺便和今后学校建立点关系,这对你明年读书都有好处的。吴超倒建议你在EF读语言期间先试着去考次雅思,看看和国内的区别。反正三个月后又可考试,到明年EF结业时再考一次。如果尚欠一点分数,再到肯特读一下直升,这样最好。我想还是你在英国看着办,随机行事了(主要靠自己语言过关)。另外,吴超亦建议你一周有一次到CLUB或酒吧去坐坐。当然和比较好的同学一起去,主要能适应当地生活,融入主流社会。当然你还是根据实际情况定。我待他英国回来,再和他商量一次告你。

亮儿,你们那里天已冷了,穿着要注意,咳嗽不知好了吗?爸爸妈妈都很着急,现在只有靠自己多注意了。伙食方面,除了房东给吃的,需要自己吃点好的,亦不要省,身体第一条。其他今后想到再给你写信或通电话。夜已12点,明天市里工博会要开幕了,我还要到现场去,就搁笔了。安全第一条,饮食、休息很重要,围绕学习安排好一切。最后祝亮儿一切顺利,安好!

(清晨醒来,你妈讲信中也要署上她名)

你的 爸爸马志成 妈妈孙美华
2003年11月5日夜11:55

2003年11月12日　天气　阴　(写给父母)

父母双亲:

　　今晨我已经收到父亲的家书,虽拜读多次,但仍然眼眶中有着泪水。父亲的教诲,我想我能深切体会到,并且也能领会到我求学的目的。我想,我会竭尽我的能力去完成我的学业,好好珍惜我的这段时光!请你们大可放心……如你们所知,我已经报名今年12月4日在布莱顿大学的雅思考试,虽然依然不太有信心(因为越学有时候越觉得词汇的贫乏、语法的不精、语言的不地道),可我觉得这次考试对我一定会有所收获的。而父亲关于去pub的建议,我也是完全同意的,估计我会几个礼拜去一次,至少作为一个学习英国文化的窗口。我想,圣诞节以后可能我会去拜访一次肯特,不过有个问题是:肯特有三个分校,我不知道去哪个。不过我想没事有机会我会先去肯特伯雷那里游览,顺便看看总校。因为那里是全英国的教会圣地,并且可能的话,我会用E-mail的形式,和我将来的教授取得联系。但这些计划,我都定在明年1月后,不知你们觉得怎么样?

　　对于祖父的悄然离去,我同样和父亲一样觉得突然!儿时他对我无微不至的关爱,至今我仍然能够回忆得起来,就像我先前所说的:我一直把他对我的那份关爱作为自己的一份财富。曾经有这样的打算,等自己正式工作的时候,第一份工资为他们老人买礼物。可是祖父却走了,没能等到看到我成功的那天!虽然他已离去一个月了,但每当我想起祖父和我的许多事时,我依然好像觉得他还生活在上海,还等着我每周去看他。很难想象当我明年回家时,将不再有他的音容笑貌。就像我先前说的一样，此次出国留学，我才真正知道，什么才是自己应该珍惜的，什么才是最宝贵的！父亲在信中谈到他和我的很多事，我想我永远不会忘怀！而父亲对于祖父的离去，和他对儿子的那份希望期待，我想父亲大可不必内疚，因为我觉得祖父是欣慰而骄傲的：他有着全世界最好的儿子。就像我一样，我一直以父亲为榜样，为您而骄傲。关于祖母住过来，的确是令人矛盾的事情，我知道母亲的脾气，也晓得祖母有时候说话缺少把门，这种情况我是能够想象的。就算您现在做好母亲的工作，也很难避免这样的事情发生……但对于她老人家住过来，我还是极力赞成的，至少现阶段对她平缓心情和适应没有祖父的日子是有帮助的！厕所的那个台阶，也是我所担心的，其实最主要的还有厕所比较黑，也比较滑，我想这都是比较讨厌的事。不过，父亲是否可考虑，让祖母间隔性地住在我们家，即一段时间在我们家，一段时间在她自己家，这样也便于姑姑们去看她。

父亲担心和我谈家庭琐事和人情世故，会影响我的学习，其实是完全不必要的，我人已经大了，平时在家中也已经注意到这种事，我想是不会影响到我的情绪和学习的进程。如果连这种事我都难以在心中很好安置，我想那将会很难面对将来烦琐的家事和工作的，因此请您放心！

现在我开始在这里熟悉英国的电视节目了，周一和周三的两档室内设计和建筑设计，我是必看的，很难想象英国人对于这两种设计的普及程度是极为惊人的，如此专业的节目，竟然会在晚上黄金档时间，在BBC 2和ITV 1播出，并且所作的作品经常使我感叹！例如：上周三晚上grand design的节目，是关于一个农场主夫妇别墅的建造的整个过程，包括之后的室内布置，如此大胆的教堂式大窗，悬高的楼梯，高挑到极点大厅的层高，以及无数的楼梯创造了蜿蜒曲直的趣味效果，真的很让人难以置信。这种英国本地的传统和现代的结合，真是太成功了！

并且我经常发现，英国的室内设计师充当的角色和国内的设计师是完全不同的，他们主要充当设计顾问和设计咨询，而在这里很多人对DIY居所的热情是非常惊人的。今天中午，我看到午间新闻里的报道，三个普通的电信工程师竟然自己亲手造自己的房子，并且还不是一般的房子，就像我们在大花园的那种一排的flat。他们从设计图到拌混凝土，搭架子，铺外立面的墙砖，每样都是自己在做，有时候真的很难想象。或许这就是英国人眼里的设计吧！所以我觉得我虽然在这里才一个多月，但看到的很多东西对于我的设计观念产生的影响是颠覆性的！我非常喜欢父亲送我的那句话，的确"一个没有看到世界上真正好建筑的人，怎么能设计出好的作品呢"？除了设计方面外，同时通过电视还发现英国对于教育的重视的确如人们所说！在周末，中国电视在播出很多娱乐性节目时，英国竟然每周会用晚上两个多小时播出很多科普类教育节目，如上周是放爱因斯坦的著名理论，而前一周是牛顿的定律！这就是英伦和中国的差异吧！

  我丝毫也没觉得您对我有所压力，我一直觉得，既然现在有如此的机会能给我看看很多全新的知识，那我就应该珍惜并且去尽量地多努力，万事自己努力是最重要的！谢谢您，对我写作进步给予肯定。我知道父亲是写作出身，对于字里行间的要求是非常非常地高。而大学毕业的我，依然觉得无法达到父亲的写作高度。错别字就像我的英语单词会常拼错一样，经常出现在自己的文章中！虽然我在学习英文，但我会同时很努力地提高自己的中文水平。法国人有这样一句话：没有自己的语言就没有未来！父亲对于照片的建议我已经知晓，非常感谢父亲的细心，我会注意的。

  最后提一下：我的咳嗽已经好了，请你们放心吧！伙食方面我知道，如果我想吃什么我会去买的！包裹依然没有收到，我想可能邮局要等有一定的量才会发货，不过这只是猜想！没事的，反正也不急！父亲依然如此忙碌，请和母亲大人一起多注意身体！最近查了不少网站，都说广东出现大量肠道疾病,非常危险!家里吃东西的时候,要尽量烧透,我想尽可能地少买熟食为好!不晓得母亲同意否!

好了,还要早休息,明天还有课,就此搁笔!如有急事,我会打电话回来。

祝父亲、母亲一切平安,健康!

亮

2003年11月24日　天气　阴　(写给父母)

父母大人:

近来身体可好!听母亲讲,爸在工作上又遇到了不顺心的事。但我想有母亲在一旁宽慰您,没什么事情可以难倒您。今天中午,我收到三个电话,不知道是不是家里打来的!因为我正好在回家的路上,可能没有听到,实在非常抱歉!

关于我的英国手机,我申请了语音信箱,也就是留言电话,所以一般手机电话铃响六次,如果我还没有接,电话就会自动转到语音信箱,你们可以给我留言的。如果不想留言,那就重新打,因为很可能我是没听到或来不及接,平时我设的是振动。可能电话铃响六次是有些短,但这是电话公司定的,我也没办法,所以不要认为是接不通!

这周母亲询问了我已经用掉多少钱,因此寄上我这段时间的账单。我想我还是记得比较详细的吧!我记得父亲曾经提到12月可能会随团来,但翻译可能就没有了。我觉得很是不妥,我建议还是不要来,因为交涉的事会常常发生在英国,如果出现像我来的时候丢失箱子或发生争执,没有翻译是非常讨厌的,这可能将直接影响父亲的业务,所以我并不赞成您来看我!请不要为我担心,我想我是有能力照顾自己的!

其他好像暂时想不起什么事,如果有什么急事,我会打电话来的!听说祖母已经住过来,这将非常有利于她调整祖父离去后的心态。不知道家里的地板后来有没有换新,因为我记得已经拱得很厉害了。并且我知道妈的脾气,不知能否和祖母相处得好。我非常希望母亲能尽量去理解祖母的一些事,毕竟人老就像老小孩一样,是需要人去理解和体贴他们的!我知道有时候很难……但请尽量克制自己的情绪!不知道妈是否同意我的想法?

好了,其他就不再多写,身体有些不适,早睡了……

祝父母健康!

亮

2003年12月7日(写给亮亮)

亮儿:

你好!

爸在灯光下为你写信。你去英国已近三个月,据那些曾出国留学、工作的人讲,三个月内是最思念家里的时期。一般熬过三个月,至多六个月,这个感觉会有明显变化。因我没这种经历,所以讲不清这种感觉对否。只能讲,这可能根据个人情况不同而产生差异。但有一点可能会是,经历了六个月的生活后,会对当地生活较为适应。

爸爸知道你在外艰辛,在一个举目无亲的社会中生活、学习,而且学习要达到一定水平,这并非易事。爸爸知道对于你们学习艺术,尤其是已入门的人来讲,外语功底一般都很差。我也听你讲过同学中正式去考雅思的几乎没有。汪总的儿子到美国三四年后,语言才过关。这关是否能达到雅思6.5分,我亦搞不清,只知道至今他还在念大学,尚未毕业。当然他在美国,学习加打工,艺术上很有长进。他爸爸讲起时还很得意。小周上次来看你妈妈时还讲起,学习外语挺难,她妈妈也逼着她学习,但进步不明显。学习艺术的人要过语言关确实比一般学文科的人难。这可能是他们的思维形式已形成学习艺术的思维模式,要改变一种思维模式确实并非易事。爸爸对你学习困难的理解,并非要让你原谅自己,放松自己,而要使你懂得,一般常规常理难做的事,你做到了,那你就会是不一般的人了。有时天才和伟大就从这里产生。不是吗,大家都会走路,你走得比人好,就变成了舞蹈家,跳芭蕾舞;大家都会讲话,你讲得比人好,就会变成外交家、演说家、政治家;大家都会涂鸦,你涂得比人好,就会成为画家,等等,举不胜举。当初你选择继续读英语,考雅思,没和其他同学一样选择容易的,到法、德去学习,我就为你有志气而高兴,不人云亦云,不找偷懒事做,我很高兴。其实那些英语学不好,再重新学习法语、德语的人,又怎么能轻易学好法文、德文呢?一个偷懒的人总想找生活的捷径,那永远和捷径是没有缘分的。只要你在学习中能冲破"黎明前的黑暗",语言关过了,那你语言和艺术会得心应手,人的层次和生活的层次会提高一步的。当然这个感觉不会产生于现在,而是会产生于若干年后,会有真正体会。有的人语言很好,也到外国去学习了一下,回到国内又怎么样?因为一般人都能做到。但是学习艺术,那不是一个人花一两年所能学会和有所成就的。因此,亮儿,你要看到,你小时候开始学习艺术到现在,已具有很好的优势,只要再努力一把,过个语言关,那一般人要达到这种程度,是难以企及的,会望尘莫及的。

最近,上海成立了世博局(2010年上海办世博会),上周在各大报纸上招聘人员,一登就是一大版,需要招聘的人才绝大多数是要懂外语(精通更好)的硕士专业人才,尤其是有海外学习和工作经历的优先,其实对海归派更看重。爸在想,到了你们这代人,学习上都有一定基础,那就要看谁更具有竞争力了。具有实力者更具竞争性。有人讲学习日语是"笑的进去,哭的出来",而学习英语是"哭的进去,笑的出来"(哭指难,笑指易)。学习英语只要过了瓶颈,就会得心应手的。爸爸知道你是AB型血后就特别高兴,和我一样血型。据说AB型血,在人群中是个少数人的血型,是个优秀人种的血型。爸爸知道,只要你再努力一把,没有什么不可克服,一定会达到阿里巴巴的"芝麻开门",进入新的黄金境地的。

　　亮儿,你离家近三个月,爸妈越来越感到你成熟了许多,这是我们最欣慰的。你一走,既改变了你的生活,亦改变了我们许多生活习惯。现在看气象预报,总要注意伦敦的天气。晴雨冷暖牵挂着大家的心。过去放在你房内有漫画羊画面的挂钟,现在已被我们挂到厅里墙上。每天既可看到时间,又可看到羊。亮儿属羊,寄以思念之情。周日晚上早早等在电话机旁,等着和你通话⋯⋯我们为有你这样努力上进的儿子高兴和自豪,等着你的好消息的传来。

　　这个月,我还是很忙,年终总结,要给他们搞分配方案,年终结账。明年业务已启动。圣诞节,公司要到香港去开总结会(带休假)。一切都在快速进行中,丝毫松懈不得。亮亮,爸要你好好学习外语和艺术,其中有一个原因,使你今后可有更大回旋余地,活得要比我好,这才是我的心愿。

　　家里最近都在理东西,准备阿婆住过来。你的床及打印设备、书籍,大部分已搬到朝北间了,住还能住,就是艰苦点,腾出房间准备将阿婆床搬过来。大厨也拆空了,让阿婆放东西,地板也修过了,不拱了。厕所间已叫人做了个踏步,新装了灯,还装了暖风机,以洗澡时用,连烧饭的煤气灶自动点火装置,今天亦修好了,就等阿婆元旦时迁过来住了。12月20日(初定),公公骨灰要入葬了,那天要拜拜,还要赶到公公墓地,将其骨灰入葬。在沪的所有家人都要去,这肯定还要忙一阵的。

　　亮亮,爸原来计划到英国去,现该团组延期了,明年初是否能去也讲不清,在外只有靠你自己安排和注意了。爸爸已讲过多次,你也不要太节约,该用的钱就用。有时嘴馋,买点中国餐或自己想吃的尽管用。时间安排得过来,在安排好学习的基础上要出去旅游,花点钱,不要太看重钱。只要花得值,花点钱是应该的。爸爸知道你会安排得好。爸爸相信你的决断,该用的尽管用,你的决断爸都支持。因为你是对的,考虑好的,再也不用将账单明细账寄回来,只要讲个总数,我们会尽快汇过去钱的。至于圣诞节如何过，你自己看着办。房东最希望你出去玩，如果有好的同学做伴出游，那也是条好的途径，但在外面要注意安全。如果实在没人做伴出游，那也不要太在乎房东的话，在家温书。最多到附近好的餐馆去吃几顿，改善生活，这也是种乐趣，以应付一月份的雅思考试。一切由你看着办，爸一切都支持你，哪怕回上海过几天再回去，那也不是不可以。哪个对学习、生活有利，我们就怎么做。好吗？

　　最后爸妈祝你身体健康、学习顺利，注意安全，取得更大进步。不要太记挂上海，我们一切都好。

你的爸妈　2003年12月7日夜

跋

《石库门味道》一书终于出版了,这是我过去不曾想到的。由于出版比较匆促,文内存在不少不足,还有一些新的构思,来不及成文,不知以后能否还有机会。

我在初学文艺创作时,曾得到我的长辈徐开垒导师的启蒙教育和辅导,如他在世,今年也应该106岁了。他如果知道我又拿起笔来创作,一定会十分高兴,当初对我的辅导,现在还会有成果。当然,那时他对我全身心投入改革开放后的经济工作,也是很赞赏和支持的。在最近几年里,我也得到赵丽宏先生的指导和帮助,使我还有勇气拿起笔来创作。最后对文汇出版社编辑人员的鼎力相助,在此一并感谢。

图书在版编目（CIP）数据

石库门味道 / 马志成著. —上海：文汇出版社，2023.8
ISBN 978-7-5496-4098-0

Ⅰ.①石⋯　Ⅱ.①马⋯　Ⅲ.①中国文学－当代文学－作品综合集－上海　Ⅳ.①I218.51

中国国家版本馆CIP数据核字（2023）第150474号

石库门味道

著　　者 / 马志成

责任编辑 / 熊　勇
封面装帧 / 张　晋

出版发行 / 文汇出版社
　　　　　上海市威海路755号
　　　　　（邮政编码200041）
经　　销 / 全国新华书店
排　　版 / 南京展望文化发展有限公司
印刷装订 / 浙江天地海印刷有限公司
版　　次 / 2023年8月第1版
印　　次 / 2023年8月第1次印刷
开　　本 / 720×1000　1/16
字　　数 / 280千字
印　　张 / 21（彩插2）

ISBN 978-7-5496-4098-0
定　　价 / 68.00元